2020年度教育部人文社会科学研究一般项目"《国家公园法》立法研究"（20YJC820032）成果

甘肃省"双一流"建设科研重点项目"黄河流域生态保护协同治理的法治保障研究"（GSSYLXM-07）成果

2021年甘肃省教育厅产业支撑计划项目"协同推进环境司法专门化'甘肃模式'精深发展研究"（2021CY2C-62）成果

# 中国国家公园
# 立法与实践问题研究

鲁冰清 ◎ 著

中国社会科学出版社

# 图书在版编目(CIP)数据

中国国家公园立法与实践问题研究 / 鲁冰清著 . —北京：中国社会科学出版社，2023.8
ISBN 978-7-5227-2241-2

Ⅰ.①中… Ⅱ.①鲁… Ⅲ.①国家公园—环境保护法—立法—研究—中国 Ⅳ.①D922.682.4

中国国家版本馆 CIP 数据核字(2023)第 127037 号

| | |
|---|---|
| 出 版 人 | 赵剑英 |
| 责任编辑 | 梁剑琴 |
| 责任校对 | 季　静 |
| 责任印制 | 郝美娜 |

| | |
|---|---|
| 出　　版 | 中国社会科学出版社 |
| 社　　址 | 北京鼓楼西大街甲 158 号 |
| 邮　　编 | 100720 |
| 网　　址 | http://www.csspw.cn |
| 发 行 部 | 010-84083685 |
| 门 市 部 | 010-84029450 |
| 经　　销 | 新华书店及其他书店 |
| 印　　刷 | 北京君升印刷有限公司 |
| 装　　订 | 廊坊市广阳区广增装订厂 |
| 版　　次 | 2023 年 8 月第 1 版 |
| 印　　次 | 2023 年 8 月第 1 次印刷 |
| 开　　本 | 710×1000　1/16 |
| 印　　张 | 19.5 |
| 插　　页 | 2 |
| 字　　数 | 330 千字 |
| 定　　价 | 118.00 元 |

凡购买中国社会科学出版社图书，如有质量问题请与本社营销中心联系调换
电话：010-84083683
版权所有　侵权必究

# 目 录

导 论 ……………………………………………………………（1）
  一 研究背景与意义 ………………………………………（1）
  二 研究现状 ………………………………………………（2）
  三 研究目标与方法 ………………………………………（4）
  四 研究内容与创新点 ……………………………………（5）

## 理论篇

**第一章 国家公园的基本理论** ……………………………（11）
  第一节 国家公园的概念与特征 …………………………（11）
    一 国家公园及相关概念辨析 …………………………（11）
    二 国家公园的特征 ……………………………………（13）
  第二节 国家公园的价值与功能 …………………………（16）
    一 保护自然生态系统的原真性和完整性 ……………（17）
    二 为公众提供游憩休闲 ………………………………（18）
    三 促进科学研究与环境教育 …………………………（18）
    四 保护与传承丰富多样的文化遗产 …………………（18）
    五 带动社区协调发展 …………………………………（19）
  第三节 国家公园的目的与利益 …………………………（19）
    一 国家公园的设立目的 ………………………………（19）
    二 建设国家公园涉及的利益 …………………………（22）

**第二章 国家公园与自然保护地体系** ……………………（24）
  第一节 IUCN 保护地体系与国家公园 …………………（24）
    一 IUCN 保护地体系 …………………………………（24）

二　IUCN保护地体系中的国家公园 …………………………………（26）
　第二节　中国自然保护地体系的现状与目标 ……………………………（27）
　　一　中国自然保护地体系的现状 …………………………………（27）
　　二　以国家公园为主体的自然保护地体系的建设目标 …………（31）
　第三节　中国国家公园在自然保护地体系中的定位 ……………………（33）
　　一　国家公园处于生态保护的关键区位 …………………………（33）
　　二　国家代表性强，具有较高的管理事权 ………………………（34）
　　三　国家公园实行"最严格保护" ………………………………（34）
　　四　国家公园具有管理的多目标性 ………………………………（34）

**第三章　国家公园立法的理论基础** ………………………………………（36）
　第一节　生态整体主义的自然观 …………………………………………（36）
　　一　生态整体主义 …………………………………………………（36）
　　二　生态整体主义与国家公园立法 ………………………………（39）
　第二节　生态正义的伦理观 ………………………………………………（42）
　　一　生态正义 ………………………………………………………（42）
　　二　生态正义与国家公园立法 ……………………………………（46）
　第三节　利益衡平的法律观 ………………………………………………（49）
　　一　法律与利益衡平 ………………………………………………（49）
　　二　国家公园立法中的利益衡平 …………………………………（52）

## 实践篇

**第四章　中国国家公园的探索与改革** ……………………………………（63）
　第一节　国家公园建设的早期探索阶段 …………………………………（63）
　第二节　生态文明建设背景下国家公园体制试点改革阶段 ……………（66）
　　一　国家公园体制试点改革总体情况 ……………………………（66）
　　二　生态功能保护试点区探索情况 ………………………………（67）
　　三　生态系统保护试点区 …………………………………………（71）
　　四　濒危物种保护试点区 …………………………………………（75）
　第三节　以正式设立国家公园为标志的快速发展阶段 …………………（80）

**第五章　中国国家公园统一立法的制度基础与目标导向** ………………（82）
　第一节　自然保护地立法现状梳理 ………………………………………（82）

### 第二节 国家公园相关立法的实效性分析 …………………………… (83)
　　一　国家公园相关立法实施的正向效果 ……………………………… (83)
　　二　国家公园相关立法的问题检视 …………………………………… (84)
### 第三节 国家公园统一立法的机遇与目标 …………………………… (87)
　　一　国家公园统一立法的机遇 ………………………………………… (87)
　　二　国家公园统一立法的政策目标导向 ……………………………… (90)

## 第六章　中国国家公园体制试点建设中地方立法实践分析 ………… (94)
### 第一节 国家公园地方立法实践概况 ………………………………… (94)
　　一　国家公园地方立法实践进展情况 ………………………………… (94)
　　二　国家公园地方立法主要内容及特点 ……………………………… (95)
### 第二节 国家公园地方立法实证分析 ………………………………… (95)
　　一　国家公园管理体制的规定 ………………………………………… (96)
　　二　国家公园分区管理规定 …………………………………………… (99)
　　三　国家公园自然资源产权规定 ……………………………………… (101)
　　四　国家公园社区发展的规定 ………………………………………… (104)
　　五　特许经营的规定 …………………………………………………… (108)
### 第三节 国家公园地方立法对国家公园统一立法的启示
　　　　　与需求 ………………………………………………………… (109)
　　一　国家公园地方立法的现实意义 …………………………………… (110)
　　二　国家公园地方立法对国家公园统一立法的需求 ………………… (115)

# 域外篇

## 第七章　美国国家公园立法考察 ……………………………………… (121)
### 第一节 美国国家公园的立法基础 …………………………………… (121)
　　一　美国的保护地体系与国家公园 …………………………………… (121)
　　二　美国国家公园的主要特征 ………………………………………… (123)
### 第二节 美国国家公园的立法体系、模式及理念原则 ……………… (125)
　　一　美国国家公园的立法模式 ………………………………………… (126)
　　二　美国国家公园的立法体系 ………………………………………… (126)
　　三　美国国家公园立法的理念原则 …………………………………… (127)
### 第三节 美国国家公园的管理体制 …………………………………… (128)

一　以联邦为主导的垂直管理体制 ……………………………（129）
　　二　政府积极引导下的公私合作管理 ……………………………（130）
　第四节　美国国家公园立法的主要制度 ………………………………（130）
　　一　土地权属制度 ……………………………………………（131）
　　二　分区管理制度 ……………………………………………（131）
　　三　特许经营制度 ……………………………………………（132）
　　四　公众参与制度 ……………………………………………（134）
　　五　原住民权利保护与利益共享制度 ……………………………（134）

第八章　法国国家公园立法考察 ……………………………………（136）
　第一节　法国国家公园的立法基础 ………………………………（136）
　　一　法国国家公园概况 ………………………………………（136）
　　二　法国国家公园的概念与特征 ……………………………（137）
　　三　法国国家公园管理体制 …………………………………（139）
　第二节　法国国家公园的立法模式与立法体系 ……………………（141）
　　一　法国国家公园的立法模式 ………………………………（141）
　　二　法国国家公园立法体系 …………………………………（142）
　第三节　法国国家公园的立法目的与原则 …………………………（143）
　　一　立法目的 …………………………………………………（143）
　　二　立法原则 …………………………………………………（143）
　第四节　法国国家公园立法的主要制度 ………………………………（145）
　　一　协商共治制度 ……………………………………………（145）
　　二　分区管理制度 ……………………………………………（146）
　　三　特许经营制度 ……………………………………………（146）

第九章　加拿大国家公园立法考察 …………………………………（148）
　第一节　加拿大国家公园的立法基础 ………………………………（148）
　　一　加拿大国家公园的发展概况 ……………………………（148）
　　二　加拿大国家公园的概念与特征 …………………………（149）
　　三　加拿大国家公园管理体制 ………………………………（150）
　第二节　加拿大国家公园立法模式与立法体系 ……………………（152）
　第三节　加拿大国家公园立法的理念原则 …………………………（153）
　　一　保持生态完整性原则 ……………………………………（153）
　　二　全民共享福利原则 ………………………………………（154）

三　保护优先、合理利用原则 …………………………………（154）
　第四节　加拿大国家公园立法的主要制度 ……………………………（155）
　　一　国家公园设立制度 …………………………………………（156）
　　二　国家公园管理规划与计划制度 ……………………………（156）
　　三　国家公园分区管理制度 ……………………………………（157）
　　四　国家公园特许经营制度 ……………………………………（157）
　　五　原住居民权利保护与利益共享制度 ………………………（158）
　　六　公众参与制度 ………………………………………………（159）
**第十章　日本及其他国家的国家公园立法考察** …………………………（160）
　第一节　日本国家公园的立法基础 ……………………………………（160）
　　一　日本国家公园概述 …………………………………………（160）
　　二　日本国家公园的立法背景 …………………………………（162）
　　三　日本国家公园的管理体制 …………………………………（163）
　第二节　日本国家公园的立法模式与立法体系 ………………………（164）
　　一　日本国家公园的立法模式 …………………………………（164）
　　二　日本国家公园的立法体系 …………………………………（165）
　第三节　日本国家公园立法的理念原则 ………………………………（166）
　　一　保护与利用并重原则 ………………………………………（166）
　　二　弱化土地权属理念 …………………………………………（167）
　　三　尊重现状理念 ………………………………………………（167）
　　四　保障公众权利理念 …………………………………………（168）
　第四节　日本国家公园立法的主要制度 ………………………………（168）
　　一　国家公园规划制度 …………………………………………（169）
　　二　国家公园分区管控制度 ……………………………………（169）
　　三　生态系统维持恢复制度 ……………………………………（170）
　　四　信息公开与公众参与制度 …………………………………（171）
　　五　原住民权利保护与利益共享制度 …………………………（171）
　第五节　域外其他国家公园立法考察 …………………………………（172）
　　一　德国国家公园立法考察 ……………………………………（172）
　　二　英国国家公园考察 …………………………………………（173）
　　三　韩国国家公园立法考察 ……………………………………（175）

## 第十一章　域外国家公园立法比较研究的启示 (177)
### 第一节　域外国家公园立法模式与立法体系之启示 (177)
### 第二节　域外国家公园管理体制的比较与启示 (179)
### 第三节　国家公园立法理念原则之启示 (180)
### 第四节　国家公园立法主要制度启示 (181)
一　建立以国家所有为主的多元化资源产权制度 (181)
二　确立国家公园规划制度 (182)
三　确立分区管控制度 (182)
四　建立特许经营制度 (183)
五　构建社区发展制度 (183)
六　构建公众权利保障制度 (184)

# 立法篇

## 第十二章　中国国家公园统一立法的基石 (189)
### 第一节　国家公园的立法理念与目的 (189)
一　《国家公园法》的立法理念 (189)
二　《国家公园法》的立法目的 (194)
### 第二节　国家公园立法的功能与价值 (198)
一　《国家公园法》的功能定位 (198)
二　《国家公园法》的价值意义 (202)
### 第三节　国家公园立法模式与体系 (204)
一　国家公园立法模式及其体系 (204)
二　自然保护地法体系中的《国家公园法》 (207)

## 第十三章　国家公园立法的基本原则 (210)
### 第一节　国家代表性原则 (211)
### 第二节　保护第一原则 (211)
### 第三节　整体保护原则 (213)
### 第四节　社区协调发展原则 (214)
### 第五节　全民共享原则 (216)

## 第十四章　国家公园的管理体制 (217)
### 第一节　国家公园体制改革政策的目标导向 (217)

## 第二节　建立国家公园集中统一的垂直管理体制的合理性 …… (218)
　　一　国家公园集中统一管理的合理性分析 …………… (218)
　　二　国家公园垂直管理的合理性分析 ………………… (221)
## 第三节　国家公园集中统一的垂直管理体制的内容 ………… (224)
　　一　中央与地方的事权划分 …………………………… (224)
　　二　国家公园管理机构设置与职责划分 ……………… (225)
　　三　国家公园管理的协调协作机制 …………………… (226)
　　四　保障国家公园集中统一管理的资金机制 ………… (227)

# 第十五章　国家公园立法的主要制度 ………………………… (229)
## 第一节　国家公园设立与准入制度 …………………………… (229)
　　一　国家公园的设立与准入 …………………………… (229)
　　二　国家公园设立与准入制度的政策目标导向 ……… (230)
　　三　国家公园设立与准入制度的立法完善 …………… (231)
## 第二节　国家公园规划制度 …………………………………… (234)
　　一　国家公园的规划 …………………………………… (234)
　　二　国家公园规划制度的政策导向 …………………… (234)
　　三　构建多层级的国家公园规划制度体系 …………… (235)
## 第三节　自然资源统一管理制度 ……………………………… (237)
　　一　国家公园与自然资源管理 ………………………… (237)
　　二　国家公园自然资源管理的政策目标导向 ………… (238)
　　三　自然资源统一管理制度的立法完善 ……………… (241)
## 第四节　生态保护制度 ………………………………………… (245)
　　一　整体保护制度 ……………………………………… (246)
　　二　分区管控制度 ……………………………………… (247)
　　三　生态修复制度 ……………………………………… (250)
　　四　巡护巡查制度 ……………………………………… (252)
　　五　生态保护补偿制度 ………………………………… (253)
## 第五节　社区发展制度 ………………………………………… (256)
　　一　国家公园与社区发展 ……………………………… (256)
　　二　建立完善社区发展制度的正当性 ………………… (257)
　　三　建立社区发展制度的现实基础 …………………… (259)
　　四　社区发展制度的立法完善 ………………………… (263)

第六节　经营服务制度 …………………………………………（272）
　　一　国家公园的特许经营 ………………………………（272）
　　二　公众服务制度 ………………………………………（275）
第七节　综合执法制度 …………………………………………（278）
　　一　建立国家公园综合执法制度的现实需要 …………（278）
　　二　建立国家公园综合执法制度的政策目标导向 ……（280）
　　三　国家公园综合执法制度的立法完善 ………………（280）
第八节　法律责任制度 …………………………………………（282）

**参考文献** ……………………………………………………………（285）
**后　记** ……………………………………………………………（303）

# 导 论

## 一 研究背景与意义

自然保护地是各级政府依法划定或确认,对重要的自然生态系统、自然遗迹、自然景观及其所承载的自然资源、生态功能和文化价值实施长期保护的陆域或海域。自然保护地作为一种保护重要生态环境与自然资源的路径,是世界各国普遍采用的保护模式,也是我国生态与资源保护中大力推广的方法。截至2019年,我国各类自然保护地已达1.18万处,占国土面积18%以上。其中,包括国家公园体制试点10个,世界自然遗产13项,世界地质公园37处,国家级海洋特别保护区71处。这些自然保护地在保护生物多样性、保护独特的自然景观与人文遗迹、防治水土流失、维护生态安全等方面发挥了重要的作用。但是,我国自然保护地在取得生态保护的巨大成就的同时,存在的生态退化、资源破坏,与当地社区割裂、社会公益性不足等问题,已然成为我国生态文明建设的严重制约。

多年来,我国形成了以自然保护区为主体,包括风景名胜区、地质公园、森林公园、湿地公园、沙漠公园、水利风景区、文物保护单位等多种类型的自然保护地体系,在层级划分上包括国家、省、市、县四级。但自然保护地体系内部不同类型的保护地交叉重叠、边界不清、碎片化严重;保护地内自然资源权属不清、重复登记、自然资源国家所有权落实不到位;管理体制混乱导致权责不清、职责交叉重叠甚至互相冲突;自然保护地管理重开发利用轻严格保护,种种问题导致我国自然保护地的分类与管理严重阻碍了生态保护目标的实现,在此背景下,国家公园作为革新现有自然保护地管理分类体系的契机被引入。

党的十八届三中全会将"建立国家公园体制"作为重点改革任务,从2015年开始,我国相继启动了10处国家公园体制试点,涉及青海、吉林、黑龙江、四川、陕西、甘肃、湖北、福建、浙江、湖南、云南、海南

12个省,总面积约22万平方千米。国家公园试点建设过程中,2015年,国家发改委联合十三个部委出台了《建立国家公园体制试点方案》,2017年,中共中央办公厅、国务院办公厅印发《建立国家公园体制总体方案》,明确了建立国家公园体制的总体要求、目标任务和制度措施,提出"研究制定有关国家公园的法律法规"并开展试点工作。2019年,中央全面深化改革委员会第六次会议审议通过《关于建立以国家公园为主体的自然保护地体系的指导意见》,明确提出"建立以国家公园为主体的自然保护地体系""到2025年完成自然保护地整合归并优化,完善自然保护地体系的法律法规、管理和监督制度"的总目标。由于我国长期以来自然保护地立法建设不足,缺乏关于自然保护地和国家公园的专门立法,现有自然保护立法法律位阶低、理念内容落后、保护地分类不科学、管理交叉重叠,已不能满足国家公园保护管理需求。目前,国家公园领域的立法呈现出"一园一法、地方主导"的特点。虽然各个国家公园会同地方政府制定了相应的管理办法、实施方案或标准规范,但各自为政的局面难以形成统一的法规体系,存在着法律层级较低、立法内容和标准不一致、法规体系不完善等诸多现实问题。

2021年,我国宣布建成首批五个国家公园,标志着国家公园体制建设转入正式设立阶段。在全面依法治国背景下,制定国家公园统一立法才能实现国家公园的依法保护和长远保护。因此,围绕制定国家公园统一立法,对国家公园统一立法的理论基础、地方立法实践、域外比较考察、立法问题、基本原则、管理体制、主要制度等开展系统研究,对制定我国《国家公园法》具有重要的实践意义。目前,学界对国家公园统一立法的重要性及其功能等问题基本达成了共识,但总体来看研究内容比较分散,本书对国家公园统一立法开展全面、系统的研究,亦具有重要的理论价值。

## 二 研究现状

我国学者对国家公园的研究始于1982年孙筱祥教授发表的《美国国家公园》一文,党的十八届三中全会提出建立国家公园体制的改革目标以来,国家公园受到风景园林学学者、旅游管理学学者、法学学者、生态学学者的关注,与国家公园立法相关的研究主要涉及以下方面:

(1)国家公园的外国法比较研究。在关于国家公园的研究成果中,研究、比较国外国家公园的概念、功能、管理模式、管理体制、管理目标等，并据此对我国国家公园建设提出借鉴或建议，这类成果占据绝对数量优势。（2）国家公园建设的基本理论问题研究。一些学者对《国家公园体制改革总体方案》中提出的生态系统的原真性与完整性、最严格的保护、全民公益性等国家公园建设的目的、理念进行了理论解读并提出了规范表达的建议。（3）国家公园管理体制研究。此类研究对国家公园管理体制所涉及的自然资源资产所有权的行使、管理机构的设置与权利配置问题、国家公园综合执法体制等问题进行了针对性研究，提出国家公园范围内全民所有自然资源资产所有权应由中央政府统一行使，建立垂直统一的国家公园管理体制，资源环境综合执法应该由国家公园管理局内设的综合执法大队统一行使等建议。（4）从利益相关者的利益衡平角度开展研究。此类研究主要关注国家公园建设与当地社区和原住居民、地方政府等利益相关者的利益衡平问题，特别是原住居民的利益保障与权利体系的构建是这类研究的重点。（5）国家公园基本制度研究。此类研究主要对国家公园的基本制度进行整体研究或对某项制度展开具体研究，分析该制度在国家公园体制改革中出现的问题并提出对策建议。一是分析国家公园体制试点中管理制度普遍存在的问题，认为需要进一步完善权责体系，建立相应的制度机制。二是对国家公园管理中的主要制度如分区管控制度、特许经营制度、规划制度、自然资源统一确权登记制度等开展专门性研究并提出完善建议。（6）国家公园立法相关问题研究。关于国家公园立法的研究成果相对较少，主要包括三类：一是研究国外国家公园立法模式与立法体系，对我国国家公园立法提出建议（周武忠，2014；杨果、范俊荣，2016）。二是专门研究我国国家公园立法问题。如秦天宝（2018）从体系性、超前性、渐进性、本土性、协调性、针对性六个维度对我国国家公园立法提出了建议。杜群等（2018）出版专著专门就中国国家公园立法开展系统研究。汪劲、吴凯杰（2020）对《国家公园法》的功能定位及其立法意义进行了深入研究。三是自然保护地立法研究中涉及国家公园与自然保护地的相互关系及调整范围、立法目的等问题（周珂等，2007；黄锡生等，2010；吕忠梅，2019；李挺，2019）。四是从不同立法目的和不同规制对象的角度，专门研究《国家公园法》与《自然保护地法》的立法重点与相互关系（汪劲，2020）。

从整体上看，近五年来关于国家公园的研究成果数量整体呈现上升趋势，特别是 2017 年《建立国家公园体制总体方案》发布以后，国家公园相关问题研究成为研究的前沿热点。从研究成果的学科来源看，风景园林专业与自然保护区管理专业、生态学、旅游管理等学科专业对国家公园的研究着手早、成果多，但是大量研究集中在对国外国家公园的经验介绍和我国建立国家公园在管理体制、运营机制、管理目标的对策建议上，面对国家公园的研究主题较为分散且交叉性强。从法学层面对国家公园进行深入研究的成果逐渐增加，成果形式以论文为主，主要关注国家公园的基本理论、我国国家公园体制的建设路径、国家公园立法问题，并逐步深入国家公园管理体制、分区管控制度、规划制度、特许经营制度等主要法律制度的专门研究。国家公园相关问题虽然是法学领域的研究热点之一，但从目前的研究现状来看，关于国家公园的研究仍然呈现研究主题分散、研究内容不够深入、研究成果数量偏少的问题，现有成果主要集中于域外国家公园立法模式、管理体制、主要制度的比较研究以及基于我国自然保护地与国家公园建设实践存在的问题提出相应的立法对策，深入、系统的研究成果不多，仍有许多问题需要进一步关注，如国家公园内生态保护与多元主体利益的协调与平衡问题、国家公园多元治理体系问题，国家公园全民公益性的实现问题等。

## 三 研究目标与方法

本书是关于国家公园立法理论与实践问题的专门研究，研究目标如下：一是系统深入研究国家公园立法的相关理论问题，明晰国家公园的价值与功能、国家公园的目的与所涉利益、厘清国家公园在自然保护地体系中的定位与功能，并从自然观、伦理观、法律观分析国家公园立法的理论基础，为国家公园立法提供理论指引。二是通过全面回顾、梳理我国自然保护地与国家公园建设的探索历程与立法实践现状，以明晰国家公园体制建设的总体图景与改革探索中出现的共性问题，揭示对国家公园统一立法的启示与需求以及国家公园统一立法的机遇与目标。三是通过立足国内立法与实践研究以及国外比较研究，就国家公园统一立法关涉的主要问题开展全面研究并提出立法建议，包括我国国家公园统一立法的理念与目的、立法的价值与功能、立法模式与立法体系、基本原则、管理体制以及主要制度等内容。

为实现上述研究目标，本书综合运用了以下研究方法：（1）调查研究方法。本书立足于"问题意识",通过对国家公园体制试点建设地方的立法与实践进行实地调查研究,动态抽取和归纳当下我国《国家公园法》立法中面临的问题与需求。(2)利益分析方法。本书贯穿始终的就是运用利益分析方法,通过对国家公园相关主体的利益识别、确认、利益分配、利益冲突的衡平及利益保护分析,为科学、合理的国家公园立法提供理论支撑。(3)比较研究方法。一是对选取的典型国家的国家公园立法从立法模式、立法目的、基本原则、主要制度等方面展开比较,提出对我国国家公园统一立法的借鉴经验,二是对我国国家公园建设探索和立法实践进行历时性比较,分析国家公园建设中的根本痼疾和制度难题,从而为后续研究锚定方向。(4)跨学科研究方法。由于国家公园体制建设涉及多方面、多个领域的问题,本书综合运用新制度经济学、政治学、行政管理、法学以及社会学的相关理论知识和工具方法,为《国家公园法》立法研究提供了多元理论知识和方法视角的支撑。

### 四 研究内容与创新点

本书以中国国家公园统一立法的理论与实践问题为研究对象,全书分为理论篇、实践篇、域外篇、立法篇四大部分共十五章,以下分篇详述研究内容。

第一,理论篇包括国家公园的基本理论、国家公园与自然保护地体系、国家公园立法的理论基础三章内容。作为全部研究的起点首先阐明了国家公园的概念与特征、价值与功能,并分析了国家公园设立的目的以及建设国家公园涉及的多元、多样、多层次的利益。其次,通过比较分析IUCN保护地体系中的国家公园以及我国自然保护地体系的现状与目标,全面把握中国国家公园在自然保护地体系中的定位,以为分析国家公园统一立法在自然保护地法律体系中的位置及与相关立法之间的关系奠定基础。最后,作为贯穿全部研究的理论指引和价值取向,分析论证了国家公园统一立法应当秉持生态整体主义的自然观、生态正义的伦理观、利益衡平的法律观,立法应重新认识和确立人与自然是和谐共生的整体、生态系统应该整体性保护、代内利益和代际利益公平分配等价值。

第二,实践篇包括中国国家公园的探索与改革、国家公园统一立法的制度基础与目标导向、国家公园体制试点建设中地方立法实践分析三章内容。以历史研究方法全面回溯了我国国家公园建设探索历程,分析国家公园建设实践中的经验与存在的问题,并通过对与国家公园相关的立法现状与法律实效性分析,总结国家公园统一立法面临的制度与实践困境,以此为前提,全面梳理分析了与国家公园建设相关的政策文件,提出国家公园统一立法的机遇与目标。此外,本篇还对国家公园体制试点建设中的地方立法实践开展实证分析,选取已经颁布的六部国家公园地方立法和两部国家公园地方规范性文件作为研究对象,分析总结国家公园地方立法对国家公园统一立法的启示与需求。

第三,域外篇主要选取美国、法国、加拿大、日本、德国、韩国、英国等国家公园建设起步较早且形成各自成功经验与模式的国家开展比较研究,从保护地体系及国家公园的概念、特征、设立条件、功能定位、立法背景、立法模式、立法体系、立法目的、管理体制、理念原则、主要制度等方面对国外国家公园立法进行深入研究和全景式比较,总结普遍性经验和规律,从比较研究的角度就立法模式、立法体系、理念原则、主要制度等方面提出对我国国家公园专门立法的启示与借鉴。

第四,立法篇是全书研究的落脚点,包括国家公园统一立法的理念与目的、立法的价值与功能、立法模式与体系,与相关立法的关系、基本原则、管理体制、主要制度以及法律责任等立法涉及的主要内容。提出我国国家公园统一立法应当坚持人与自然是生命共同体的理念指引,在基本原则与制度设计上体现生态系统性保护以及人与自然共生性的维护,既坚持生态保护第一,又尊重合理的人地关系;既保护生态的原真性与完整性,又统筹推进绿色发展、民生改善与公众服务。国家公园统一立法应当体现多目的性,直接目的是建立中国特色的国家公园体制、保持自然生态系统的原真性和完整性、提供全民享用并为子孙后代留下珍贵的自然遗产,实质性目的是维护国家生态安全、完善生态文明制度体系。国家公园统一立法的功能与价值是为国家公园建设、管理、保护、利用与发展提供法律依据和总体设计,对地权、资源物权、事权、财权、"人"权、管理与保护、利用等国家公园建设中的关键问题从国家层面做出顶层设计,为"一园一法"提供上位法依据和规范,作为一部国家公园的专门立法和自然保护地体系的先行立法,具有重要的立法标杆作用和破冰效应。我国国家公园的立法模式应当遵循中央集权下的授权立法模式,即"国家公园法+一园一法"模式,形成以《国家公园法》为基础、以"一园一法"为主体、以相关技术标准与具体规范性文件为支撑的统一化、多层级的国家公园立法体系。根据前述关于国家公园立法的理论基础分析、有关国家公园体制建设的政策文件精神以及国外国家公园立法的理念原则借鉴，我国国家公园统一立法应当确立国家代表性原则、保护第一原则、整体保护原则、社区协调发展原则、全民共享原则。我国国家公园应当建立集中统一的垂直管理体制，并配套构建以中央财政投入为主的资金保障机制，以体制整合解决碎片化管理问题。最后，深入分析了国家公园设立与准入制度、规划制度、自然资源管理制度、国家公园生态保护制度、经营服务制度、社区发展制度、综合执法制度等国家公园统一立法的主要制度并提出了立法建议，并提出了国家公园保护、利用和管理的法律责任的主要类型与立法设想。

本书的创新点包括以下方面：一是以生态正义的空间维度为研究视角，认为生态正义范畴内的代内正义、代际正义、种际正义分别指向不同的关系、关注不同的正义内容，重新型构了人与人、人与自然的公平正义，应以生态正义的视角审视国家公园这一由自然生态、人口资源、社会经济组成的特定空间区域，《国家公园法》的制定应当在国家公园的空间范围内实现生态正义。从种际正义的角度看，必须体现"生态保护第一"理念。从代际正义的角度看，国家公园立法既要体现严格保护生态系统的原真性与完整性，坚持世代传承，给子孙后代留下珍贵的自然遗产，又要兼顾当代人的福祉，通过适度利用让当代人充分享受国家公园的生态利益、资源利益。从代内正义的角度看，国家公园立法要通过生态保护补偿、收益公平分配机制实现区域间的生态正义和群体间的生态正义。二是采用法学、社会学、经济学、生态学、伦理学等跨学科方法，对《国家公园法》立法问题的研究具备了多元的方法视角和理论进路，特别是以利益分析方法贯穿研究始终，对国家公园立法所涉利益进行利益识别、利益确认、利益分配和衡平，并特别运用在生态保护、自然资源管理、社区协调发展、公众服务等问题分析中。同时，在具体研究中还采用静态的模型方法，分析国家公园在自然保护地体系中的定位、《国家公园法》在自然保护地法律体系中的定位、国家公园立法模式等问题；采用动态的实地调查方法和历时性方法分析我国国家公园体制建设和地方立法中的实践困境和制度因由。三是始终以环境政策与环境法律的互动和连接关系作为国家公园统一立法研究的出发点与落脚点，《建立国家公园体制总体方案》和《关于建立以国家公园为主体的自然保护地体系的指导意见》提出的总体要求、目标任务和制度措施属于党和国家关于国家公园建设的政策性表达，是生态文明体制建设的政治理念在国家公园领域内的投射，《国家公园法》应当对那些符合法律运行规律的政策要求以法的形式予以确认与表达。四是始终以整体性思维与系统性思维观照国家公园建设中政府、公众、企业和原住居民等多元主体以及生态保护、资源利用、观赏游憩、教育科研、社区发展、文化保护与传承等多元、多层次利益，综合分析和把握各因素之间复杂的相互联系、相互影响关系，以生态整体主义为价值理念，提出对国家公园内的环境、资源、生态、景观、人文资源的综合保护，维持合理的人地关系、协调推进生态保护与合理利用，统筹考虑国家公园与周边区域的生态保护。

# 理论篇

# 第一章

# 国家公园的基本理论

国家公园的基本理论是开展国家公园立法研究的基础，概念则是研究中使用的重要工具①，国家公园的基本理论问题首先要明确国家公园的概念及特征，界定国家公园的价值与功能，分析国家公园设立的目的与涉及的利益类型。明确这些基础理论问题，才能为进一步分析我国国家公园立法的法律概念、基本原则、主要制度和利益关系奠定基础、指引方向。

## 第一节 国家公园的概念与特征

当代著名哲学家曼海姆所言："我们应当首先意识到这样的一个事实，同一术语或同一概念，在大多数情况下，有不同境势中的人来使用时，所表示的内容具有差异性。"② 国家公园的概念是国家公园立法研究的起点，界定我国国家公园的基础概念，并与我国其他自然保护地概念进行比较分析，可以准确认识和把握我国国家公园的内涵、外延及特征。

### 一 国家公园及相关概念辨析

#### （一）国家公园的概念

国家公园是自然保护地的一种类型，最早起源于美国，后作为生态保护的重要手段在世界各国推广。美国将国家公园定义为，美国最宝贵的历

---

① [英]乔纳森·格里斯：《研究方法的第一本书》，孙冰洁、王亮译，东北财经大学出版社 2011 年版，第 12 页。

② [德]曼海姆：《意识形态和乌托邦》，转引自韦森《哈耶克式自发制度生成论的博弈论诠释——评肖特的〈社会制度的经济理论〉》，《中国社会科学》2003 年第 6 期。

史遗产中的一个，它作为美国人的公共财产得到管理，并为让后代享用而得到保护维持。[①] 美国的国家公园定义主要强调了国家公园作为"公共财产"而被保护用来国家的自然、文化和历史遗产。2013年世界自然保护联盟（ICUN）新修订的《保护区管理类别指南》将国家公园定义为大面积的自然或近自然区域，用以保护大尺度生态过程以及这一区域的物种和生态系统特征，同时提供与其环境和文化相容的精神的、科学的、教育的、休闲和游憩的机会。[②]

2017年，中共中央办公厅、国务院办公厅印发《建立国家公园体制总体方案》（以下简称《总体方案》）将国家公园明确界定为，"由国家批准设立并主导管理，边界清晰，以保护具有国家代表性的大面积自然生态系统为主要目的，实现自然资源科学保护和合理利用的特定陆地或海洋区域"[③]。这一定义首先将国家公园定义为一个由国家设立并管理的特殊区域，区别于简单"公园"概念。同时强调国家公园建设管理目标是实现自然资源科学保护和合理利用，这不仅是对ICUN中国家公园规定的回应，同时也扎根国情，致力于建设功能与目的多样性的国家公园。

综上所述，国家公园作为特定的生态空间，是对大面积的自然或接近自然的区域进行保护，以实现对该特定空间的物种、生态安全屏障以及自然文化等的整体性保护，同时允许对该特定空间进行合理利用，为社会公众提供科研、教育、休闲和游憩的机会。

**（二）国家公园与其他自然保护地概念比较**

在开展国家公园体制试点工作之前，我国自然保护地已经建成了包括自然保护区、风景名胜区、森林公园、湿地公园、地质公园及其他专门保护单独自然资源的自然保护地体系。在建设以国家公园为主体、自然保护区为基础、各类自然公园为补充的自然保护地体系全面展开以来，为了进一步明确国家公园的概念、特征，应当对国家公园与自然保护区、自然公园的概念进行比较分析。

---

① 沈策：《美国国家公园建制对我国建立国家公园体系战略发展的借鉴意义》，《遗产与保护研究》2017年第4期。

② 唐芳林、王梦君、李云等：《中国国家公园研究进展》，《北京林业大学学报》（社会科学版）2018年第3期。

③ 中共中央办公厅：《建立国家公园体制总体方案》，http://www.gov.cn/zhengce/2017-09/26/content_5227713.htm，2017年9月26日。

根据《自然保护区条例》第 2 条的规定，"自然保护区，是指对有代表性的自然生态系统、珍稀濒危野生动植物物种的天然集中分布区、有特殊意义的自然遗迹等保护对象所在的陆地、陆地水体或者海域，依法划出一定面积予以特殊保护和管理的区域"[①]。与自然保护区相比，一是国家公园保护的生态价值更高，只有具有国家代表性的大面积自然生态系统才能纳入国家公园予以保护。二是国家公园的管理目标更加多元，不仅要实现生态系统的保护，还要实现自然资源科学保护和合理利用，而自然保护区的目标致力于特定区域的保护与管理。三是国家公园的保护强度更大，国家公园是自上而下由国家批准设立并主导管理，保护范围更大、生态过程更加完整、管理层级也更高。

自然公园，是指"保护重要的自然生态系统、自然遗迹和自然景观，具有生态、观赏、文化和科学价值，可持续利用的区域"[②]。目前我国的自然公园包括地质公园、森林公园、湿地公园、沙漠公园、海洋公园、草原公园等几种类型。虽然自然公园也是为了保护重要的自然资源以及所承载的独特景观、地质地貌与文化资源，但是国家公园保护的生态系统、自然资源、景观、生物多样性的综合价值最高，具有国家代表性，而自然公园只保护具有重要性的某种资源或生态系统，抑或某一类地质地貌、景观。此外，国家公园是自然保护地体系的主体，是国家环境治理体系与治理能力现代化的集中体现，管理要求与保护层级最高，这是自然公园远不能及的。

## 二　国家公园的特征

综合政策文件与学界研究来看，国家公园应当具备生态原真性、国家主导性、国家代表性、公益性、文化性以及科学性等特点。

### （一）原真性与完整性

从世界范围内看，不论何种类型、何种规模的国家公园，其首要特征就是国家公园内自然状况的天然性、原始性与完整性。《总体方案》也明确将"加强自然生态系统原真性、完整性保护为基础"作为我国国家公

---

① 《中华人民共和国自然保护区条例》，国家法律法规数据库，https://flk.npc.gov.cn/detail2.html?ZmY4MDgwODE2ZjNjYmIzYzAxNmY0MTNhNTU1NDFkZGI，2022 年 10 月 13 日。

② 《关于建立以国家公园为主体的自然保护地体系的意见》。

园建设的指导思想，保护大面积生态系统的原真性和完整性是建立国家公园的首要目的。原真性，是指国家公园内生态系统及其构成国家公园价值与国家公园价值紧密联系的自然文化要素保持在原生状态，主要强调"不受损"。完整性，是指国家公园具有足够的面积和充分的组成要素，以维持生态系统的结构、功能与过程，维持自然区域的价值与特征，强调"不缺失"。① 由此可见，国家公园的建设是为了"完整"的保护生态系统"不受损""不缺失"，"原真性""完整性"必然是国家公园的首要特征和保护目标。

### （二）国家代表性

"国家公园所保护的大面积自然或近自然区域，是中国生态价值及其原真性、完整性最高的区域，是最具战略地位的国家生态安全高地，具有很强的国家代表性。"② 国家公园的国家代表性具体包括生态系统代表性、生物物种代表性和自然景观独特性。而且，《国家公园法（草案）》中也明确了我国国家公园建设是为了构建国土空间保护新格局，所保护的目标是整个生态系统中最重要、最独特、最精华、生物多样性最富集的部分，具有全球价值、国家象征，国民认可度高，同时在我国生态安全屏障中发挥关键作用。从世界范围看，国家公园的景观资源都具有独特性与珍惜性，天然、原始的自然景观不仅在国内罕见，在世界上可以成为国家名片，具有独特且不可替代的重要影响。

### （三）国家主导性

《总体方案》指出"国家公园是指由国家批准设立并主导管理……"明确了国家对"国家公园"的建设与管理具有主导性，国家公园属于中央事权。从国家公园的设立来看，国家公园是由国家相关主管部门对国家境内的自然或近自然区域以及相关文化遗产进行评估、调查，将符合标准的地区或区域确立为国家公园进行统一规划、管理与建设。国家公园是由国家进行规划、建设和管理。这一规定明确地将国家公园的事权和财权统一上升到国家层面，由国家的专门管理机构对国家公园进行统一管理。从

---

① 赵智聪、杨锐：《中国国家公园原真性与完整性概念及其评价框架》，《生物多样性》2021年第10期。

② 杨锐：《生态保护第一、国家代表性、全民公益性——中国国家公园体制建设的三大理念》，《生物多样性》2017年第10期。

各国的国家公园管理模式来看,主要存在三种管理模式:中央集中型,代表国家有美国、加拿大;地方主导型,代表国家有澳大利亚、德国;中央—地方结合型,代表国家有英国、日本,三种管理模式虽然存在较大的差异,但是在国家层面都设立了代表国家行使国家公园管理权的管理机构。① 我国国家公园体制建设试点中,有中央直接管理、中央与省级政府共同管理或委托省级政府管理三种模式,但国家公园的规划审批、管理要求和标准实施等由国家林草局(国家公园管理局)进行统一业务管理与指导,并由各国家公园管理机关进行集中、统一管理,体现了国家公园的国家主导性。

(四)公益性

国家公园的设立不同于传统的经营性公园,具有鲜明的公益性和共享性。国家公园设立的目的是"保护一部分具有独特的自然文化价值的地区,排除人为干扰,在满足当代人欣赏、了解自然文化价值需要的基础上,最大尺度地对其进行保护,为子孙后代尽可能地保留下一份未被人为改变的遗产资源"②。国家公园的公益性体现,一是为全社会提供生态功能服务。通过国家公园设立,对我国自然生态系统进行严格保护,以提高自然生态系统的服务功能,为全社会提供生态功能服务,以满足社会公众对美好生存环境的需求,同时为后代人保留生态文化遗产。二是为公众提供休闲游憩、自然教育和科学研究场所。国家公园在保护自然生态系统的同时,通过科学分区管控和公益性门票制度,为公众提供了亲近自然的机会,利用国家公园开展环境教育和科学研究,提升全社会环境保护意识以及生态保护的研究水平。三是国家公园需要公众参与保护。国家公园的建设与管理需要社会公众和社区的积极参与,通过广泛参与国家公园能够获得社会的资金、人力和知识的支持,加强了人与自然的内在交流,真正形成人与自然和谐共生的"生命共同体"。

(五)科学性

国家公园的科学性特征主要体现在国家公园的科学规划、科学研究价

---

① 陈耀华、黄丹、颜思琦:《论国家公园的公益性、国家主导性和科学性》,《地理科学》2014年第3期。

② 陈耀华、黄丹、颜思琦:《论国家公园的公益性、国家主导性和科学性》,《地理科学》2014年第3期。

值、对国家公园的科学保护与管理等方面。

一是设立国家公园需要科学规划。2021年颁布的《国家公园设立规范》规定了国家公园的设立、规划、勘界标准、监测和考核评价等标准，这意味着国家公园规划设立、建设应当根据统一尺度和标准，不能随意设立。上文所述，国家公园的设立是为了保护生态系统的原真性和完整性，这需要运用科学的手段进行勘测评价，界定具有原真性和完整性的自然生态区域，做到"应保尽保"，进而保障国家公园设立的科学合理，能够有效地对生态系统的原真性和完整性进行保护。

二是国家公园具有科学研究价值。"科学地保护国家公园，国家公园的保护为了科学"是美国国家公园保护的口号。根据我国国家公园的试点实践，国家公园不仅具有自然生态价值，还存在大量的文化遗产价值，如北京长城国家公园，是生态价值、文化价值、文物价值和科学价值高度融合的国家公园，[①] 以国家公园的形式予以保护，不仅是为了保护区域内的自然生态系统，也是为了保护其文物属性和文化价值，对其进行相关的科学研究，挖掘其所蕴含的建筑思维和文化精神。除此之外，具有原真性和完整性的自然生态系统蕴含大自然的"神秘""智慧""规律"，从科学研究角度来看，可以作为"实验室"以深入了解大自然的神秘和生态系统的运行、演化规律，更好促使人类尊重自然规律、与自然和谐相处。

三是国家公园的保护与管理必须遵循自然规律。国家公园的规划建设是遵循生态系统整体性的客观规律，一个国家公园的确定必须包括一个或多个完整的生态系统。对国家公园的管理应进行科学分区，分区采取管控措施，实现最严格保护和合理利用的科学平衡。此外，国家公园自然生态系统的修复坚持自然恢复为主，尽可能减少人为因素对自然生态系统的干预，避免二次损害。在自然资源管理方面，国家公园是在严格保护的前提下适度、合理利用，这需要通过科学规划来限定资源利用的方式与强度，实现保护与利用的辩证统一、相互促进。

## 第二节　国家公园的价值与功能

功能是事物本身所具有的作用的事实性反映，价值则是事物本身对人

---

[①] 黄国勤：《国家公园的内涵与基本特征》，《生态科学》2021年第3期。

类表现出的有用性，国家公园作为人类创造的一种自然保护手段，其价值与功能具有同一性。分析国家公园的价值与功能是研究国家公园的立法目的、立法价值以及立法主要内容的逻辑起点。

《总体方案》提出"国家公园的首要功能是重要自然生态系统的原真性、完整性保护，同时兼具科研、教育、游憩等综合功能"。《关于建立以国家公园为主体的自然保护地体系的指导意见》（以下简称《指导意见》）明确提出自然保护地的功能定位是"守护自然生态，保育自然资源，保护生物多样性与地质地貌景观多样性，维护自然生态系统健康稳定，提高生态系统服务功能；服务社会，为人民提供优质生态产品，为全社会提供科研、教育、体验、游憩等公共服务；维持人与自然和谐共生并永续发展"。学界研究对于国家公园的功能提出了"四分法"和"五分法"的观点，"四分法"提出国家公园的功能包括提供保护性环境、保护生物多样性、提供国民游憩并繁荣地方经济、促进学术研究及国民环境教育。"五分法"认为国家公园的功能包括保护功能、科研功能、教育功能、游憩功能及社区发展功能。虽然学者分类标准不同，但对国家公园的功能定位是基本一致的，即生态保护功能、游憩休闲功能、研究教育功能、文化遗产保护功能、社区发展功能。国家公园的价值是其功能能够满足人的需要的有用性表达，对应国家公园功能国家公园的价值应包含生态价值、科研价值、文化价值游憩价值和经济价值。综上所述，国家公园的功能应包括以下方面。

## 一 保护自然生态系统的原真性和完整性

保护生态系统的原真性和完整性是国家公园建设和管理的首要目标，也是国家公园设立的首要价值选择和功能定位。国家公园的设立，是随着生态文明建设对构建以国家公园为主体的自然保护地体系的需要而进行的"先行先试"。设立国家公园，是从国家利益出发，大尺度保护国土生态安全屏障的关键区域，具有国家代表性乃至全球价值的自然生态系统、生物多样性和自然遗迹集中分布区，以及原生态强的自然区域，从而实现山水林田湖草沙的一体化保护。国家公园通过科学规划和分区管控制度，严格限制人为活动，以保护国家公园区域内生物物种多样性、生物群落及其栖息地的完整性、生态系统的原真性，保障国家生态安全。

## 二　为公众提供游憩休闲

"国家公园"顾名思义是一种保护级别高的"公园",是在对自然生态系统进行严格保护的前提下,为公众提供休闲游憩的机会。从国家公园的设立和严格保护的根本目的上来看,严格保护是为了社会公众以及子孙后代能够享受"国家公园"带来的福祉。通过利用国家公园的自然文化景观开展各类游憩服务,供公众体验兼具生态、文化、休闲的旅游服务,丰富公众多方位、多层次的自然生态体验,满足人类亲近自然、感受自然的美好愿望,激发公众保护自然的情感意识。

## 三　促进科学研究与环境教育

国家公园的建设为相关科研机构对于生物多样性、地质地貌、生态功能等的研究提供了对象和条件,也为国家公园的管理决策和规划制定提供了科学依据。通过对国家公园的生物物种、自然资源及其存在的状态进行监测研究(包括动植物的数目、种类、地域分布等),建立国家公园基础信息库,以实现对国家公园区域内的生态系统状况、生物物种进行长期动态的监测管理,这是国家公园健康持续发展的基础。人类具有自然性,大自然是最好的环境教育素材。国家公园建立的以综合解说系统为核心的环境教育体系,使得国家公园成为面向全世界的窗口和面向国民进行环境教育的主要基地。[①] 通过对到访者解说、科普自然保护知识,让公众亲近自然、了解自然,从而发自内心地敬畏、尊重、爱护自然。

## 四　保护与传承丰富多样的文化遗产

人类创造的社会系统以自然生态系统作为发展演化的基础,自然生态系统也规定了社会系统的发展极限,并始终要求社会系统与之相适应,特定的自然环境以及具有地域性的传统生产生活方式哺育了内容丰富的传统文化。费尔巴哈在《宗教的本质》一书中就特定自然环境对人与社会共同体的地方性特色塑造有过经典论述,他说:"一个人,一个民族,一个氏族,并非依靠一般的自然,也非依靠一般的大地,而是依靠这一块土

---

① 刘静佳:《基于功能体系的国家公园多维价值研究——以普达措国家公园为例》,《学术探索》2017 年第 1 期。

地、这一个国度；并非依靠一般的水，而是依靠这一处水、这一条河、这一口泉。"① 文化与传统生计是原住居民与自然进行内在与外在交往的桥梁，我国国家公园人地关系历史悠久、民族多样，原住居民在与自然的长期交往中形成了丰富的生态智慧与传统文化。国家公园内丰富的文化遗产本身就是国家公园社会—生态系统完整性的组成部分，国家公园的整体性保护和对传统利用的绿色发展有助于文化遗产的保护与传承。

### 五 带动社区协调发展

我国国家公园发展始终面临着平衡"人"和"地"关系的问题。② 国家公园所在地区经济普遍落后，通过国家公园建设带动社区协调发展是国家公园获得持续发展的关键。"尊重并保障原住居民的生存和发展需求，是人类文明和进步的体现。"③ 当前国家公园管理范式已经从"排除式"转向"参与式"，社区居民能够参与资源利用、资源管理以及旅游经营，在一定程度上缓解了国家公园建设与社区发展之间的矛盾。④ 国家公园通过利益分配、资源利用和参与管理等方面的制度设计，可以带动社区以符合国家公园生态保护目标的方式获得全面发展。

## 第三节 国家公园的目的与利益

### 一 国家公园的设立目的

设立国家公园的目的决定了国家公园在生态保护、建设管理、发展利用等问题中何者处于核心地位，也决定了国家公园的立法目的、基本原则、制度设计和管理规划。各国国家公园的目的一般根据本国的生态保护需求和国家公园所在地的地理、历史、社会、经济、人与自然生态的关系

---

① [德] 费尔巴哈：《宗教的本质》，王太庆译，人民出版社1999年版，第3页。
② 余青、韩淼：《美国国家公园路百年发展历程及借鉴》，《自然资源学报》2019年第9期。
③ 李文军：《协调好国家公园内原住居民的生存发展和自然保护的关系》，《青海日报》2019年12月9日第10版。
④ 高媛、彭蓉、赵明等：《国家公园社区协调发展机制研究——以拟设立的内蒙古呼伦贝尔国家公园为例》，《北京林业大学学报》（社会科学版）2021年第2期。

等实际情况有所不同，如美国国家公园的设立目的是生态保护与国民游憩，1916年制定的《国家公园管理局组织法》规定设立国家公园管理局是为了"保护公园中的风景、历史遗产以及野生动植物，并以此种手段和方式为人们提供愉悦并保证他们完好无损，以确保子孙后代的福祉"[①]。国家公园管理局因此负有保护资源与促进使用的双重使命，既要积极保育公园资源，又要为子孙后代"以不损害公园的方式与手段"提供公园资源的使用与享受。[②] 英国国家公园具有悠久的人类聚居史，国家公园的发展目标中也明确规定需要促进地方经济社会发展。[③] 法国国家公园为了平衡自然保护与地方发展之间的矛盾，近年完成体制改革后国家公园的目的以保护为主，兼顾社区发展。[④]

《总体方案》中提出，"建立国家公园的目的是保护自然生态系统的原真性、完整性，始终突出自然生态系统的严格保护、整体保护、系统保护，把最应该保护的地方保护起来"。2019年发布《指导意见》指出，国家公园"以保护具有国家代表性的自然生态系统为主要目的"。国家公园"生态保护第一"是对《环境保护法》"保护优先原则"的贯彻，作为"保护优先原则"在国家公园领域的延伸，"生态保护第一"面对多元、多层次的利益冲突，要想析出其规范内涵，必须回答"保护"的含义是什么、"保护"的对象是什么、"生态保护第一"要实现何种根本目的。从世界自然保护地的发展历史看，"保护"的内涵经历了从普遍意义上的保护（Protection）到对自然原真性的保存（Preservation）再到积极的自然保育（Conservation）的转变。自然保护地的管理实践中从起初概念宽泛、模糊的保护（Protection）逐渐具象为基于机械、线性思维的自然保存（Preservation），强调对某一物种或区域原真性的严格保护以及人对自然尽可能少的影响。伴随生态系统性与社会—生态系统性研究的深入，"Preservation"被以倡导根据保护对象的需求进行动态调整的"适应性"管理、积极保护与合理利用的自然保育（Conservation）逐渐取代，自然

---

① 高科：《公益性、制度化与科学管理：美国国家公园管理的历史经验》，《旅游学刊》2015年第5期。
② NPS Organic Act, https://www.justice.gov/enrd/nps-organic-act.
③ 徐菲菲：《英美国家公园体制比较及启示》，《旅游学刊》2015年第6期。
④ 苏红巧、苏杨、王宇飞：《法国国家公园体制改革镜鉴》，《中国经济报告》2018年第1期。

保护的目标演化为兼顾自然保护与人类福祉。

基于生态学研究的深入与由此而致的保护理念演变，我国国家公园"生态保护第一"的"保护"，应当是基于对生态系统的结构、功能、演化过程及规律以及社会—生态系统性认识，具有动态性、适应性的自然保育（Conservation），其外延包括对生态系统的积极干预[1]、对自然资源的用途管制（禁止利用）、自然资源的合理利用。合理利用是生态保护的应有之义，也是实现生态保护的手段。在国家公园管理中，"不是强调保护与利用哪个更重要，而是要把握好度，科学处理严格保护与适度利用之间的关系"[2]。自然保护的目标也不再仅是通过"堡垒式"的保护严格维持生态系统的原真性与完整性，而是在社会—生态系统中兼顾自然保护与人类福祉，实现永续利用与发展。以国家公园为主体的保护地体系，其目标是将生态系统保持或恢复到健康的状态，而生态系统管理理论对健康生态系统的评价标准已经从将人类活动排除在外的仅关注"生态"的视角转向视"社会"系统和"生态"系统两者为一个统一体的思维范式。[3] 国家公园内严格保护与合理利用辩证统一，保护的目的是利用，合理地利用可以促进保护。[4] 因此，国家公园"生态保护第一"的根本目标应当是保护与维持健康的生态系统，实现资源在世代间可持续地享用与利用。而且，我国国家公园普遍存在人、地约束，[5] 国家公园内与周边生活着大量原住居民，人地关系紧密、历史悠久且多样化，很多地方人与自然在长期的生产生活中已经形成了类似共生的关系，实行封闭性地强制保护不仅割裂了人与自然之间的有机联系，且管理代价、建设成本巨大，且国家公园所在地都位于偏远、落后的农村地区，社区发展需求强烈。因此，基于自

---

[1] 例如在野生动物保护区创造或者维护物种栖息地、提供食物，或者为维护种群数量平衡对特定物种的扑杀，或根据森林、湿地或草地生态系统的演化规律及保护需求开展计划火烧项目。

[2] 王娟、任晓冬：《基于共生理论的自然保护区与周边社区可持续发展研究》，《贵阳学院学报》（自然科学版）2015年第3期。

[3] 李文军：《协调好国家公园内原住居民的生存发展和自然保护的关系》，《青海日报》2019年12月9日第10版。

[4] 唐芳林：《科学划定功能分区 实现国家公园多目标管理》，中国林业网，http://www.forestry.gov.cn/main/3957/20180116/1068384.html，2018年1月16日。

[5] 何思源、苏杨、罗慧男等：《基于细化保护需求的保护地空间管制技术研究——以中国国家公园体制建设为目标》，《环境保护》2017年第1期。

然保护理念的转变以及我国国家公园建设面临的特殊国情，我国国家公园的设立目的应以严格保护为主，兼顾合理利用。

## 二 建设国家公园涉及的利益

利益是指人的需求及其满足，利益是人类社会发展进步的主要动力。罗斯科·庞德指出法律秩序所保护的是利益而不是法律权利，法律是一种获得利益的手段。[①] 国家公园的立法与研究首先应以识别多元、多样、多层次的利益为出发点，以对不同主体的利益分配和多元、多样、多层次的利益之间冲突的衡平为落脚点。国家公园的建设与发展涉及生态保护、资源利用、观赏游憩、教育科研、社区发展、文化保护与传承等多个方面，国家公园的价值与功能的多样性决定了承载利益的多元、多样、多层次性。

从利益主体的角度看，国家公园的建设与发展涉及多元主体，多元主体具有多样的利益需求。国家公园是自然生态、自然资源、文化资源有机汇合的整体，社会公众希望通过国家公园的设立与管理，保护具有国家代表性的大面积自然生态系统，以满足公众（包括当代人与子孙后代）对生态安全的利益需求，通过国家公园对自然生态系统原真性、完整性的保护，能够欣赏大自然的原始野性和美丽风景，以满足公众对游憩欣赏的利益需求。在国家公园从事特许经营的企业与个人，通过获得特许经营资格提供交通、餐饮、住宿、解说等服务获取盈利，以满足经济利益的需求。生活在国家公园内的原住居民在生产生活中利用自然资源、保存与传承民族文化与传统文化，以满足原住居民的生存利益、发展利益和文化利益。国家公园所在地借助国家公园的名片和品牌效应，带动地方社会经济发展，以满足地方的发展利益。这些多元主体的多样、多元、多层次的利益，既有公共利益又有个体利益，利益需求复杂交错。

从利益内容的角度看，人对国家公园的多元价值的需要形成了基础性环境利益、本能性生存利益、发展性经济利益、精神性文化利益、舒适性环境利益。基础性环境利益是人们对健康、安全、平衡的生态系统及其提供的生态服务功能的利益需要。本能性生存利益是人们利用自然资源以满

---

① 参见［美］罗斯科·庞德《通过法律的社会控制——法律的任务》，沈宗灵、董世忠译，商务印书馆1984年版，第19—34页。

足基本的生存与生活所需的利益需要。精神性文化利益，是对人的相关精神文化性需要的满足，可以是有形的事、物、行为或活动，也可以是精神性体验，内容丰富，类型多样，文化利益与经济利益、政治利益、生态利益之间存在复杂的互动关系，都是人的基本利益。人的基本文化利益包括"文化生活参与权、文化成果拥有权、文化方式选择权和文化利益分配权"[①]。随着社会经济快速发展与科技的日新月异，为了消解现代性带来的虚无感，人们的精神性需求越来越多、越来越强烈，文化利益在各种利益形态中愈加凸显，这是社会发展的必然趋势。舒适性环境利益，是人们在环境健康与生态安全得到满足以后，基于人的全面发展的需要和与自然深切交往的需要，在自然的优美景观、原始野性中陶冶情操、放松心灵、激发灵性的精神利益需求。

---

① 王列生：《论公民基本文化权益的意义内置》，《学习与探索》2009 年第 6 期。

# 第二章

# 国家公园与自然保护地体系

世界自然保护联盟（IUCN）是自然环境保护与可持续发展领域的专业国际组织，其关于自然保护的技术标准和管理安排具有广泛的国际认可度。本章通过分析 IUCN 自然保护地体系以及国家公园在自然保护地体系中的基本特征、管理目标和地位，梳理中国自然保护地体系的现状与目标，可以更好地把握中国国家公园在自然保护地体系中的定位，锚定国家公园统一立法在自然保护地法律体系中的位置及与其他立法之间的关系。

## 第一节 IUCN 保护地体系与国家公园

IUCN 指出自然保护地设立是为了维持自然生态系统的正常运作，为生物物种提供栖息地，保存生物物种多样性，保护自然文化特征，提供科研教育、休闲娱乐机会，持续利用自然资源等。其中，IUCN 自然保护地体系将国家公园划为Ⅱ类大尺度保护地类型，明确了国家公园的基本特征、管理要求以及保护目标，对我国建设以国家公园为主体的自然保护地体系的具有重要参考价值。

### 一 IUCN 保护地体系

世界自然保护联盟（IUCN）对保护地的界定是，"明确地划定的地理空间，通过法律或其他有效手段获得认可，为专有目的所进行管理的区域，以期实现对自然及其所拥有的生态系统服务和文化价值的长期保护"[①]。可见，IUCN 保护地包括各类受保护的地区和区域，并且需要通过

---

① 朱春全：《IUCN 自然保护地管理分类与管理目标》，《林业建设》2018 年第 5 期。

法律或其他有效手段获得认可。这里的法律和其他有效手段是指需要通过官方渠道对保护地进行公示和认可（具体包括国际公约或协定），或是其他有效但非公示的手段予以认可。IUCN保护地体系确立了保护地需要遵循以保护自然区域为主要目标，以保护目标为导向确定保护地类型。

世界自然保护联盟（IUCN）于1994年出版的《自然保护地管理类型指南》，根据自然保护地的管理目标将保护地分为六类（参见表2-1）[1]。采用IUCN保护地体系分类，在建立保护区的同时就应当明确该保护地的主要管理目标并依此确定保护地类别。

表2-1　　　　　　　　　　IUCN保护地管理类别

| 类别代码 | 类别名称 | 主要目标 |
| --- | --- | --- |
| 类别Ⅰa | 严格自然保护区 | 主要用于科研的保护地 |
| 类别Ⅰb | 原野保护地 | 主要用于保护自然荒野面貌的保护地 |
| 类别Ⅱ | 国家公园 | 主要用于生态系统保护以及休闲娱乐的保护地 |
| 类别Ⅲ | 自然纪念物 | 主要用于保护独特自然特性的保护地 |
| 类别Ⅳ | 栖息地/物种管理区 | 主要用于通过积极干预进行保护的保护地 |
| 类别Ⅴ | 陆地/海洋景观保护地 | 主要用于陆地/海洋景观保护及休闲娱乐的保护地 |
| 类别Ⅵ | 资源保护地 | 主要用于自然生态系统持续性利用的保护地 |

资料来源：IUCN：《自然保护地管理类型指南》，1994年。

1998年IUCN增补了自然保护地体系的首要目标，即增强生物多样性就地保护的有效性，[2] 并明确了以下五种关联性特点：一是代表性、综合性和平衡性；二是充分性；三是一致性；四是连贯性和互补性；五是成本、效率和平等性。[3] 具体来讲，IUCN自然保护地体系中所有保护地类型的管理目标都是相互关联的，具体包括对生物多样性结构功能、生态系统功能、保持景观多样性或相关物种和生态系统栖息地多样性等进行完整的、长期的联通性保护，为国家确定整体自然保护和可持续发展目标提供积极的贡献，同时适当保持收支平衡，注重提升管理效率，以此来实现国

---

[1] 庄优波：《IUCN保护地管理分类研究与借鉴》，《中国园林》2018年第7期。
[2] 吕忠梅：《自然保护地立法基本构想及其展开》，《甘肃政法大学学报》2021年第3期。
[3] 朱春全：《IUCN自然保护地管理分类与管理目标》，《林业建设》2018年第5期。

家保护地体系的总目标。

## 二 IUCN保护地体系中的国家公园

国家公园是IUCN保护地体系中的第Ⅱ类保护地，属于大尺度保护地类型。1969年，IUCN定义了国家公园的基本特征是符合以下标准、相对较大的区域：第一，存在一个或多个没有被人类活动明显改变的生态系统，这些系统的植物和动物种群、地理位置和地貌特征具有特殊和重要的科学、教育与娱乐意义，或含有美丽的自然景观。[1] 第二，国家重视保护对象的生态系统、地质地貌的特征以及生态价值，并设有权威性的主管机关，对整个区域采取有效保护措施。第三，国家和社会尊重保护对象的科学价值，科学合理地设置管理和保护标准，允许游客本着科研、教育和游憩的目的进入保护区域。[2] 1971年，IUCN进一步明确了国家公园的目的和功能，国家公园是大面积的自然或近自然区域，主要用于大尺度保护生态进程及其区域内的物种和生态系统特征，同时也要提供用于环境和文化相兼容的精神、科学、教育、休闲娱乐等层面的机会。[3]

IUCN自然保护地体系指出国家公园保护区域内，包括进化进程在内的自然生态进程可在人类少量干扰的情况下继续进行。此类保护地有助于保护最佳的自然风光、多样景观、丰富的地质遗产、生物多样性、生态系统服务和丰富的文化遗产，以及有助于形成一个核心区，实施有关联性的保护活动，保护自然生物多样性及作为其基础的生态结构和它们所支撑的环境过程，同时兼顾科研教育、休闲娱乐功能。

据此，我们可以将IUCN国家公园保护地类型的管理目标理解为首要目标和其他目标。首要目标是保护自然生物多样性及作为其基础的生态结构和它们所支撑的环境过程，推动环境教育和休闲游憩。[4] 其他保护目标包括通过对自然生态的保护使国家公园地理区域及其养护的生物物种、

---

[1] 彭杨靖、黄治昊、林乐乐等：《国家公园陆地自然生态系统完整性与原真性评价方法探索：以钱江源国家公园体制试点为例》，《生物多样性》2021年第10期。

[2] 徐琳琳、虞虎：《国外国家公园景观评价与保护利用研究进展及对中国的启示》，《资源科学》2022年第7期。

[3] 侯宇、陈科睿：《国家公园立法基本问题新探》，《河南财经政法大学学报》2020年第5期。

[4] 张希武：《建立以国家公园为主体的自然保护地体系》，《林业建设》2018年第5期。

生物群落蕴含的基因资源得以严格保护，使整个生态区域在不受人为因素干扰的情况下自然演进；通过自然生态的保护，维持生物物种的多样性和健康的生态功能；开展精神、文化、教育等管理活动，对国家公园的访客进行有序管理，避免其行为造成生物物种和生态功能进一步退化；促进当地社区居民的发展，在对自然生态系统进行保护的基础上，对资源进行科学利用，实现可持续发展。

此外，IUCN自然保护地体系中的国家公园相较其他保护地类型，具有独特地位，具体体现在：一是在管理尺度上，相较于严格自然保护地排除人为干扰和荒野保护地将人为干扰控制在最小，国家公园是通过对开展精神教育、文化旅游的访客进行管理，来避免人为因素造成国家公园内生物物种和生态功能退化。相较倾向于保护某种特定自然生态区域的保护地类型（Ⅲ、Ⅳ、Ⅴ、Ⅵ类自然保护地），国家公园具有较强的管理尺度，以保护区域范围内生态系统的原真性和完整性。二是在管理目标上，国家公园的管理目标相较其他以单一保护目标确立自然保护地类型更加全面，包括自然生态系统的保护、生物物种多样性的维持、合理利用自然资源以及促进国家公园区域内绿色发展。三是在管理手段上，国家公园实施分区管控，对不同区域采取不同的管理尺度，同时也注重社区参与，这也是国家公园相较其他保护地类型的重要特点。

## 第二节　中国自然保护地体系的现状与目标

自然保护地是保护区域自然环境、维持生态平衡和生物多样性的重要举措形式，经过60多年的发展，我国已经建成了数量众多、类型丰富、功能多样的自然保护地体系。但各类保护地空间交叉重叠、管理体制混乱、管理依据碎片化、管理理念落后等问题，已经严重制约了自然保护地事业的健康发展。自党的十八大以来，一系列政策文件的出台为建立以国家公园为主体的具有中国特色的自然保护地体系，建立统一规范高效的、具有中国特色的自然保护管理新体制、新机制、新模式以及确保国家生态安全明确了目标和方向。

### 一　中国自然保护地体系的现状

在建设以国家公园为主体的自然保护地体系之前，我国设立的自然保护地类型约有 20 种，总数超过 1.18 万处，总面积约覆盖我国陆域面积的 18%、领海的 4.6%，使我国重要的生态系统和独特的自然遗产得以保存，在保护生物多样性、维持生态功能服务和维护国家生态安全等方面发挥了巨大作用。但我国自然保护地长期以来存在重叠设置、多头管理、边界不清、权责不明、管理不畅等痛点、难点。特别是各类保护地设置存在交叉、重复现象，同时存在"一块牌子多套班子"或"一套班子多块牌子"的普遍现象。[1] 据不完全统计，在启动自然保护地体系改革前，仅国家级自然保护区、国家级风景名胜区、国家森林公园、国家地质公园和国家湿地公园5类自然保护地，彼此交叉或重叠的情况就有200多处。例如，江西庐山同时建立了5种类型的国家级自然保护地，长白山、五大连池、张家界等建立了4种类型的自然保护地。[2]

根据不同的主管部门依据不同的管理目的设立自然保护地，自然保护地体系建设杂乱，管理依据庞杂分散，具体如表2-2所示：

表 2-2　改革前我国自然保护地类型、设置依据以及主管部门

| 类型 | 主管部门 | 管理依据 |
| --- | --- | --- |
| 自然保护区 | 国务院生态环境主管部门 | 《自然保护区条例》（1994年国务院颁布） |
| 风景名胜区 | 国务院建设主管部门 | 《风景名胜区条例》（2006年国务院颁布） |
| 森林公园 | 国务院林草主管部门 | 《森林公园管理办法》（1994年林业部发布）《国家森林公园管理办法》（2011年国家林业局发布） |
| 地质公园（地质遗迹保护区） | 各级地质矿产行政主管部门 | 《地质遗迹保护管理规定》（1995年地质矿产部发布） |
| 湿地公园 | 国家林草主管部门 | 《国家湿地公园管理办法》（2017年国家林业局发布）《湿地保护法》（2021年颁布） |
| 水利风景区 | 水行政主管部门和流域管理机构 | 《水利风景区管理办法》（2004年水利部发布） |
| 矿山公园 | 国务院地质矿产主管部门 | 《关于申报国家矿山公园的通知》（2004年国土资源部发布） |
| 沙化土地封禁保护区 | 国家林草主管部门 | 《国家沙化土地封禁保护区管理办法》（2015年国家林业局发布） |

---

[1] 李俊生等：《国家公园体制研究与实践》，中国环境出版集团2018年版，第3—5页。
[2] 李俊生等：《国家公园体制研究与实践》，中国环境出版集团2018年版，第23—24页。

续表

| 类型 | 主管部门 | 管理依据 |
|------|---------|---------|
| 沙漠公园 | 国家林草主管部门 | 《国家沙漠公园管理办法》（2017年国家林业局发布） |
| 种质资源保护区 | 国务院及县级以上农业主管部门 | 《水产种质资源保护区管理暂行办法》（2010年农业部发布）《畜牧遗传资源种场保护区和基因库管理办法》（2006年农业部发布） |
| 海洋特别保护区 | 国家海洋主管部门 | 《海洋特别保护区管理办法》（2010年国家海洋局发布） |

通过表2-2可知，我国传统的自然保护地体系存在以下几个明显问题：

一是我国自然保护地缺乏体系性的设置标准，导致"派系林立"且交叉重叠。我国自然保护地名称多样，设置主体、设置标准以及设置目的（保护目标）差异较大，在缺乏体系性的设置标准情形下，导致保护地设置出现"一名多义""一地多名"等现象，仅仅在设置名称上进行创新，忽略了自然保护的整体性需求，难以解决长期以来存在的自然保护地边界不清、重复管理、标准不一、权责不明等实质问题。

二是保护部门职能分散，管理政出多门难以形成合力。[①] 我国自然保护区建设一直遵循"抢救式"保护原则，先划后建再逐步完善，导致我国自然保护区长期以来形成了分类型、分等级与分部门重叠交叉的管理体制。而且，生态文明体制改革前，保护地是根据各主管部门的管理职能设置，尽管有利于发挥各主管部门的专业性优势，但针对同一区域设置不同类型的保护地现象普遍存在，保护地的自然资源权属不清，不同权属交叉重叠。在具体的管理落实上，对于具有生态整体性的保护地依据资源分类、部门设置、行政区划的划分管理，出现了规划冲突和执法管理冲突，难以适应自然生态的原真性、完整性和系统性保护需求。

三是管理依据碎片化，制度缺乏体系性与协调性。各类型保护地的管理依据往往是相应的主管部门依据某一单一自然保护地类型而制定的，因此在管理目标、空间规划、技术标准、信息数据、原则与制度上局限于单一的自然保护地类型，忽略了自然保护地制度体系的整体性建构。这种缺

---

① 刘超：《自然保护地空间治理的理论逻辑与规则构造》，《思想战线》2022年第4期。

乏统筹的自然保护地制度设计，整体上呈现出内容的体系性、协同性不足和价值的融贯性不足，导致制度各自为政，难以形成科学的保护地体系和保护地法律体系。

四是相关法律、法规、政策文件制定时间跨度大、效力低，并且理念、制度设计落后，难以满足我国自然保护地管理的现实需求。[①] 从各类保护地管理的规范性法律文件的制定和颁布实践来看，最早的法律文件于1994年制定（例如《自然保护区条例》《森林公园管理办法》等），在规范供给上已经难以满足当前保护地管理的现实需求。此外，以各主管部门、行政机关为主体出台的政策规范，缺乏"生态系统整体观""多元共治"的理念，难以满足当前生态文明建设的时代需求。

建立国家公园体制是生态文明制度建设的重要内容，是解决我国自然保护地发展过程中存在的重叠设置、多头管理、边界不清、权责不明、保护与发展存在矛盾等问题的重大举措。为了扭转我国自然保护地的管理乱象，保护重要的自然生态系统，保障国家生态安全，推进生态文明建设，党的十八届三中全会提出建立国家公园体制，并启动国家公园试点工作，党的十九大提出建设以国家公园为主体的自然保护地体系。2015年1月国家发改委等13部委联合印发《建立国家公园体制试点方案》，9月中共中央、国务院印发《生态文明体制改革总体方案》。前者明确了国家公园体制建设内容、确定了国家公园试点省和9个试点区，后者对国家公园专节论述、明确要求。2017年，中共中央办公厅、国务院办公厅印发的《总体方案》明确提出了国家公园体制建设的顶层设计。2019年6月，中共中央办公厅、国务院印发《指导意见》，为我国建立以国家公园为主体的自然保护地体系描绘了总体蓝图，使国家公园体制建设工作辐射、带动整个自然保护地建设。

自2015年以来，我国先后开展了东北虎豹、祁连山、大熊猫、三江源、海南热带雨林、武夷山、神农架、普达措、钱江源、南山10处国家公园体制试点，在保护地整合、体制机制改革等方面取得显著成效。2021年，我国正式设立第一批五个国家公园，三江源国家公园、大熊猫国家公园、东北虎豹国家公园、海南热带雨林国家公园、武夷山国家公园，国家

---

① 吕忠梅：《以国家公园为主体的自然保护地体系立法思考》，《生物多样性》2019年第2期。

公园也被第三方评价为"生态文明体制改革中整体进展最快、制度改革最系统的领域"。通过国家公园体制试点改革，统一分级的管理体制初步形成，保护地归并整合、科学保护使自然生态保护成效初显，自然资源的管理和利用机制初步完善，社区转型发展取得了明显成效。未来国家公园建设应在确保生态系统完整性和原真性保护的前提下，在优化管理体制、完善资金保障机制、立法执法完善、社区治理等方面进一步探索，走出"人与天谐，天人共美"的道路。

## 二 以国家公园为主体的自然保护地体系的建设目标

《指导意见》中指出要建立以国家公园为主体的具有中国特色的自然保护地体系，以推动各类自然保护地科学设置，建立自然生态系统保护的新体制、新机制、新模式，建设健康高效稳定的自然生态系统，为维护我国生态安全和实现经济社会可持续发展奠定牢固的基石。通过国家公园试点建设，推进国家公园和各类自然保护地总体布局和发展规划，完成保护地勘界立标并与生态保护红线衔接，同时制定自然保护地内建设项目的负面清单，进而推动构建统一的自然保护地分类分级管理制度。因此，建立以国家公园为主体的自然保护地体系，需要处理好国家公园建设与保护地体系中已有的保护地类型之间新与旧的关系，突破已有的体制障碍，着力解决生态型系统破碎、地域交叉重叠、管理"九龙治水"问题，整合多类型保护地。[①] 总体来讲，建立以国家公园为主体的自然保护地体系的最终目标是筑牢和维护我国国家生态安全屏障和经济社会可持续发展的基石，为建设富强民主和谐的社会主义现代化强国奠定生态根基。[②] 在自然保护地体系最终目标的引导下，我国的自然保护地体系的具体目标应当包括：

一是整合现有自然保护地，理顺自然保护地体系。通过建设以国家公园为主体的我国自然保护地体系，积极推动生态整体保护，对现有"多门多类"的自然保护地类型进行分级整合优化。在不减少保护面积、不降低保护强度的前提下，通过国家公园设置，明确现有自然保护地的退出机制，有效解决当前自然保护地交叉重叠问题，形成适度打破行政区划、

---

① 张希武：《建立以国家公园为主体的自然保护地体系》，《林业建设》2018年第5期。
② 唐芳林、田勇臣、闫颜：《国家公园体制建设背景下的自然保护地体系重构研究》，《北京林业大学学报》（社会科学版）2021年第2期。

建立以生态系统为单位的条块分割的保护格局。[①]《指导意见》以管理目标与效能为主线提出了"两园一区"的自然保护地新分类系统，更加科学、清晰地阐述了各类自然保护地的功能定位、生态价值和保护强度。最终推动我国自然保护地实现一个保护地、一个牌子、一套班子，以此对我国生态系统进行原真性、完整性保护。

二是对自然保护地进行统一分级管理，实现自然生态系统的严格保护。针对过去部门管理交叉重叠、管理职能分散、重复多头管理、权责不清的问题，《指导意见》在对各类自然保护地进行整合优化的基础上，建立科学合理的分类体系，理顺保护地管理体制，以实现自然保护地统一设置、由专门管理机关实现统一分级管理、分区管控的新体制，对自然生态进行科学、有效、统一的保护。《指导意见》还从管理主体的角度进一步明确提出自然保护地管理的三种模式：中央直管、中央与地方共管、委托省管，有助于自然保护地管理体制的理顺和高效运转。

三是生态保护与科学利用统筹实现。针对过去保护与发展矛盾突出、保护目标不明确、功能区定位模糊的问题，《指导意见》明确提出建设以国家公园为主体的自然保护地体系，是立足于社会经济永续发展之上对自然生态严格保护，提出了"核心保护区内禁止人为活动，一般控制区内限制人为活动"的差别化管控要求，将真正需要保护的地方保护起来，让可以利用的地方得到科学合理利用。自然保护地体系建设是探索自然保护和科学利用的系统性模式，更是促进生态产业化和产业生态化有力推手，致力满足人民对美好生活环境、优良的生态产品和优质的生态服务的需求。

四是构建政府主导，多方主体参与的自然保护地治理体系。在推动治理能力和治理体系现代的时代背景下，推动生态环境治理能力和治理体系现代化必然要求形成政府主导，多元主体协同参与的综合治理体系。《指导意见》明确建设自然保护地要以政府为主导进行规划、建设、管理、监督和保护，同时需要吸纳多方主体积极参与我国自然保护地体系的建设与管理，形成全社会、多主体保护自然的合力。

五是体现中国特色，接轨国际自然保护地体系。我国在建设以国家公

---

[①] 唐芳林、吕雪蕾、蔡芳等：《自然保护地整合优化方案思考》，《风景园林》2020年第3期。

园为主体的自然保护地体系中确立了人与自然和谐共生的愿景目标，在 IUCN 自然保护地体系的指导下，探索构建适合我国国情的、体现整体性保护的自然保护地体系，既是与国际自然保护地体系接轨，也是开辟以国家公园为主体、实现人与自然和谐共生的自然保护地体系的新道路，为国际自然保护提供中国经验。

## 第三节　中国国家公园在自然保护地体系中的定位

《指导意见》明确提出要建立以国家公园为主体、自然保护区为基础、各类自然公园为补充的自然保护地管理体系。国家公园对我国自然保护地体系建设能够提供强有力的上位规划和引导作用，[①] 建立以国家公园为主体的自然保护地体系，通过国家公园体制改革覆盖、带动整体自然保护地建设。可以从国家公园的生态区位、建设管理目标、事权划分级别以及保护尺度等方面，明确国家公园在我国的自然保护地体系建设中的主体地位。

### 一　国家公园处于生态保护的关键区位

我国建立国家公园体制，目标是把自然生态系统最重要、自然景观最独特、自然遗产最精华、生物多样性最富集的区域严格保护起来，[②] 已经设立的 5 个国家公园，或地处青藏高原，或横跨秦巴山区，或位于热带雨林，或穿越武夷山脊，或坐落东北林海，都是我国生态安全的关键区位。其他尚未正式设立且在试点阶段的国家公园（如祁连山国家公园），其规划建设划定的区域范围，也位于国家生态安全屏障"两屏三带"的关键节点，是构成我国自然保护地体系以及国家生态安全屏障的重要支撑点，确立了国家公园在我国自然保护地体系中占有突出地位。此外，国家立足于生态保护的需求陆续设立其他国家公园，使国家公园在我国自然保护地体系中逐渐占有较大比重，从国家公园保护的生态环境区域面积占比上也逐步占据主体地位。

---

[①] 吕忠梅：《自然保护地立法基本构想及其展开》，《甘肃政法大学学报》2021 年第 3 期。
[②] 《国家公园法（草案）（征求意见稿）》，国家林业和草原局政府网，http://www.forestry.gov.cn/main/153/20220819/150732442216001.html，2022 年 8 月 19 日。

## 二 国家代表性强，具有较高的管理事权

国家公园与其他自然保护地类型相比，具有保护面积大、生态系统完整且具备典型性、国家代表性强，同时也是影响人类生存发展、具有最宝贵的自然资源以及丰富的生物物种聚集区。在事权管理上，《总体方案》中明确国家公园是由国家批准设立并主导管理，其范围内全民所有的自然资源资产产权所有权是由中央人民政府直接行使或委托省级人民政府代理行使。同时，国家公园在设立上具有优先级，在规划设立国家公园时先前设立的其他保护地类型被划入国家公园建设范围内的，将按程序取消或退出原有的自然保护地类型，由国家公园统一进行保护管理，以此保障国家公园的统一管理的实现。国家公园建设与自然保护地体系不是简单的"替代"关系，而是"先行先试"，最终推动建立完整的自然保护地体系。[①] 因此，从国家公园的代表性以及管理事权结构上，国家公园在我国自然保护地体系中也居于主体地位。

## 三 国家公园实行"最严格保护"

国家公园的设立是对规划区域范围内的自然环境、生态系统、自然资源以及生物物种资源等进行最大尺度的保护，以保护国家公园区域内生态的完整性和原真性，从这一角度来看，国家公园保护目标涵摄了我国自然保护地体系中最基本、最重要的管理目标，属于我国自然保护地体系各功能区中的"禁止开发区域"，以做到应保尽保，为子孙后代留下珍贵的自然遗产。与森林公园、地质公园等其他类型的自然保护地相比，国家公园对自然生态环境采取了最大尺度的保护。在国家公园的管理体制上，强调统一、垂直管理，对国家公园区域内的自然生态予以最有力的保护。在对国家公园管理依据上，我国采用实质上的"一园一规"，通过立法建立完善的国家公园管理制度，以实现对国家公园最全面、最严格的保护，这也是其他保护地类型所不具备的。因此，从保护要求的角度来看，国家公园是我国自然保护地体系中的典型代表。

## 四 国家公园具有管理的多目标性

国家公园具有管理上的多目标性，国家公园建设和管理的首要目标是

---

① 吕忠梅：《自然保护地立法基本构想及其展开》，《甘肃政法大学学报》2021年第3期。

保护自然生态系统的完整性和原真性。在对生态环境严格保护的基础上，强调为公众提供休闲游憩的机会，发挥国家公园的科研教育功能，保护国家公园内丰富的历史文化遗产以及带动国家公园周边社区的发展。由此可见，国家公园相较我国其他保护地类型来讲，其管理目标更加全面多元，某种意义上可以说囊括了我国自然保护地体系的几乎所有目标。

# 第三章

# 国家公园立法的理论基础

法是人类在一定的理论与价值指导之下创造形成的产物。"法的状况，法的价值状况都与人的主观企求，有着极大的关系。"[①] 法的价值是法律的灵魂所在，基于不同价值指引下的法律将在制度设计和实施效果上产生明显的差异。因此，本章将从自然观、伦理观、法律观三个向度分析国家公园立法应当体现与秉持的价值追求。

## 第一节 生态整体主义的自然观

### 一 生态整体主义

自人类诞生以来，人就面临着认识自我、认识世界、认识人与自然的关系的永恒话题。人类社会早期，由于人类认识水平的有限性和改造自然的能力的有限性，人类恐惧自然，但为了生存不得不完全臣服于自然，"人们就像牲畜一样服从它的权力"，人与自然的关系实际上是一种对立关系。农业社会中，人类随着在生产生活实践中不断发现自然规律，为了持续地利用自然资源形成了生态智慧，并主动顺从自然规律，人与自然的关系总体上是一种相对和谐的关系。进入工业社会后，随着人的理性觉醒和主体性的确立，以及工业革命、技术革命带来的规模化、组织化的机器大生产对自然资源的大肆攫取和污染物的大量排放，人与自然的关系逐渐走向了主体与客体的二元对立关系，人凌驾于自然之上成为自然的主宰，开始全面地征服和改造自然。一种人类中心主义的自然观和世界观悄然形

---

[①] 卓泽渊：《论法的价值》，《中国法学》2000 年第 6 期。

成并随着此后工业革命的发展在全世界蔓延,根深蒂固地塑造了人们的自然观。人与自然"主客二分"的后果就是人与自然的对立性凸显,现代社会面临着严重的生态危机和生存危机。

面对人与自然之间日益激化的矛盾、张力,面对日益深重的生态危机和灾害频仍,人类开始深刻反思工业革命以来人与自然的关系,并对自然的认识和行为做出适应性的调整。在工业革命早期,面对机器化大生产带来的环境污染、自然资源破坏性开发利用以及由此产生的对人的健康的损害和自然破坏,马克思、恩格斯就已经对此进行了批判,马克思、恩格斯的自然观体现了人与自然的统一性与整体性。马克思将人与自然的关系论述为内在的辩证统一关系以及相互生成的实践关系。① 一方面马克思认为人与自然是辩证统一的一体性关系,人是自然的一部分,马克思指出:"我们连同我们的肉、血和头脑都是属于自然界和存在于自然界之中的。"② 同时马克思指出自然作为一种客观存在先在于人类,自然规律不以人的意志为转移,人的活动必须遵循自然规律,马克思对此指出:"人直接地是自然存在物。一方面是具有自然力、生命力,是能动的自然存在物,另一方面是受动的、受制约的和受限制地存在物。"③ 另一方面,马克思认为人与自然是相互生成、相互影响的实践关系,自然是客观存在的,但人能够运用自己的主观能动性创造性地改造自然,这种改造必须通过实践来完成,在人改造自然的实践活动中,人与自然是相互影响的,马克思认为资本主义社会导致的人的异化造成人在实践活动中对自然的异化,自然环境的恶化引起的人的健康损害是自然将这种异化报复在人类身上的结果。恩格斯也深刻指出,"如果说人靠科学和创造性天才征服了自然力,那么自然力也对人进行报复"④,强调"我们不要过分陶醉于我们人类对自然界的胜利。对于每一次这样的胜利,自然界都对我们进行报复。每一次胜利,起初确实取得了我们预期的结果,但是往后和再往后却发生完全不同的、出乎预料的影响,常常把最初的结果又消除了"⑤。恩

---

① 杜茹、纪明:《马克思主义自然观视域下的生命共同体》,《东北师大学报》(哲学社会科学版) 2021 年第 1 期。
② 《马克思恩格斯选集》(第 7 卷),人民出版社 2012 年版,第 998 页。
③ 《马克思恩格斯文集》,人民出版社 2009 年版。
④ 《马克思恩格斯选集》(第 3 卷),人民出版社 1995 年版,第 225 页。
⑤ 《马克思恩格斯选集》(第 4 卷),人民出版社 1995 年版,第 383 页。

格斯在"自然报复"的认识基础上展开了人与自然关系的唯物辩证法论述,指出"人本身是自然界的产物,是在他们的环境中并且和这个环境一起发展起来的"①,认为人、社会与自然是一个统一体。

20世纪40年代以来的环境伦理思想已经显现出生态整体性的思考,利奥波德提出的大地伦理,将大地作一个生态与情感的生命共同体,大地是指包括人类在内的土壤、水、植物、动物的有机系统整体,大地既是生态系统又是伦理共同体。②利奥波德认为,"大地"作为一种事实的系统存在,其内部是有层次、有结构的,各个部分因所处层次而在系统中具有不同功能,各个部分之间是相互联系、相互作用的有机存在。③霍尔姆斯·罗尔斯顿则从自然系统创生世界万物的过程界定自然整体价值,认为自然系统的整体价值并不是自然个体的价值总和,相反自然个体的价值是自然系统整体价值的部分呈现,离开了整体的生态过程和自然关系之背景,则自然个体的价值难以独立存在,自然系统的整体价值优于自然个体的部分价值。④

由此,一种反思与批判主客二分基础上的中心主义论、机械论、还原论的整体主义世界观和方法论日趋成熟,对环境伦理、环境立法、环境保护产生了巨大影响。整体主义强调首先强调构成整体的各个部分是相互联系、相互作用、相互影响的,整体是不可分割的。其次,整体主义认为整体的性质与功能不是各个部分的简单汇总,整体具有各个部分所不具备的性质与功能。在此之上强调整体利益高于构成整体的个体的利益,意即整体具有优先性,个体要想实现自己的利益,必须以整体利益的实现为前提。这种整体主义的世界观和方法论体现在人与自然关系中就是生态整体主义,生态整体主义认为生态系统作为一个整体有其内在价值和自身目的,构成生态系统的各个部分处于相互联系、相互作用的生态之网中,生态系统因其自创生性、自组织性具有各个部分简单相加所不具备的整体性价值;生态系统整体利益具有优先性,人作为生态系统的有机组成部分,与其他生物要素相互作用、相互影响,人只有在尊重自然、保护自然、维护生态系统整体健康的前提下才能实现自身的

---

① 《马克思恩格斯选集》(第3卷),人民出版社1995年版,第375页。
② [美]利奥波德:《沙乡年鉴》,侯文蕙译,吉林人民出版社1997年版,第192—193页。
③ [美]利奥波德:《沙乡年鉴》,侯文蕙译,吉林人民出版社1997年版,第252—253页。
④ 王野林:《生态整体主义中的整体性意蕴述评》,《学术探索》2016年第10期。

利益。生态整体主义超越了人类中心主义以人为唯一价值主体的世界观，也超越了生物中心主义对人的价值的消解从而引起的生态专制主义世界观，生态整体主义认识到人与其他生物相互联系、相互作用、相互影响构成了生态系统的整体，强调人的生存与发展以自然为基础，只有生态系统的良好与健康才能有人类生存与持续发展的最大的"善"。生态整体主义找到了人的价值与生态的整体价值的一致性和连接点，在生态危机深重的现代社会重新发现自然的价值、重新评估人与自然的关系，重新调整人对自然的实践活动。作为一种方法论，生态整体主义要求运用综合生态系统的理念保护生态环境，综合生态系统理念的内涵主要包括："要承认并重视人与自然环境之间的必然联系"；"全面、综合地对待和理解生态系统及其各个组成部分"；"综合考虑社会、经济、自然和生物的需要、价值和功能，特别是健康的生态系统提供的环境功能、服务和社会经济效益，生态系统中的自然资源对人类福利和生计的需要的满足"。《关于〈中共中央关于全面深化改革若干重大问题的决定〉的说明》以及《生态文明体制改革总体方案》中提出的"山水林田湖草沙生命共同体"理念，阐释了生态系统互相依存的关系和生态系统统一、综合管理的重要性。"山水林田湖草沙生命共同体"理念反映在环境资源法学和环境管理学领域就是综合生态系统理念。

## 二 生态整体主义与国家公园立法

由于工业文明的价值观念以及由此产生的生产与消费模式、经济社会发展方式所带来的全球性生态危机，人类文明迫切需要进入一种人与自然和谐相处的新文明阶段——生态文明。生态文明，是一种以人、自然、社会和谐共生、良性循环、全面发展、持续繁荣为基本宗旨的文明形态。生态文明社会必须调适人与自然的关系，认识到人与自然是对立统一的有机整体。人基于其自然性，作为自然的存在物，生存与发展都以自然为基础，不论人类社会发展至何种程度，都改变不了人的生存与发展必须依存于自然的事实，这是人与自然同质性的体现。人基于其社会性，作为社会的存在物，能够运用理性和知识能动地利用和改造自然，这是人与自然异质性的体现。生态文明"不是只强调人与自然的同质性，也不是只强调人与自然的敌对性这种异质性，而是承认在人与自然的同质性中二者仍有本质差异，并包含着相互干涉与抗争，但在整体上二者是一起生存的"①。自党的十八大提出生态文明建设的要求以来，生态文明的核心理念已经逐渐明确为人与自然是生命共同体，人类必须尊重自然、保护自然、顺应自然，把人类活动限制在自然能够承受的范围之内，对山水林田湖草沙进行一体化保护和系统治理。生态文明建设内在的要求必须坚持生态整体主义自然观，用生态整体主义指导环境保护的立法、执法与司法的全过程。

然而，传统的建立在人类中心主义价值观基础上的环境法治观将人与自然对立起来，将自然视为只具有为人类创造利益、福祉的工具价值，以人类的需要为判断自然是否有价值的尺度，以传统的法律权利论与个体主义作为立法的基本逻辑，认为只有人才是法律权利的主体，确认了"法律人"的模式，注重人对自然的支配与利用，不承认自然的本身价值和伦理关怀资格，注重当代人的既得利益实现与保障。与人类中心主义针锋相对发展起来的自然中心主义环境法治规则认为自然生物具有与人同等重要的价值，伦理道德关系应当适用于非人类的自然生态中，自然及生物具有法律主体地位并享有法律权利，为了实现与维持自然生态系统的平衡应当尽量"剔除"人的干预和影响。"人类中心主义是以主体来检视客体，在人与自然的关系的定位上，走向了以人为中心的主体论，是一种对自然征服与掠夺为特征的人类沙文主义。非人类中心主义则是以客体来要求主体，在人与自然关系的定位上，其中极端的便走向客体论，即对人的主体地位完全否定。"②无论是人类中主义的环境法治观还是自然中心主义的环境法治观，都陷入了非此即彼的中心论困境无法自拔，没有正确认识人与自然之间的关系，也没有认识到人类保护自然生态的最终落脚点是为了获得人类持续性的发展，因而都无法令人信服地引领现代环境法治的立法价值取向和发展趋势。

生态整体主义自然观视野下，必须在立法的价值选择上实现对旧有的人类中心主义的扬弃，还必须实现对非人类中心主义（即自然中心主义）的超越。生态整体主义自然观引领下的环境法治观从自然生态的整体性出发，倡导人与自然的和谐统一，在此基础上重新评价人与自然的关

---

① ［日］尾关周二：《共生的理想：现代交往与共生共同的思想》，卞崇道等译，中央编译出版社1996年版，第149页。

② 陈忠：《以人为中心的多极主体化对人类中心主义与非人类中心主义的一点思考》，《哲学动态》1995年第6期。

系并以生态系统整体价值为优先顺位，但最终仍落脚于对人类整体利益的终极关怀。具体来说，建立在生态整体主义自然观基础上的环境法治观，其内涵意蕴：一是否定了主体与客体的二元对立论，转向了承认生态整体性的客观事实。传统的"主客二元对立"基础上发展起来的法律体系，在工具理性的支配下将自然视为受人绝对支配与控制、实现人的需要的工具，因而产生了人与自然激烈的矛盾，这种矛盾危及人的持续发展。生态整体主义重新认识到人是自然的一部分，人的生存发展依赖于自然生态的健康、良好，但自然生态的存在与演化并不需要人类。因此，人类的整体、长远利益的实现有赖于对自然生态的整体利益的保护。环境法治观在生态整体性客观事实的基础上，必须由人的利益优先转向生态整体利益优先。二是超越还原论与机械论，转向对生态系统的整体性保护。还原论与机械论是基于线性思维对事物的简单认识方法。还原论把复杂事物还原为组成该事物的部分的综合，将高层次还原为低层次、将整体还原为各组分加以研究，认为认识了部分就可以认识事物的整体。机械论强调事物之间因果联系的单一性与片面性，以孤立、静止的观点去认识问题和解决问题。基于还原论和机械论的环境法治观点认为对各个生物要素的分别保护可以达到对生态系统进行整体保护的目的。但是生物学在对单个物种的研究走向对生态系统整体性观察研究的过程中，逐渐发现了生态系统的复杂性与有机性，明确了生态系统的整体具有各个部分简单叠加不具备的价值与功能，因此需要对生态系统的整体进行保护，环境立法必须从要素立法走向综合立法。三是生态系统健康性决定人类整体利益的客观事实，决定了人类的行动边界，保护自然的行动必须通过为设定个体环境责任与义务方才能实现。"自然已经为法律和人类行为设定了边界，个体环境行为（从自然界取出与排放）应在遵循生态规律的基础之上加以自我约束与限制，即循道而为，而不是超越自然极限的乱作为。"[①] 生态整体主义下的环境法治观要求转变传统的权利本位和个体主义的立法逻辑，转向强调个体环境责任与义务、保护生态环境整体利益的立法理念。

生态整体主义自然观引领下的环境法治观，从根本上区别于传统人类中心主义指导下形成的一切以人的利益为出发、片面强调社会经济发展的

---

[①] 白洋、杨春晓：《论环境法生态整体主义意蕴及其实现进路》，《太原理工大学学报》（社会科学版）2019年第1期。

传统立法理念,也与自然中心主义的道德泛化、主体泛化和权利泛化存在本质区别,因此,不会产生环境哲学家雷根所担心的否定人类的"环境法西斯主义"[①]。

建设国家公园是生态整体主义自然观的实际践行,国家公园是对生态单元的整体性保护,《总体方案》明确提出国家公园"以保护具有国家代表性的大面积自然生态系统为主要目的,实现自然资源科学保护和合理利用的特定陆地或海洋区域"。国家公园实现了环境、资源、生态、景观、人文资源的综合保护,是生态整体主义自然观的生动体现。在生态整体主义自然观及其环境法治观引领下,国家公园立法首先必须明确将生态保护优先作为立法的基本理念与原则。其次,必须明确将生态系统的原真性、完整性保护作为立法的基本理念。从我国国家公园体制试点建设的实践情况来看,人与自然形成了一定的共生关系且社区具有重要的人文自然价值,人已经成为当地生态系统的有机组成部分。因此国家公园立法必须注意到我国国家公园建设面临的特殊国情,科学处理生态保护与合理利用、原住居民与国家公园的关系,保障社区发展的合法权益。最后,必须明确将生态系统的整体性保护作为立法理念贯穿始终,将国家公园区域内的山水林田湖草沙作为一个生命共同体,统筹考虑保护与利用,将国家公园内的生态保护与国家公园周边区域的生态保护看作一个整体、统筹考虑。

## 第二节 生态正义的伦理观

### 一 生态正义

#### (一)生态正义的发展脉络

早在20世纪初期,早期环境主义的先驱就经常使用"不正义"一词来形容和表达人类对大自然造成的污染和破坏。比如早期的环境主义者纳什、缪尔等人就明确反对人类的过度污染破坏行为对自然造成的不正义后果。[②] 同时

---

① 韩立新:《环境价值论》,云南人民出版社2005年版,第114—115页。
② Taylor D. E, "The Rise of the Environmental Justice Paradigm: Injustice Framing and the Social Construction of Environmental Discourses", *American Behavioral Scientist*, Vol. 43, No. 4, January 2000, pp. 508-580.

代的利奥波德在《沙乡年鉴》中论述了人对大自然的不公平作为，他提出的"大地伦理"就是反对人类凌驾于大自然和其他物种的不公平的特权，倡导一种人属于大自然，与大自然和谐相处的新伦理。20世纪60年代美国科普作家蕾切尔·卡逊在《寂静的春天》一书中同样使用不正义来反对滥用化工产品导致的对人的健康和对物种生存、生态系统健康的危害。可见，"以正义与公平的方式来对待自然界的态度，已潜藏于早期环境主义者的思想脉络中"[①]。在20世纪60年代的环境保护运动推动下，对自然的伦理关怀逐渐成为哲学、伦理学反思极端的人类中心主义造成的严重环境问题的突破口，赋予动物伦理地位、承认自然的法律地位等对自然的正义观念主导了那一时期的环境主义思潮。但是随着环境利益在贫富阶层、不同种族之间的分配不平等，贫穷的群体和有色人种更多地承受着环境问题带来的健康损害，环境主义者仅仅关注对自然的正义在环境问题导致的社会不正义面前显得苍白无力，其对环境保护的需求也因仅仅对自然的田园诗浪漫想象而饱受批评。

环境正义源于环境保护阵营中对环境主义者的批判而分道扬镳、另立门户。20世纪70年代末，美国以"拉夫运河事件"和"沃伦抗议事件"为代表的少数群体抗议政府不公平的环境恶害分配政策成了环境正义运动的导火索。自此，环境正义从早期的环境主义者目光局限于对自然的正义，走向了更广阔的社会正义领域。但是由弱势群体对环境恶害与环境利益分配不公引发的环境正义运动也因此恰恰成为其无法摆脱的局限所在。在实际行动中，环境正义一味地关注环境利益如何在不同的群体间公平分配，致力于让所有人都平等获得享有在健康、舒适、良好的环境中生活的机会，正义被局限于人域内部的分配正义。"一味强调人的利益的实现而忽视自然的承受限度，必然导致人与自然的不和谐，最终走向生态破坏和人的毁灭。"[②] 环境正义对自然遭受的人类不公平对待的忽视，缺失对自然的关怀，不仅未能阻止环境的恶化，而且全球性生态危机的频发使得人们不得不重新思考对自然的正义、重新审视人与自然的关系。"追求环境平等催生环境正义概念，解决环境正义对自然的不友善则促成了另一波环

---

[①] 戴小俊、温作民：《差异与演化：正义论域下的环境正义与生态正义》，《社会科学家》2020年第8期。

[②] 薛勇民、张建辉：《环境正义的局限与生态正义的超越及其实现》，《自然辩证法研究》2015年第12期。

境正义理念的演化。"① 一种超越社会正义、关注人与自然之间的生态正义理念在全球性生态危机背景下应运而生。生态正义要求将人视为地球生命共同体的成员，强调以公正的态度和公平的原则对待自然，强调通过人承担环境保护义务使人与自然处于和谐状态。生态正义超越了环境正义的正义范围，把正义范围扩展至了人与自然领域。生态正义超越了环境正义的还原主义范式，倡导把人置于生态系统的结构中，从生态整体主义出发看待人与自然之间的关系、采取保护自然的行动。生态正义超越了环境正义的价值范式，生态正义超越了人类中心主义的价值范式，承认自然的内在价值，并要求以自然的权利为边界划定人的行为范围、界定人对自然的义务与责任。"从本质上而讲，'生态正义'是对'环境正义'的辩证扬弃，或者说，生态正义开启了人类文明转型的一种新价值范式。"②

**（二）生态正义的基本范畴**

生态正义由"生态"和"正义"两个语词组合而成，"生态"一词是随着19世纪观察、研究物种生存、演化规律的"生态学"学科的确立而作为一个科学概念确立的，"生态"是指生物有机体之间以及生物有机体与其生存的外部环境相互之间相互作用、相互影响的关系状态。与"环境"概念相比，"环境"内含着以人为中心、主体与客体二分的立场，并因此以人的价值实现为唯一的价值旨归；而"生态"则体现了一种无中心的后现代主义立场，并因此具有生态整体主义的意蕴内涵，追求自然价值与人类的价值和谐共存。"正义"的观念起始于原始人的平等观，虽然政治学、伦理学、法学对"正义"的概念有多种阐释，但其核心仍是公平，即正义的主体享有应有的权利履行应有的义务。罗尔斯提出的"公平的正义"理论认为"所有社会价值——自由和机会、收入和财富、自尊的社会基础——都要平等地分配，除非对其中一种价值或所有价值的一种不平等分配合乎每一个人的利益"③。"社会正义问题拓展和延伸到了生态领域，生态环境的相关问题被纳入正义理论的分析框架下进行研究和

---

① 戴小俊、温作民：《差异与演化：正义论域下的环境正义与生态正义》，《社会科学家》2020年第8期。
② 颜景高：《生态文明转型视域下的生态正义探析》，《山东社会科学》2018年第11期。
③ ［美］约翰·罗尔斯：《正义论》，何怀宏等译，中国社会科学出版社2009年版，第48页。

探讨,即生态正义。"① 生态正义是生态理论与正义理论的结合,在深重的生态危机压力下突破了传统的正义理论框架,直面人与自然的关系,将正义的适用范围扩展至人与自然的关系,要求自然也应得到公平的对待。生态正义的概念包括了两层含义:一是全体社会成员有权公平地享受生态系统平衡健康带来的利益,并有权公平地利用自然资源获取自身发展,同时也平等地承担保护环境、合理利用资源的义务;二是大自然及生物物种有在自然状态获得持续生存、演化并不受人类横加打断的权利,这一权利的实现有赖于人作为自然的一员约束自身行为、承担自身的责任。

生态正义外延包含了人际正义即对人的正义和种际正义即对自然的正义,其中人际正义在时间的纵向维度上要促进代际之间的环境分配正义,在时间的横向维度上要促进代内的环境分配正义,即群体之间的环境分配正义和区域之间的环境分配正义。种际正义是人类与非人类自然之间的关系正义。代内正义仍属于传统正义理论框架内的分配正义范畴,罗尔斯提出的分配正义理论在强调人的基本权利平等的前提下,承认而且允许收入和财富分配上不平等,同时强调制度设计应当补偿社会上最弱势的群体,保证社会和经济利益分配的结果实质上符合普遍伦理道义上的公平正义。代内生态正义强调生态利益的公平分配和利益受损的公正补偿,意即现实生活中不同地区的人们公平地享受生态资源利益,享有平等的生态分配权利,在利益受损、权利被剥夺或限制时有权获得公正补偿,同时应承担起相应的生态环境保护责任。代内生态正义在国家范围内是指一国内生活在不同区域的群体之间享受生态资源利益、生态分配的平等权利,让因保护生态而导致经济社会利益受损的农村和欠发达地区获得公正的补偿,在全球范围内是指发达国家与发展中国家在公正合理的生态资源利益分配、共同但有区别的责任承担中构建生态共同体与命运共同体。代际生态正义要求人类社会经济发展要具有生态上的可持续性,合理统筹当代人和后代人的发展需求,生态与资源在当代人与后代人之间公平分配,既满足后代人的发展权利,又不过分剥夺当代人利用自然生态获取发展的权利,把当代人的生态资源利用强度控制在自然承载力范围之内。种际正义的概念起源于 20 世纪 60 年代,蔡守秋教授认为种际正义是指,人要尊重自然,热爱

---

① 孟献丽、左路平:《社会正义到生态正义——戴维·佩珀生态正义思想研究》,《国外社会科学》2017 年第 1 期。

大地，保护环境；动物和其他非人生命体应该享有生存权利；人与非人类生命体物种之间要实现公平。① 在种际正义的范畴内，"我们如何与地球共同体其他成员相处，这对我们是谁的问题来说尤为重要，因而我们需要负起个人责任以确保我们的行为有助于地球治理的进步而不是否定它"②。

生态正义范畴内的代内正义、代际正义、种际正义分别指向不同的关系，关注不同的正义内容，三者相辅相成，重新型构了人与自然万物的公平正义。

## 二 生态正义与国家公园立法

### (一) 生态正义与生态文明的价值联结

改革开放以来我国经济社会的高速发展带来的是物质生活的极大丰富和生态环境的严重破坏，环境的恶化、资源的短缺以及经济社会发展与生态保护的区域不平衡已经严重危及公众健康和国家安全，其根源是社会经济利益与生态利益的分配不公正。美国著名环境科学家巴里·康芒纳认为："当我们开始为环境危机而行动时，较深刻的问题一出现，就触及我们社会正义体系的核心，并向基本的政治目标提出了挑战。"③ 经济社会发展的不可持续性使得党的十八大以来，以习近平同志为核心的党中央把生态文明建设作为统筹推进"五位一体"总体布局和协调推进"四个全面"战略布局的重要内容。党的十九大报告更是将生态文明建设提升到了前所未有的政治高度，首次明确提出要建设富强民主文明和谐美丽的社会主义现代化强国的目标，并为生态文明建设明确了方向和路径，具体表现在三个方面：一是明确指出"建设生态文明是中华民族永续发展的千年大计"，生态文明建设成为继雄安新区建设后第二个上升为千年大计的国家战略。二是将美丽中国建设纳入国家现代化建设的战略目标，与"五位一体"建设相呼应。三是报告提出"要提供更多优质生态产品以满足人民日益增长的优美生态环境需要"，明确了生态利益是人民日益增长的美好生活的需要。生态文明是在生态危机背景下对不可持续的经济社会

---

① 蔡守秋：《环境公平与环境民主》，《河海大学学报》，2005 年第 3 期。
② [美] 科马克·卡利南：《地球正义宣言——荒野法》，郭武译，商务印书馆 2017 年版，第 215 页。
③ [美] 巴里·康芒纳：《与地球和平相处》，王喜六等译，上海译文出版社 2002 年版，第 156 页。

发展方式和自然观念的纠错,是积极改善人与自然、人与人的关系,建立具有可持续性的生存、发展环境所进行的物质、精神、制度方面活动的总和。生态正义是生态文明的正义维度体现,生态正义与生态文明建设具有共同的价值取向,即纠正人与人之间在社会经济利益和生态利益上的分配不正义,纠正人对自然的不正义,重新建立人与自然和谐共生、建立人类社会经济可持续发展的观念与模式。

生态文明建设是物质、精神、文化、政治、法律等全方位合力推进的过程,这一过程必须有确定、正当的价值作为凝聚合力的共识,而生态正义就是生态文明建设的价值基底,是凝聚各方合力的共同信念。"生态正义外显于生态文明建设过程,内聚于整个社会公平正义的整体价值张力,体现为中国特色社会主义事业的强大凝聚力和向心力,推动着整个中国特色社会主义事业向前发展,为中国特色社会主义生态文明建设提供一种稳定的精神生产力和价值牵引力,进一步增强中国特色社会主义的道路自信、理论自信和制度自信,构筑美丽'中国梦'。"[1] 正义是法律的基本价值,实现正义是法律的主要任务。西塞罗曾说道:"在我们的祖辈那里,为了能够享受公正,人们总是立道德高尚之人为王……制定法律的原因与拥立国王的原因是一样的。"[2] 生态文明建设必然要求建立健全最严格的法律制度体系,生态正义的实现也必然要求内含于立法、执法、司法、守法的全过程,体现在立法的价值理念中,具体贯彻于法律制度中。

**(二) 生态正义对《国家公园法》的内在要求**

党的十八大以来,国家公园作为生态文明建设的主要抓手受到了党和国家的高度重视。2013 年 11 月中共中央在《关于全面深化改革若干重大问题的决定》中首次提出要"建立国家公园体制"。2015 年 6 月,国家发改委等十三个部门联合印发《建立国家公园体制试点方案》,在三江源、东北虎豹、大熊猫、浙江钱江源、湖北神农架、祁连山、湖南南山、北京长城、云南普达措、福建武夷山等地区启动国家公园体制试点,试点地方相继出台了国家公园条例作为法律依据。中共中央办公厅、国务院办公厅印发《总体方案》,要求"在明确国家公园与其他类型自然保护地关系的

---

[1] 王中迪、牛余凤:《构建生态正义的理论逻辑、价值意涵和现实进路》,《社科纵横》2020 年第 6 期。

[2] [古罗马] 西塞罗:《论义务》,王焕生译,中国政法大学出版社 1999 年版,第 195 页。

基础上，研究制定有关国家公园的法律法规，明确国家公园功能定位、保护目标、管理原则，确定国家公园管理主体，合理划定中央与地方职责，研究制定国家公园特许经营等配套法规，做好现行法律法规的衔接修订工作"。2018年十三届全国人大常委会将《国家公园法》列入立法计划。尽管国家公园试点区出台了相关的管理条例、规划等规范性文件，但《国家公园法》作为国家公园法律体系的基础性立法，应当通过立法的理念、原则和基本制度设计体现生态正义、贯彻生态文明建设的理念要求，以此为国家公园法律体系奠定统一的价值、统领各国家公园具体立法。

国家公园作为生态文明建设的"试验田"，《国家公园法》的制定必然要求在国家公园的空间范围内实现生态正义。第一，从种际正义的角度看，必须体现"生态保护第一"，但在立法中必须对政策理念上的"生态保护第一"进行法律转化并做出规范构造。国家公园"生态保护第一"理念是《环境保护法》"保护优先原则"在国家公园建设中的体现。从学界研究来看，学者们对"保护优先原则"的基本共识是认为当经济利益与环境利益发生不可调和的冲突时环境利益优先，当环境资源的开发利用行为超出环境资源的承载能力时，保护行为优先于开发利用行为。[1] 具体在国家公园立法中，"生态保护第一"首先意味着生态保护对掠夺性资源开发利用行为的绝对优先和掠夺性开发利用行为的绝对禁止，其次意味着资源的合理利用是生态保护的应有之义。国家公园立法应当体现社会—生态的系统性特征，尊重合理的人地关系，尤其是在原住居民人口稠密、人地关系历史悠久的园区内，应当确认"传统生产系统也是生态系统原真性与完整性的组成部分"[2]，充分认识并维持原住居民与自然生态的共生关系，而不是简单隔离人对自然的作用。第二，从代际正义的角度看，国家公园立法既要体现严格保护生态系统的原真性与完整性，坚持世代传

---

[1] 参见王社坤、苗振华《环境保护优先原则内涵探析》，《中国矿业大学学报》（社会科学版）2018年第1期；竺效《中国环境法基本原则的立法发展与再发展》，《华东政法大学学报》2013年第3期；唐绍均《环境优先原则的法律确立与制度回应研究》，法律出版社2015年版；王伟《保护优先原则：一个亟待厘清的概念》，《法学杂志》2015年第12期；马允《论国家公园"保护优先"理念的规范属性——兼论环境原则的法律化》，《中国地质大学学报》（社会科学版）2019年第1期。

[2] 刘金龙、赵佳程等：《中国国家公园治理体系研究》，中国环境出版社2018年版，第111页。

承，给子孙后代留下珍贵的自然遗产，又要兼顾当代人的福祉，通过适度的明智利用让当代人充分享受国家公园的生态利益、资源利益。美国《国家公园管理局组织法》颁布之初就明确规定设立国家公园的目标是保护景观、自然以及与历史遗迹以及野生生物，以不损害后代享用的手段与方式享用公园资源，国家公园管理局因此负有保护资源与促进使用的双重使命，既要积极保育公园资源，又要为子孙后代"以不损害公园的方式与手段"提供公园资源的使用与享受。① 第三，从代内正义的角度看，国家公园立法要实现区域间的生态正义和群体间的生态正义。从我国国家公园体制试点建设的实践情况来看，国家公园试点区域普遍位于偏僻、经济社会发展水平落后的区域，地方产业结构单一、人均收入较低，发展诉求强烈，但国家公园建设要求严格的生态保护，必然对产业发展、资源开发利用产生限制，因此必须通过生态保护补偿制度确定中央与地方的纵向生态补偿和受益地区与国家公园所在地方的横向生态补偿，实现矫正正义。国家公园建设中首当其冲的利益受损群体是原住居民及其社区，原住居民资源依赖性强且利用方式简单，人口基数大且受教育程度低，当地社区经济发展水平低且脱贫致富愿望强烈，因生态保护原住居民的资源利益被限制或剥夺的，必须给予充分的补偿，同时应当充分认识原住居民与自然生态的有机联系，发挥原住居民的生态智慧，让原住居民充分参与国家公园的生态保护与收益分配，充分保障原住居民的经济、社会、文化发展权益。

## 第三节　利益衡平的法律观

### 一　法律与利益衡平

"利益"是社会科学领域研究的重要对象和研究使用的概念术语，也是社会生活中人们普遍关注的焦点。法国学者爱尔维修早在 18 世纪就指出，利益是社会生活的基础，是社会生活中唯一的、普遍起作用的社会发展动力和社会矛盾根源，一切错综复杂的社会现象都可以从利益那里得到

---

① NPS Organic Act, https://www.justice.gov/enrd/nps-organic-act.

解释。① 虽然利益如此重要，但社会科学研究领域对"利益"内涵的理解与对"利益"的关注一样繁多。在德国的利益法学派中，耶林因批判当时盛行的概念法学只顾构建"概念的天国"，提出了著名的"目的是法律的创造者"的论断，并认为目的就是利益，利益包括个人的和社会的，利益是权利的核心，法律是权利的外壳，权利就是法律上所保护的利益，利益构成了权利的目的和前提，目的意即利益是理解和解释法律的最高原则。② 另一德国利益法学派的代表人物赫克认为利益意味着人们的各种欲求、欲求的各种倾向以及使欲求得以产生的诸多条件。③ 赫克进一步通过利益划分原则意即"利益冲突理论"对耶林的目的法学予以深化，他认为每一个法律命令都建立在各种相互冲突的利益互相作用之上，法律选择保护的是一种需要优先加以保护的利益，因此，立法是对需要调整的生活关系和利益冲突所进行的规范化的、具有约束力的利益评价。④ 美国利益法学的代表人物、著名社会法学派奠基者庞德受耶林目的法学的启发，认为利益是个人所提出来的要求、愿望或需要，他把利益分为个人利益、公共利益和社会利益，认为个人利益是直接包含在个人生活中并以这种生活的名义而提出来的要求、愿望或需要，公共利益是包含在政治组织生活中并以政治组织的名义提出来的要求、愿望或需要，社会利益是包含在文明社会的社会生活中并基于这种生活的地位而提出来的要求、愿望或需要。⑤ 社会利益是庞德利益法学与社会法学的关键概念，社会利益包括公共安全、公共道德、保护社会资源、公共发展、公共保障，在当代保护环境资源也成了重要的社会利益。庞德提出，法律并不创造利益，法律只是发现需要获得保障的利益，在立法中对这些利益加以选择，决定哪些利益是应当承认与保障的，并确定各种被承认的利益的保障界限，最后还要权衡保护利益的法律手段。⑥

---

① 王伟光：《利益论》，人民出版社2001年版，第11页。
② 梁上上：《利益衡量论》，法律出版社2016年版，第23页。
③ 参见李丹《环境立法的利益分析——以废旧电子电器管理立法为例》，知识产权出版社2009年版，第12页。
④ 梁上上：《利益衡量论》，法律出版社2016年版，第25页。
⑤ [美]罗斯科·庞德：《通过法律的社会控制》，沈宗灵译，商务印书馆2008年版，第34页。
⑥ [美]罗斯科·庞德：《通过法律的社会控制》，沈宗灵译，商务印书馆2008年版，第34页。

通过分析上述关于利益的学说，本书认为利益主观上产生于人的某种需要，需要是利益产生的前提与动因，但是利益不能自我满足，人为了满足自己的需要，客观上需要通过有意识、有目的的活动与客体形成一种主动关系，从而形成外在的、客观的利益关系，即"利益实质上不是一个实体范畴，而是关系范畴"①，确切地说是需求与满足之间的关系。利益可以根据不同的标准进行分类，比如根据利益的内容可以分为经济利益、文化利益、环境利益、人身利益、政治利益等，根据利益主体可以分为个人利益、集体利益、社会公共利益、国家利益，根据利益的范围可以分为个别利益、区域性利益、整体性利益等，总之，利益分类根据研究和立法的需要采取不同的分类标准，从而有助于清晰地列举利益清单、识别法律需要保护的利益。法律作为社会控制的主要手段，是获取、限制或者剥夺利益的正当性和规范化方式，法律所调整的法律关系本质是利益关系，作为调整法律关系的基本工具，权利、义务和责任实际是围绕利益关系展开的法学表达和阐释。② 由于人们存在多元、多层次、多样化的利益需求，社会生活中常常产生"彼之蜜糖、此之砒霜"的现象，识别利益、分配利益从而衡平利益冲突成了作为主要社会控制手段的法律的主要任务。

法律识别选择出需要保护的利益后，多元、多层次、多样的利益之间的必然存在的冲突便成为法律必须解决的问题，这也正是法律存在的意义。因此法律的主要功能是安排与衡平相互冲突的利益，从而使利益分配接近正义的价值要求，立法本质上是一个价值选择、价值判断、价值排序的不断利益衡平的过程。法律所面对的利益冲突是正当利益之间的冲突，因此，不能适用非此即彼的排除法。法律中的利益衡平只能是对一种利益相对于其他利益的从低保护，对其中任何一种利益简单化的否定最终会伤害社会共同利益，法律中的利益衡平只能是在冲突的利益之间进行价值选择与利益衡量。③ 法律中的利益衡平从总体上看是权利与义务的衡平、私人利益与社会公共利益的衡平、不同权利人私人利益之间的衡平等。其中权利与义务的配置是利益衡平的主要表现形式，私人利益与社会公共利益的衡平是利益衡平的主要方面。权利与义务是法学的基础范畴，是法律规

---

① 胡静：《环境法的正当性与制度选择》，知识产权出版社2009年版，第56页。
② 李启家：《环境法领域利益冲突的识别与衡平》，《法学评论》2015年第6期。
③ 何自荣：《论法律中的利益衡平》，《昆明理工大学学报》（社会科学版）2008年第10期。

范的主要构成要素,权利与义务的合理配置既可以明确权利主体的利益边界、激发其追求利益的积极性,同时衡平权利人的利益与社会公共利益、其他权利人利益的冲突。私人利益与社会公共利益是法律进行利益衡平的主要方面,由于人具有个体性与社会性的二重属性,因此,通过对私人利益的适当限制,从而实现私人利益与社会公共利益的统筹兼顾、均衡保护,才能最终实现社会资源的合理分配。正如博登海默所言:"一个发达的法律制度经常试图阻碍压制性权利结构的出现,其依赖的一个重要手段便是通过在个人与群体中广泛地分配权利以达到权利的分散和衡平。"[①]

## 二 国家公园立法中的利益衡平

### (一) 生态环境立法领域利益衡平的一般原理

国家公园立法属于生态环境立法体系的重要组成部分,因此具有生态环境立法中利益冲突与利益衡平的一般表现。要研究国家公园立法中的利益衡平,应当秉持从一般到具体的演绎方法,全面分析生态环境立法中的利益冲突表现、利益衡平的原则,然后将其运用到国家公园立法研究中予以具体分析。

生态环境立法中的利益冲突主要是持续增长的经济社会发展的利益需求与持续增长的生态环境保护的利益需求之间的冲突,简言之是发展与保护的冲突。发展的利益需求与保护的利益需求共同指向维持、改善生存条件,提升生活质量,因此,二者的利益要求具有同质同源性,两种利益之间的冲突本质上是正当的利益之间的冲突。[②] 利益的多元、多样、多层次性同样存在于生态环境立法领域。区域发展的不平衡、生活质量要求的差异性、公共利益的多样性,让生态环境立法领域的利益冲突与利益衡平更为复杂。从利益维度上看,生态环境立法领域的利益冲突涉及公益与私益、环境与经济两个维度,这两个维度的交叉形成了生态环境立法领域的复杂利益冲突。由于生态环境立法主要以保护环境公共利益为目的对经济利益进行相应限制,因此对生态环境立法领域的利益冲突分析应以环境公益为坐标,辐射其他利益类型才能确定生态环境立法领域的利益冲突关系

---

① [美] E. 博登海默:《法理学——法律哲学与法律方法》,邓正来译,中国政法大学出版社2004年版,第374页。

② 李启家:《环境法领域利益冲突的识别与衡平》,《法学评论》2015年第6期。

边界，主要包括环境公益与环境私益、环境公益与环境公益、环境公益与经济公益、环境公益与经济私益之间的利益冲突。

由于生态环境利益与经济利益都是人生存发展所必需，因此，两个利益之间的冲突是基于可行条件和问题紧迫性的时空优位选择问题，而非对抗式的淘汰选择，其利益衡平应当奉行"统筹""兼顾"和"双赢"的衡平理念。① 在生态环境立法中，由环境公益为坐标点引出的公益与公益、公益与私益的衡平问题，本质上属于罗尔斯所说的为实现作为公平的正义的价值优位选择问题，根本原则是公平第一，兼顾效益。生态环境法领域的利益衡平可以罗尔斯的正义原则②作为基本价值理念贯穿立法始终，在利益衡平中坚持以下原则：

一是一体化原则。发展利益与保护利益具有同质同源、共生共进性，因此，发展利益与保护利益的衡平不应当机械强调和刻意追求一种利益的"优先性"，既要避免"见人不见物"，也要避免"见物不见人"。应当坚持以人为本、重视人的正当利益诉求，坚持将发展利益与保护利益融为一体的统筹兼顾的、开放性的"一体化"原则，避免二者的对立、割裂造成更大的冲突。但当经济社会科技发展严重损害生态环境并进而威胁人的健康安全时应当毫不迟疑地坚持保护优先。

二是利益损失最小化原则。生态环境立法领域的利益衡平应当坚持对利益的限制与剥夺造成的损失与成本的最小化原则，环境保护对经济社会发展条件造成的客观限制必须考虑社会的可承担性，不能不计成本搞环保。这就首先要求对利益的剥夺与限制在特定条件下具有必要性与不可替代性，而且要采用最温和的方式，使相关利益主体易于接受与承担，这也符合庞德提出的利益实现在"最少阻碍和浪费的条件下尽可能多地给以满足"③。

---

① 李启家：《环境法领域利益冲突的识别与衡平》，《法学评论》2015年第6期。
② 罗尔斯"作为公平的正义"理论认为，一个正义社会的制度安排应当符合正义的两个原则。第一正义原则：每个人对与所有人所拥有的最广泛平等的基本自由体系兼容的类似自由体系都应有一种平等的权利（平等自由原则）。第二正义原则：社会和经济的不平等应当这样安排，使它们：（1）在与正义的储存原则一致的情况下，适合于最少受惠者的最大利益（差别原则）；（2）在机会公平平等条件下职务和地位向所有人开放（机会的平等原则）。参见〔美〕约翰·罗尔斯《正义论》，何怀宏等译，中国社会科学出版社1988年版，第302—303页。
③ 〔美〕罗斯科·庞德：《通过法律的社会控制》，沈宗灵译，商务印书馆2010年版，第21页。

三是利益减损的补偿原则。为保护环境公益，必须对利益进行限制与剥夺的，利益获得者必须对利益受损者进行补偿，这是正义的基本要求。补偿包括适当的欠额补偿、合理的等额补偿、充分的超额补偿，具体应当根据"实际有效"标准进行多样化、差异化的补偿，实现对利益损失的最大化补偿。

四是紧缺利益优先原则。生态环境立法中的利益衡平必然涉及对紧缺利益予以优先和更高程度的保护。"在环境法领域的利益冲突之中，何种利益能够得到优先认可并予以更高程度上的保护，需要联系特定时空条件进行具体考察。"[1] 生态环境立法应当根据不同时空阶段对紧缺利益需求的差异性进行利益衡平，并随着时空阶段的变化对紧缺利益进行具有动态发展性的优先保护。首先因发展不足导致的贫困而产生环境问题，人们的生存利益和摆脱贫困的诉求具有绝对优先性，环境保护不能导致人们的贫困，此时环境法的利益衡平应致力于可持续地改善生存的发展需求。其次，因发展引起的环境问题，由于人们已经满足了对基本生存的需求，随着生活质量改善需求的提升，对健康、清洁、可持续的环境的普遍需求成了紧缺利益，此时环境法的利益衡平应当致力于保护优先，同时兼顾经济社会科技发展。应当注意的是，由于我国区域发展的不平衡性，因贫困而导致的环境问题与因发展导致的环境问题同时存在，紧缺利益优先原则应当在整体时空背景下进一步考虑到不同地区的差异性，使得立法更符合正义原则。

五是利益表达的协商原则。环境保护属于社会公共利益，社会公共利益具有共享性与普惠性，环境保护的民主性以及行政管理向多元合作治理的发展演化，都必然产生社会公众对广泛参与环境保护、利益相关主体有效表达意愿诉求的机会公平的诉求。利益表达的协商原则为生态环境立法中的利益衡平提供了程序性保障。阿玛蒂亚·森在《以自由看待发展》一书中也表达了同样的观点，认为发展的本质是自由的增长，自由是人们能够过自己愿意过的那种生活的"可行能力"，发展过程中面临的各种问题必须在自由和民主的基础上做出社会选择，为了对这样的选择做出理性评价，最重要的是人们要能够参加对这个问题的公共讨论。[2] 协商原则要

---

[1] 程多威：《环境法利益衡平的基本原则初探》，《中国政法大学学报》2015年第6期。
[2] [印] 阿玛蒂亚森：《以自由看待发展》，任赜、于真译，中国人民大学出版社2012年版，第9—25页。

求政府有义务提供协商的机会与规则，保障各方的知情权与参与权、意见表达权、意见得到审慎考虑权、意见不被采纳时获得说明权以及救济权等，以保障利益相关各方合理、有效表达利益诉求，达成最大的共识。

**（二）国家公园立法中利益衡平的基本要求**

我国国家公园一般都分布在自然资源丰富、经济社会发展水平不高但民族民间文化资源丰富的农村地区，而且相当一部分国家公园此前已被划定为风景名胜区、自然保护区等，涵盖了多种保护地类型，复杂的土地权属形式、错综的管理体制、蕴藏的各方利益，使得国家公园体制建设中不可避免地会影响到各利益相关者，从而引发生态、经济、社会、文化的多元、多样、多层次的利益冲突。相较于生态环境立法中主要面临的发展与保护的利益冲突，国家公园立法中的利益冲突更为复杂多样。

1. 国家公园立法中的利益识别

国家公园的利益相关者是指，"任何能够影响国家公园治理目标实现，或者被国家公园治理目标实现过程所影响的个体或群体"[①]。国家公园立法的利益衡平首先要识别利益及其利益相关者，国家公园建设中的利益相关者主要包括中央政府、地方政府、原住居民及其社区、特许经营者、社会公众、环保组织、科研院所、专家学者等。建设国家公园是为了保护具有国家代表性的大面积自然生态系统、给子孙后代留下珍贵的自然遗产，本质上是国家为全体社会公众提供环境公共物品，国家公园的国家主导性使得中央政府作为环境公共物品的提供者，必然成为国家公园的主要利益相关者。国家公园所在地的地方政府因其职责履行情况将会直接影响国家公园治理目标的实现，同时国家公园的建设必然对地方政府的产业发展、居民收入、税收等产生直接影响，因此，地方政府是国家公园建设的核心利益相关者。原住居民及其社区因国家公园建设直接影响其生产生活与民族民间文化的保存与传承，同时也因国家公园建设带来新的发展机遇与基础设施改善，因此，原住居民及其社区是国家公园建设的核心利益相关者。特许经营者提供国家公园建设所需的旅游服务和资金支持，同时也受到国家公园管理制度约束，属于核心利益相关者。社会公众因国家公

---

① 汪芳：《基于"权力—利益"矩阵的国家公园治理主体研究》，《湖北经济学院学报》2021年第5期。

园的公益性获得游憩观赏利益，同时也通过捐赠支持国家公园建设，因此也是利益相关者。环保组织、科研院所、专家学者等通过发挥自身能力与知识参与国家公园建设，也属于利益相关者。其中，从利益的影响程度以及对国家公园建设的重要性程度来看，中央政府、地方政府、原住居民及其社区、特许经营者属于第一层级的利益相关者，与国家公园建设表现出强利益相关性；社会公众、环保组织、科研院所、专家学者等属于第二层级的利益相关者，与国家公园建设表现出较弱的利益相关性。为了实现国家公园的立法的有效性与国家公园的设立目标，《国家公园法》在立法中必须合理平衡各方利益冲突，通过利益衡平形成各方共建、共享国家公园的治理合力。

2. 国家公园立法中的利益冲突与衡平

依据前述关于生态环境立法领域中的利益冲突与衡平的一般原理，分析《国家公园法》立法中的利益冲突类型，是立法有效、合理进行利益衡平的前提。从利益内容与利益主体的角度来看，国家公园立法中的利益冲突与衡平主要有如下几种类型：

一是环境公益与经济公益的冲突与衡平。《总体方案》指出，国家公园"坚持生态保护第一""国家公园是我国自然保护地最重要类型之一，属于全国主体功能区规划中的禁止开发区域，纳入全国生态保护红线区域管控范围，实行最严格的保护"。基于国家公园的理念与定位，国家公园的生态保护第一必然对地方的产业发展、自然资源开发利用构成禁止与限制，进而链锁式影响居民收入水平、就业、税收、基础设施建设与公共服务保障等社会经济公共利益的各个方面。而且，国家公园的国家主导性在实践中必然构成对地方政府原有的国家公园内自然资源管理与控制权力的限制与禁止。因此，在国家公园建设中，中央政府代表的环境公益对地方政府代表的经济公益的限制，必然引起环境公益与经济公益的冲突。根据前述分析，两种利益都属于正当利益，具有同质同源性与共生共进性，从长远看环境公益的维护为地方发展经济公益提供了良好的环境支持能力与景观资源，有助于地方实现环境、经济、社会的可持续发展，两种利益在长远目标上具有一致性。因此，环境公益与经济公益的衡平首先应该秉持"一体化原则"，通过统筹规划、科学引导、协调发展，实现环境公益与经济公益的开放式、一体化实现。其次，环境公益与经济公益的衡平应当坚持"利益损失最小化原则"，应当充分考虑国家公园所在地不平衡、不充分的发展现状与当地人民的强烈的提升生活水平诉求，保护与实现环境公益的手段与方式应当将对经济公益造成的损失降至最低。最后，环境公益与经济公益的衡平应当坚持"利益减损的补偿原则"，因保护环境公益造成的地方经济公益的损失，中央政府应当通过财政拨款、政策倾斜等方式予以充分补偿。

二是环境公益与经济私益的冲突与衡平。环境公益与经济私益之间的冲突与衡平问题，涉及的利益相关者主要是国家公园管理机关、原住居民、特许经营者。国家公园建设维护的环境公共利益与原住居民的经济私益之间的冲突，是国家公园建设中最主要也是关系国家公园能否可持续地最关键的利益冲突。在国家公园管理，分区管控是国际通行做法，其中，国家公园范围内自然生态系统保存最完整、代表性最强，核心资源集中分布，或者生态脆弱需要休养生息的区域应当划入核心保护区，最大限度限制人为活动，核心保护区以外的区域是一般控制区，承担科研、游憩、教育和社区发展功能。国家公园分区管控是对社区分类调控的基本依据，原住居民及其社区的人口规模、土地权属、资源利用将根据分区管控受到不同程度的限制与禁止，实践中位于核心保护区的社区基本实现了生态搬迁，一般控制区的社区也在逐步实施生态搬迁。国家公园的环境公益与原住居民的经济私益之间的冲突，其核心在于公益的合理分担与私益减损的救济，两种利益的衡平在于对减损利益的补偿问题和国家公园收益的合理分配，基本思路是受益者补偿原则，通过生态补偿制度和收益分配制度实现利益衡平。特许经营者在国家公园从事旅游服务的，其在经营中在追求经济利益中可能影响环境，也会存在国家公园为了最严格保护环境限制或剥夺特许经营资格，此种情况下利益衡平的关键仍是利益减损的填补问题，通过由特许经营者补偿环境公益的损失，通过受益者补偿原则国家公园管理机关补偿特许经营者的损失。国家公园管理机关与原住居民、特许经营者的利益衡平还需要通过利益表达与协商原则予以程序保障。

三是环境公益与环境公益的冲突与衡平。由于环境公益的主体多元性以及对环境公益需求的多样、多层次性，由于环境公益的正当性，环境公益之间的冲突是非竞争、非排他的共生共荣关系。在时间维度上，环境公益的冲突表现为当代人的公益与后代人的环境公益的冲突，国家公园建设不仅为当代人提供生态保护、游憩等环境公益，还要坚持世代传承，给予孙后代留下珍贵的自然遗产,但我们能为后代人尽责任,后代人却不能为当代人履行义务。"各代之间环境公益分配正义要求一个正义的公益储存原则,即每一代都从前面世代获得利益,又为后面世代尽其公平的一份职责。"① 因此,国家公园立法衡平代际环境公益冲突、实现代际正义的基本思路在于遵循利益最大化原则,通过制度设计实现环境公益的最大化。在空间维度上,环境公益之间的冲突在于国家公园与周边区域对环境公益的不同层次的需求而导致的冲突,以及其他地方因国家公园的环境保护而免费搭便车享受环境利益之间的冲突。国家公园立法衡平区域环境公益冲突的基本思路在于遵循利益最大化和利益补偿原则,对国家公园与周边区域的环境公益进行整合、开展协同保护,通过生态补偿实现其他地方对国家公园环境公益保护的利益补偿。

四是环境公益与环境私益的冲突与衡平。环境公益的保护必然促进环境私益的实现,环境私益的实现也可以促进环境公益的维护,但也存在环境私益的实现减损环境公益、环境公益的维护妨碍环境私益实现的情况。国家公园的全民公益性为游客提供了亲近自然、享受美景的平台,由于国家公园生态保护第一,适度发展旅游,游客的游憩观赏将受到严格的限制,同时游憩观赏行为也可能带来环境负荷。基于国家公园的设立目的与功能,环境公益与环境私益的衡平应当遵循紧缺利益优先和利益减损的补偿原则,国家公园生态保护第一,因此需要通过科学合理的访客制度约束游客数量和游客行为,因游客带来的环境负荷,应当从门票收入中专门拨款进行生态恢复。

五是环境公益与文化公益的冲突与衡平。国家公园依存于特定的自然生态系统与社会系统,是自然、社会、文化、宗教、法律等系统构成的有机综合体。国家公园建设对原住居民生产生活方式的改变以及大规模的生态搬迁,对于依附于传统生计与生活方式的民族民间文化有枯本竭源之害,也引起了国家公园环境公益保护与原住居民文化传承之间的矛盾,忽视了原住居民传统文化中的生态智慧。文化与传统生计是原住居民与自然进行内在与外在交往的桥梁,文化与生态不是两个孤立的存在,而是处于相互作用、相互反馈的协同演化历史进程中。鉴于自然生态与社会的系统

---

① 李丹:《环境立法的利益分——以废旧电子电器管理立法为例》,知识产权出版社 2009 年版,第 26 页。

性，环境公益与文化公益都是正当利益，二者应当共存共荣，环境公益与文化公益的衡平应当遵循一体化原则进行协同保护，国家公园立法应当对文化保护、生态习惯法的规则价值作出规定，实现环境公益与文化公益的最大化。

# 实践篇

# 第四章

# 中国国家公园的探索与改革

我国自然保护地管理与建设起步较早,70多年来取得了自然保护的重要成就,但仍存在很多问题制约自然保护的提质增效。党的十八大以来,生态文明建设全面推进,以国家公园体制试点建设下为引擎的自然保护地体系改革也不断深入。本章将回溯我国国家公园的探索和改革的发展历程,总结分析我国国家公园体制改革进程中各阶段取得的成就和存在的问题,廓清我国国家公园体制改革和统一立法的历史脉络。

## 第一节 国家公园建设的早期探索阶段

我国保护地初期探索是从建立自然保护区开始起步。1956年10月,原林业部建立了《关于天然林禁伐区(自然保护区)划定草案》,提出了自然保护区的划分目标、划分办法和划分地区,并在全国各地15个省份划分了40多处禁伐区,同年建立了我国第一个自然保护区——广东鼎湖山自然保护区。1958年,国务院办公厅批复由原林业部统一管理全国各地野生动物捕猎工作,将野生动物列入自然保护区的工作范畴,至1966年,原林业部共建立了19个自然保护区,自然保护区占地面积64.9万公顷。

1975年,我国建立了卧龙、九寨沟等大熊猫自然保护区。1979年5月,林业部、中科院、国科委、国家农委、生态环境保护领导小组、农业部、国家水产总局、地质部联合发布《关于加强自然保护区管理、规划和科学考察工作的通知》,对自然保护区的监管、计划和科学考察划定了标准。1982年,国务院核准发布了44处风景名胜区作为第一批国家重点风景名胜区,同年原林业部核准建立了第一个国家森林公园——张家界国家森林公园,明确提出"开展森林旅游、捕猎,要落实'以林为主,多种经营'的方针,秉着'积极试点,量力而行'原则,采用中央与地方合资兴办的方式,进行科学管理,独立核算,自负盈亏"。这一时期,我们保护地包括自然保护区、风景名胜区、森林公园、地质公园等几种类型,规章制度管理体系比较混乱,森林公园影响力也较小,人民群众对森林休憩功能的认知还是很缺乏,发展速度迟缓。[1]

1996年,云南省首先引入国家公园理念,开始探索新型保护地模式,开启了国家公园建设的本土化探索道路。在长达10年探索后,2006年8月1日,中国第一个国家公园——云南香格里拉普达措国家公园正式揭牌。2008年6月,国家林业局将云南省作为国家公园基本建设示范点省份,并建立了普达措、丽江老君山、西双版纳、梅里雪山、普洱、高黎贡山、南滚河、大围山8个国家公园,依次公布实施了《国家公园基本条件》《国家公园资源调查与评价技术规程》等8项地方国家公园标准。云南省的探索基本上构成了完备的国家公园模式,同时为全国开展国家公园试点奠定了基础。[2]

普达措国家公园是中国大陆地区第一个以"国家公园"命名的保护地,本书以普达措国家公园为例,深入分析我国国家公园早期探索中的经验与问题。普达措试点区地处金沙江、澜沧江、怒江"三江并流"世界自然遗产地核心地带,保存有典型的"森林—湖泊—沼泽—草甸"高原生态系统。普达措国家公园中国有土地占77%,集体土地占23%。普达措国家公园建立后,碧塔海约有40%的山林属社区所有,山林的权属虽然归村民所有,但是生态补偿政策禁止在普达措国家公园内部砍伐树木,极大地约束了山林的使用。普达措国家公园管理局是资源的管理者,普达措旅业分公司是资源的经营者,负责门票的收益和社区反哺现金的发放,国土资源、环境保护、农牧、林业、水利等自然资源管理和保护相关部门监督国家公园管理局的保护执行情况,普达措国家公园管理局监督普达措旅业分公司的社区反哺情况。[3] 云南省林业厅作为普达措国家公园试点的

---

[1] 田世政、杨桂华:《中国国家公园发展的路径选择:国际经验与案例研究》,《中国软科学》2011年第12期。
[2] 张一群:《云南先行探索国家公园体制立法》,《云南林业》2015年第6期。
[3] 张一群等:《普达措国家公园社区生态补偿调查研究》,《林业经济问题》2012年第4期。

牵头部门，负责相关自然保护总体规划、法规、条例、政策、技术规范的制定和监督。[1] 普达措国家公园的管理者为普达措国家公园管理局，向地方林业部门负责，依照相关法律法规对普达措国家公园行使统一管理、统一保护、统一规划、统一开发，并对园区的所有活动具有监管权。普达措国家公园的经营者为迪庆州旅游集团有限公司普达措旅业分公司，获得旅游收益并负责提供当地社区村民的反哺资金。普达措国家公园的使用权出让于普达措旅业分公司，属于国有独资企业，公司收益分配以股东大会形式，由股东会决议决定分红或继续投资。[2]

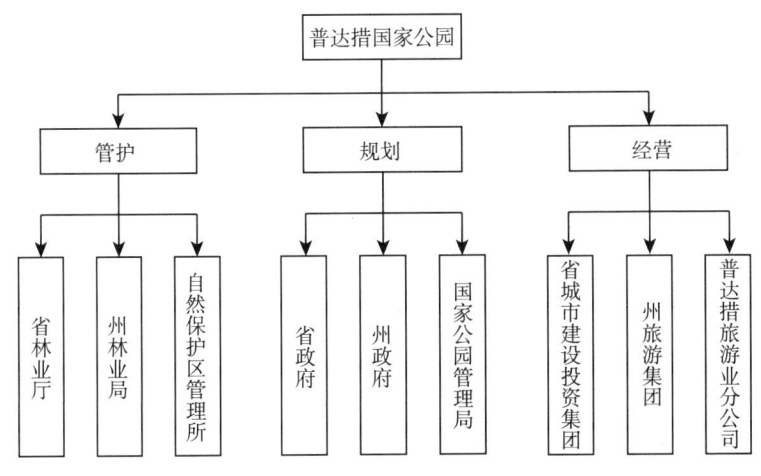

图 4-1 普达措国家公园组织架构

普达措国家公园开我国国家公园探索之先河，试点过程也暴露了很多新问题：第一，在产权制度方面，全民自然资源所有权的代行机构主要为地方政府，中央层面的监管不到位，配套利益分配机制不完善，碧塔海自然保护区管理所做了大量实质性保护工作，却没有获得普达措国家公园的收益分成，管护资金较为缺乏。第二，保护与发展矛盾突出，当地的任何旅游开发项目都需要得到林业部门的许可，林业部门会根据环境生态影响对开发项目进行严格的审批，因此常常会出现保护与发展之间的矛盾。第三，国家公园建设与管理经费主要依靠地方政府，中央的经费支持较少，

---

[1] 芦玉、陈向军：《家国十年普达措国家公园试点访谈》，《人与生物圈》2017 年第 4 期。
[2] 李文军等：《中国自然保护管理体制改革方向和路径研究》，中国环境出版社 2018 年版，第 40 页。

缺乏相应的激励机制及制度以保障地方政府负责的经费支出，当地财政高度依赖门票收入，国家公园的公益性要求可能会在初期对地方财政有严重影响。第四，对社区反哺不足，一类、二类和三类社区的反哺资金差距较大，增大了社区内部的贫富差距，容易诱发社区矛盾。第五，对特许经营的监督不足、利益分配失衡。普达措旅业分公司属于国有独资企业，监事会的成员主要是由"国务院或国务院授权的机构、部门委派的人员组成"，同一机构部门任命监事会与董事会的成员，导致监督乏力、利益分配不公。

## 第二节 生态文明建设背景下国家公园体制试点改革阶段

### 一 国家公园体制试点改革总体情况

2013年，党的十八届三中全会首次提出建立国家公园体制，2015年，中共《关于加快推进生态文明建设的意见》中正式提出建立国家公园体系，随后，国家发改委联合13个部委在青海、四川、甘肃、浙江、吉林、云南、湖南、湖北、福建等地方建立了10个国家公园体制建设试点区。国家公园体制试点按照"原真性、完整性"的要求，对现有的保护地进行空间整合和体制改革，在统筹规划、管理机制、机制创新、资源维护、保障体系等方面进行探索。[①]

2017年，《总体方案》全面提出了国家公园体制改革的总体设计，科学界定了国家公园的内涵，明确国家公园功能定位，确认国家公园采取统一事权、分级管理的体制，由一个部门统一行使国家公园管理职责，我国国家公园体制建设从分别试点正式进入了全面、实质性的推进阶段。2019年，《指导意见》提出建成依托国家公园为主体的自然保护地体系，明确了国家公园的主体地位与在自然保护地体系中的功能。同时明确建立统一规范高效的管理体制，提出统一管理自然保护地、分级行使自然保护地管理职责、推进自然资源资产确权登记、实行自然保护

---

① 汪劲：《中国国家公园统一管理体制研究》，《暨南学报》（社会科学版）2020年第10期。

地差别化管控等举措。①

在这一阶段，各试点地方也在国家公园制度建设上进行了积极探索。云南省、青海省、福建省、湖北省相继通过了国家公园管理的地方性法规。这四部国家公园管理条例为试点国家公园建设和管理等各项工作提供了法律依据，同时也为国家层面国家公园立法工作奠定了一定基础。②

**二 生态功能保护试点区探索情况**

祁连山、三江源、钱江源3个国家公园试点区属于以保护重要生态功能为主要目标的试点区，是国家重要的生态安全屏障，在国家生态保护层面具有典型性和稀缺性。

**（一）祁连山国家公园试点区**

祁连山国家公园地跨甘肃、青海两省，是我国西部重要生态安全屏障和重要水源产流地，也是我国冰川与水源涵养重点生态功能区和生物多样性保护优先区域。③ 试点区是甘肃、青海两省重要的牧业区，也是民族聚居区、经济落后区和生态保护区。祁连山国家公园建设对生态系统性严格保护、生态与文化一体化保护、生态与经济协同化建设、实现国家"一带一路"倡议具有重大意义。

在管理体制上，祁连山国家公园依托国家林草局西安专员办挂牌成立祁连山国家公园管理局，在甘肃、青海两省林草局加挂省管理局牌子。甘肃片区依托盐池湾、祁连山国家级自然保护区管理局组建了酒泉、张掖两个分局，构建了省以下垂直管理体制，并依托甘肃省森林公安局祁连山、盐池湾两个分局组建了酒泉、张掖两个综合执法局。但就祁连山国家公园管理局而言，其本身虽然独立于地方，但其下设机关既要接受祁连山国家公园管理局的领导，又要接受地方政府的领导，事实上带来组织隶属不清、多部门交叉管理、部门权责不清的问题。④ 国家林草局商甘肃、青海

---

① 李春良：《深入贯彻落实习近平生态文明思想 建立具有中国特色的自然保护地体系》，《旗帜》2019年第8期。

② 闫颜唐、芳林：《我国国家公园立法存在的问题与管理思路》，《北京林业大学学报》（社会科学版）2019年第3期。

③ 贾泓：《祁连山国家公园：我国西部重要生态安全屏障》，《青海日报》第2019年10月12日。

④ 王洪波：《全力推进祁连山国家公园体制试点》，《绿色中国》2020年第16期。

两省政府成立祁连山国家公园体制试点协调工作领导小组，确定了各方职责和议事规则，保证重大事项和问题的解决处理。尽管建立了协调机制，但仅限于国家公园管理局与省级管理局层面的协调。由于协调机构的层级过高，难以解决"一园多制"、工矿企业退出、生态搬迁等实际管理问题。

在资源权属方面，祁连山国家公园土地总面积为502.37万平方千米，国有土地面积为498.19万平方千米，占总面积的99.17%；集体土地面积为4.18万平方千米，占总面积的0.83%。在推进祁连山国家公园试点体制建设自然资源统一管理体制的过程中，主要是确权登记的问题，现行自然资源管理体系将土地、水流、森林、草原、湿地等自然资源分别委托不同的部门进行管理，而各部门采用的调查统计、单元划分和技术手段不一，整合这些信息有很大难度。此外，因山水林田湖草沙是一个生命共同体，具有整体性与系统性等特点，自然资源之间往往是密切联系、有机统一的整体，对某一资源的登记可能需要考虑与其他资源的区别，如界线在哪里、范围是哪一块、单元划分是否合适、是否有重叠等，给清晰确权、登记带来很大困难。

在运营机制方面，祁连山国家公园内国有自然资源所有权、管理权和经营权分离，遵循"国家所有、政府授权、特许经营"的模式，形成专门管理主体独立管理，多方协同联动参与的管理机制。祁连山国家公园内国有自然资源资产所有权属于国家，自然资源管理权属于祁连山国家公园管理局，经营权属于祁连山国家公园管理局特许的经营者，以经营合同的形式开展经营行为。[①] 祁连山国家公园内生态体验、旅游、餐饮服务、交通服务、文化产业、环境基础教育等营利性项目均实施特许经营。但目前来看，国家公园的特许经营仍然存在以下问题：一是原景区管理机构在旅游服务中如何退出，退出以后原管理机构与当前国家公园管理机构的监管职责如何分配。二是特许经营项目的公益性不足。当前祁连山国家公园基础设施与旅游设施建设不足，唯有引入市场主体建设经营特许经营项目填补资金缺口，但企业的逐利性容易导致国家公园的生态体验、旅游服务价格高昂，削弱国家公园的公益性。

---

① 汪有奎等：《祁连山国家级自然保护区生态治理进展及国家公园建设对策》，《林业科技通讯》2020年第6期。

在社区发展方面，祁连山国家公园初步构建了共建共治共享机制。园区内及周边 17 个村社建立了"村两委+"社区参与机制，设置生态管护公益岗位。但由于生态补偿标准较低、国家公园建设发展中对原住居民的利益分配较少，政策性搬迁后由于语言不通、文化水平低导致转产就业困难、收入水平下降。在公众参与方面，目前社会公众主要是作为志愿者参与国家公园日常管理与维护，但是由于甘肃省社会组织发育不足，志愿者的人数与参与程度都十分有限，社会捐助也很少。

### （二）三江源国家公园试点区

三江源国家公园试点地处青藏高原腹地，是长江、黄河、澜沧江的发源地，包括长江源、黄河源、澜沧江源 3 个园区，构成了"一园三区"的格局。

在管理体制方面，三江源国家公园实行集中统一的垂直管理，组建了直属青海省政府的正厅级机构三江源国家公园管理局。按"一园三区"布局，在三江源国家公园管理局下设立长江源、黄河源、澜沧江源三个管委会，管委会及下设各机构受国家公园管理局和属地政府双重领导。下设机关接受双重领导同样容易带来多部门交叉管理、部门权责不清等问题。在管理职责方面，三江源国家公园管理局负责组织起草园区有关法规、规章、保护和建设规划、资金管理政策等，并负责监督和执行。园内基础设施的建设、管护、特许经营、宣传和科研生态监测也由三江源国家公园管理局全权负责。在与地方政府的权责划分方面，三江源国家公园管理局负责综合规划、综合管理和综合执法。属地县政府行使辖区内经济社会发展综合协调、公共服务、社会管理和市场监管职责，配合国家公园管理局做好园区内生态保护、基础设施建设和园内其他建设任务，统筹好园区内外生态保护和经济社会发展。[1]

在资源权属方面，根据《三江源国家公园条例（试行）》，将区域全民所有的自然资源资产授权委托三江源国家公园管理局行使所有者权益，统一行使自然资源投资管理和国土空间用途管制。[2] 然而，三江源国家公

---

[1] 魏玮、任善英：《三江源国家公园生态—经济—社会耦合协调度分析》，《青海师范大学学报》（哲学社会科学版）2020 年第 4 期。

[2] 魏玮、任善英：《三江源国家公园生态—经济—社会耦合协调度分析》，《青海师范大学学报》（哲学社会科学版）2020 年第 4 期。

园园区内的土地权属并非全部国有,而是存在大量的集体土地,是收购、租赁还是其他方式统一管理集体土地还没有明确的方法。

在社区发展方面,园区内将生态保护与精准脱贫相结合,按照"一户一岗"设置生态管护岗,负责对园区内的自然资源进行日常巡护,制止生态破坏行为,监督执行禁牧情况等。但三江源地区整体搬迁率高,平均达到50%—60%,高的地方甚至达到80%。在高城镇化率的背景下,一户一岗的生态管护员设置几乎完全沦为民生扶贫工程,不仅提高了保护成本,还因为大量资金的流入导致原本良好的人与人、人与自然的关系产生挤压效应。三江源国家公园试点区尚未建立完善的社区参与机制,当地社区在管理和利益分配方面仍然处于被动参与地位,尚未形成主动参与生态保护的良性机制。青藏高原的人类放牧史有8000多年之久,当地农牧民与自然生态通过放牧行为与文化信仰已经耦合为一个整体,其传统生计与民族文化传统对维持三江源生态系统平衡发挥着重要作用,但大量整体性搬迁导致当地牧民社区参与国家公园的生态保护与管理不足,长期生产生活中累积的生态智慧与生计方式的生态功能无法有效发挥。

### (三) 钱江源国家公园试点区

钱江源国家公园位于浙江省衢州市开化县,是钱塘江的主要发源地和重要水源涵养地,是华东地区重要的生态屏障,保存有完整的亚热带常绿阔叶林生态系统,生物多样性丰富,具有重要的科研价值。和其他国家公园试点区相比,钱江源国家公园较特殊之处在于其处在人口较密集区、经济较发达区,集体林占比较高。

在管理体制方面,浙江省发改委是钱江源国家公园试点工作的牵头部门,钱江源国家公园管委会是自然资源资源的管理者,由浙江省政府垂直管理,国土资源、环保、农牧、林业、水利等自然资源管理保护相关部门依规行使监管职责,属于联合监督者。但实际上,钱江源国家公园内的资源管理、生态保护的执法权仍然分散在十多个管理部门,管理交叉重叠的问题仍未真正解决,钱江源国家公园管委会的权限与国家公园的管理目标存在不少偏差。

在资源权属方面,钱江源国家公园内的集体林地比重高达81%左右,对集体林地全部进行国有化,不仅所需成本高,且大部分农民不愿一次卖断林地,国有化的阻力大。目前,钱江源国家公园林地改革正式试点征收、租赁、赎买、置换等多元化方式实现自然资源统一管理。值得一提的是，钱江源国家公园探索了集体林地和农村承包田保护地役权改革，实现集体自然资源统一管理。

在社区发展方面，钱江源国家公园建立了国家公园与周边社区的协同保护机制，招聘生态巡护员和"科研农民"参与日常保护管理。对试点区内27.5万亩集体林地实行生态补偿，实行农村承包田生态补偿试点。[1] 不过，试点区内居民获得的生态补偿仅能满足基本生活保障，在没有充分补偿的情况下，国家公园的保护要求往往会给社区居民增加土地管理成本、发展机会成本、社会文化成本，从而引起当地社区居民的抵触，不可避免地出现国家公园建设和当地社区发展之间的矛盾。

在特许经营方面，目前钱江源国家公园由于缺乏成熟规范的特许经营管理指南，流程缺乏公开公正，管理者直接参与经营，存在忽视社区利益的垄断经营，对特许经营的监督不足。[2]

### 三 生态系统保护试点区

武夷山、海南热带雨林、神农架、南山4个国家公园试点区以保护重要生态系统为主要任务，它们的生态系统在全球层面都极具典型性和稀缺性，具有重要的科学研究价值。

#### （一）武夷山国家公园试点区

武夷山国家公园试点区位于福建省北部，拥有全球同纬度带现存最典型、面积最大、保存最完好的中亚热带原生性森林生态系统，试点区1999年被列入世界自然与文化遗产地。

在管理体制方面，2017年5月底组建武夷山国家公园管理局，由福建省政府垂直管理，负责有关自然资源管理、生态保护、规划建设等方面的职责。武夷山国家公园管委会是资源的管理者，国土资源、环境保护、农牧、林业、水利等相关部门监督国家公园管委会的保护执行情况。在执法方面，公园内的行政处罚权仍然由武夷山市行政执法局行使。武夷山国家公园管理局不具备执法权限，而景区执法大队原本具有执法权限，现在却没有执法的职能，在生态保护管理上出现了相互推诿扯皮的现象。

---

[1] 许单云等：《自然资源适应性治理探索——以钱江源国家公园体制试点为例》，《世界农业》2019年第12期。

[2] 陶建群：《钱江源国家公园体制试点的创新与实践》，《人民政坛》2020年第29期。

在特许经营方面，武夷山旅游集团是武夷山国家公园的经营者，负责武夷山国家公园的经营工作。武夷山旅游集团是由原武夷山风景名胜区管委会独资设立的国有独资公司，拥有武夷山精华景点的专营权。福建省林业厅为了减少国家公园试点的地方阻力，最大限度获取地方支持，将武夷山国家公园的旅游服务经营职能留给了武夷山市。然而在同一区域内，分别由不同层级的政府管理，分别行使不同的管理职能，与《总体方案》中要根除"九龙治水"的顽疾，修正"碎片化"管理的体制弊端的要求是背道而驰的。①

在资源权属方面，当前武夷山国家公园内70%的土地是集体土地，按照山林赎买原则，政府赎买了近2000亩成熟的商品林。但大部分国家公园内部原住居民的收入来源主要是茶叶种植，很多村民的茶田在武夷山国家公园内，大面积的退茶还林会引发严重的经济利益冲突，居民担心茶田会受影响而抗拒赎买。因园区内的岩茶价值很高，开垦茶山的诱惑力很大，实施毁林开荒、林下套种、开垦扩种、加大蚕食扩种等破坏生态环境行为屡禁不止。②

武夷山风景名胜区的门票收入上缴给福建省财政厅，之后回拨给地方财政，采用收支两条线的方式，是一级财政预算单位。在保护资金方面，长期以来主要依靠地方财政收入，地方财政比较困难，对保护地建设资金的投入十分有限，需要相应的激励机制及制度，保障地方政府的经费支出，当地财政依赖门票收入，国家公园的公益性要求会受到影响。③

在社区发展方面，武夷山国家公园鼓励引导开展生态茶园改造，建设茶—林、茶—草混交茶园4000多亩，生态环境的保护提高了茶叶品质和茶产业经济效益，促进当地社区与国家公园形成良好的共生共荣关系。试点区还通过落实生态效益补偿、开展重点区位商品林赎买、创新森林景观补偿、探索经营管控补偿以及将园内省级以上生态公益林纳入自然灾害保险等，丰富生态补偿方式，增加林农收入。

---

① 林敬志：《武夷山国家公园试点体制运行的思考》，《城市旅游规划》2018年第6期。
② 陈旭兵等：《武夷山国家公园体制试点区旅游发展现状与对策研究》，《武夷学院学报》2019年第10期。
③ 蔡华杰：《国家公园建设的政治生态学分析——以武夷山国家公园体制试点为例》，《兰州学刊》2020年第6期。

## （二）神农架国家公园试点区

神农架国家公园体制试点区位于湖北省西部，地处长江与汉水的分水岭。神农架是全球 14 个具有国际意义的生物多样性保护的关键地区之一。

在管理体制方面，试点区整合组建神农架国家公园管理局，由湖北省政府管理。"虽然湖北省明文确定神农架国家公园管理局由湖北省政府垂直管理，但实际仍由神农架林区政府管理，没有脱开原有的神农架林区政府管理模式。"[1] 管理层级低导致神农架国家公园管理局难以有效协调国家公园与周边地区的保护管理。试点区建立了"管理局—管理处—管护中心"三级管理系统，针对不同类型的管理区域采取不同的管理措施，基本建立了统一规范、高效、扁平化、网格化的分级管理体制。在协调机制上，湖北省成立了神农架国家公园体制试点工作联席会议制度，由省委常委、常务副省长牵头，省级有关部门、神农架地区等单位参与推动试点工作。[2]

在特许经营方面，神农架国家公园管理局通过与神农旅游投资集团公司签订的《神农架国家公园旅游资源特许经营协议》，将国家公园内的主要景点整体转让给神农旅游投资集团公司特许经营，存在严重的垄断经营问题。"这种偏离上级政策的做法难以达到国家公园'保护为主，全民公益性优先'的要求。"[3]

在社区发展方面，神农架国家公园推行以电代柴的试点项目，降低居民对木材的依赖性，防止过度砍伐。健全生态公益岗位管理制度，聘请当地困难群众担任环境保护员、生态监督员。试点区推行参与式社区管理，定期召开社区共建共管联席会议，引导社区居民发展生态旅游、生态林业、绿色农业，"形成'一乡一镇一特点、一村一组一特色'的社区共建和发展模式，实现全民增收"[4]。这些尝试在加强社区参与保护、引导扶

---

[1] 谢宗强、申国珍：《神农架国家公园体制试点特色与建议》，《生物多样性》2021年第3期。

[2] 那非丁：《从开山伐木到立法保护——神农架国家公园体制试点的调查与思考》，《红旗文稿》2019年第18期。

[3] 谢宗强、申国珍：《神农架国家公园体制试点特色与建议》，《生物多样性》2021年第3期。

[4] 陈君帜、唐小平：《中国国家公园保护制度体系构建研究》，《北京林业大学学报》（社会科学版）2020年第1期。

持社区产业发展等方面，形成了具有地方特色的社区共建共管创新机制。

### （三）热带雨林国家公园试点区

海南热带雨林国家公园试点区地处海南岛中部，是世界热带雨林的重要组成部分，其生物多样性丰富，具有极强的科学研究价值。

在管理体制上，海南热带雨林国家公园建立了海南热带雨林国家公园联合领导小组，以局省协作工作机制，推进国家公园各项建设。原有热带雨林国家公园范围内的热带森林因处于不同保护地范围而被划分为19个独立的管理单元，加剧了热带森林生态系统的碎片化，从而使得热带雨林国家公园范围内同一个生态系统却分属不同级别、不同类型的保护地，由不同类型的部门、不同层级的政府管理，保护地空间上存在交叉重叠，不同保护地保护管理目标不一，原各类保护地保护管理水平参差不齐，差异较大。如今依托海南省林业局挂牌成立海南热带雨林国家公园管理局，整合试点区内19个保护地，纳入统一管理，但目前效果仍不甚理想。[①]

在资源权属和统一管理方面，创新生态搬迁集体土地与国有土地置换新模式，这是10个国家公园试点区中的制度首创。由政府组织开展拟置换土地（迁入地和迁出地）的土地现状调查与踏勘，第三方评估机构开展土地价值评估，通过整村实施迁出地农村集体所有土地和迁入地国有土地的置换，实现了国家公园范围内的土地权属国有化和自然资源的统一管理。[②]

在社区发展方面，海南热带雨林国家公园所在的中部山区是海南岛自然生态资源最为富集的区域，但该区域的黎、苗等世居民族并没有从传统的自然保护地建设中获利。当地社区村民的生产生活仍然主要依赖自然资源的传统利用，对热带雨林及生物多样性资源的破坏性利用时有发生，由于生产生活方式简单、经济结构单一、增收渠道狭窄等原因处于相对贫困状态，生态自觉意识缺乏，绿水青山转化为金山银山的途径还不顺畅，科学的生态补偿机制还未有效落实，社区与保护地的良性互动关系亟待建立。

---

① 柴勇、余有勇：《海南热带雨林国家公园体制创新路径研究》，《西部林业科学》2022年第1期。

② 龙兴文等：《海南热带雨林国家公园试点经验》，《生物多样性》2021年第3期。

### （四）南山国家公园试点区

南山国家公园试点区位于湖南省邵阳市，是长江和珠江流域的源头、国际候鸟重要迁徙通道，我国南方的重要生态安全屏障。① 目前试点区内人为活动影响较大，牧场管理混乱，草场退化严重，生态原真性受到了一定影响。

在管理体制方面，南山国家公园在原 4 个国家级保护地管理机构的职能整合的基础上，组建成立南山国家公园管理局，对国家公园开展统一管理。管理局是省政府垂直管理的公益一类事业单位，目前委托邵阳市政府代管。② 管理局设立执法支队，支队下设执法大队，行使综合执法职能。

在资源权属方面，试点区依法开展自然资源统一确权预登记，建立了自然资源资产数据库。但试点区内集体林地占林地面积较高，林地权属关系复杂，增加了开展统一管理与保护的难度。为实施自然资源统一管理，南山国家公园探索实行集体林地"租赁+补偿"的流转机制，将集体林地的经营管理权流转至南山国家公园管理局。③

在社区发展方面，试点区出台《社区共管实施意见》《社会协调发展管理办法》，与各村（居）签订《生态保护合作协议》。创建绿色生态公益岗位制度，出台《特许经营管理办法》，引进省外投资公司参与特许经营，同时与当地龙头企业签订合作协议，构建"企业+基地+农户"奶业特许经营模式。④ 但试点区保护与发展矛盾冲突仍较为严重，当地社区生产生活对森林资源的依赖度高，国家公园的生态保护刚性要求与社区居民的生产生活、地方经济发展的矛盾突出。

### 四 濒危物种保护试点区

在十个国家公园试点区中，以保护具有特殊意义的珍稀濒危物种及其

---

① 王明旭：《建立人与自然和谐类型的国家公园》，《湖南林业科技》2018 年第 6 期。
② 李博炎等：《中国国家公园体制试点进展、问题及对策建议》，《生物多样性》2021 年第 3 期。
③ 蔡华杰：《国家公园全民公益性：基于公有制的实现理路解析》，《福建师范大学学报》（哲学社会科学版）2022 年第 1 期。
④ 曹云、杨鹏：《南山国家公园：探索南方丘陵山地自然保护新模式》，《中国绿色时报》2020 年第 8 期。

栖息地为主要目标的试点区有东北虎豹国家公园试点区和大熊猫国家公园试点区，对于探索重点生物物种及其栖息地保护和管理具有重要先行价值。

### （一） 东北虎豹国家公园试点区

东北虎豹国家公园体制试点区位于吉林、黑龙江两省交界的老爷岭南部区域，跨吉林、黑龙江两省，是我国东北虎和东北豹最主要的栖息地，拥有全国最大的东北虎、东北豹野生种群。

在管理体制上，园区成立了东北虎豹国家公园国有自然资源资产管理局，由10个分局组成（吉林地区6个，黑龙江4个），是第一个中央直接管理的国家公园管理机构。由中央编办、国家发改委、国家林草局等10个部委与黑龙江、吉林省政府建立了统筹协调机制，成立试点责任领导小组，共同完成试点工作。2018年，黑龙江、吉林两省先后将涉及国土、水利、林业等7个部门、42项职责、1612项行政职能划转移交东北虎豹国家公园管理局，由其代中央统一行使管理事权。但是，东北虎豹国家公园管理局所属的行政分局仍然保留原来的体制编制，人员、经费保持不变。按照挂牌后不增编制的要求，目前正式在编的工作人员只有20—30人，但随着各项工作的展开，部分工作由借调人员和聘用人员完成，这部分人员的编制尚未明晰，对实际工作的推进、协调和对口承接有一定的影响。从各分局来看，各分局人、财、物仍归地方管理，人员分工频繁变动，存在方向不明、责任不清、人心不稳等问题。一些管理分局还是企业性质，与试点改革要求承担的行政许可、国土空间用途管制职责和资源环境综合执法等职责不相适应。[①]

在资源权属方面，虎豹公园集体土地占总面积的8.4%，集体林地与国有林地间杂。此外，还有面积不等且散状分布的集体农田，这些农田1986年前就已开垦，此后由于政策执行过程中宽严不一，农田、集体林、划拨林、国家重点公益林犬牙交错。集体土地的生产经营权与国家公园的保护目标容易产生冲突，如宅基地上的建设权、集体林的采伐权、林下经营权、集体耕地上的种植权等。因此，集体土地的用途管制和统一管理也是试点过程中面临的重要问题。

---

① 陈雅如等：《东北虎豹国家公园体制试点面临的问题与发展路径研究》，《环境保护》2019年第14期。

在社区发展方面，东北虎豹国家公园面临着严重的生态移民与生计转型问题。虎豹公园试点区内的居民主要分两类——林场职工及其家属、乡镇和村屯中的原住居民，这两类人群的收入高度依赖林下经济，而试点以来，建设项目使用林地、林木采伐审批全部暂停，停止一切森林经营活动。由于生态保护严格，虎豹等野生动物的活动明显增加，对农作物、家畜家禽的肇事补偿得不到落实。林业职工工资停发、原住居民生活质量下降等问题导致试点区内的居民对建立国家公园存在消极看法。社会投入机制尚未建立，社会投资与捐赠等渠道仍未充分打通，长效资金保障机制也还未建立，地方政府无力负担企业清退、移民安置等所需的补偿资金。由于缺乏相关的法律制度保障，试点区对民间资本和社会公益资金吸引力度不够，未能起到对国家公园资金投入补充和促进作用。

**（二）大熊猫国家公园试点区**

大熊猫国家公园体制试点区域地跨四川、陕西、甘肃三省，是我国最主要、最集中的野生大熊猫栖息地，试点区保存有完整的大面积原始森林，能够充分体现以大熊猫为代表的山地生态系统的原真性与完整性，是我国重要生态安全屏障的关键区域。

在管理体制方面，依托国家林草局挂牌成立了大熊猫国家公园管理局（以下简称"熊猫局"），由四川省政府负责管理。四川省、陕西省、甘肃省管理局分别按行政区域划分设置了 14 个分局，在四川省管理局下设 7 个管理分局，陕西省管理局下设 5 个管理分局，甘肃省管理局下设 2 个管理分局。试点区虽然确立了"管理局、省管理局、管理分局、管护站"的 4 级管理架构，但在实际工作中，还未建立起自上而下、统一领导的运行机制与管理体制。[①] 大熊猫国家公园由中央与地方共同管理，但中央与地方在国家公园管理的权责、人事、资金等方面的规定还不完善，导致各级地方管理机构权责不明晰，国家公园管理依旧按照原有保护区的管理机制运行。

在管理协调机制上，国家林草局商四川、陕西、甘肃三省建立了大熊猫国家公园体制试点协调工作领导小组，建立了协调工作领导小组职能职责和议事规则，规范了大熊猫国家公园协调工作领导小组内

---

① 冯杰等：《大熊猫国家公园体制试点的经验与挑战》，《生物多样性》2021 年第 3 期。

部管理机制。① 但各省片区之间的管理差异大，实际上形成了三省分治的管理格局，跨省管理协调机制尚未有效建立。

在社区发展上，大熊猫国家公园积极推广生态体验、生态度假旅游、生态健康养老等绿色生态活动，推进了园区产业升级，有效地推动了经济发展。但相较于其他国家公园试点，大熊猫国家公园试点区的原住居民人数多、生产生活高度依赖自然资源，且普遍贫困。区内及周边居民采集薪柴、散放家畜等人为活动仍是大熊猫栖息地内重要的干扰类型。作为主要生计来源，很多生产活动（例如放牧）存在涉及面广、涉及人群贫富差距大、贫困人口缺乏其他替代生计等问题，保护与发展的冲突问题严重。②

通过对 10 个国家公园试点情况的分析，可以看到虽然我国国家公园体制试点取得了阶段性的成果，但在试点过程中仍暴露出了大量问题。

一是统一事权、分级管理体制还未完全建立，国家公园管理机构设置仍然滞后，大部分试点区还没有建立完整的分级管理机构，自然保护地机构整合尚未完成，多头管理、监管碎片化问题依旧存在。相关部门的协调工作机制不完善。不同部门权力分配存在交叉，我国自然资源和生态保护职能按资源类别分散在国土、林业、水利、农业等部门，这种管理体制尽管有助于根据资源的属性进行专业管理，但是与生态系统的完整性有冲突，③ 一个区域的自然资源往往是重叠分布的，因此其内资源可能出现多个部门权力分配交叉的现象。不同部门规划相互冲突，例如多个部门分别拟定城乡、区域、土地规划等，这些规划之间衔接不够，使得一些规划难以真正落地实行。虽然 10 个国家公园试点区都建立了领导小组，但仍普遍存在协调工作机制不健全的问题。

二是自然资源确权登记进展缓慢，没有建立合理的产权制度，没有体现国家所有和统一管理的标准，不利于国家公园内的自然资源资产统一管理。国家公园园区内存在大量的集体土地，如何在有效控制保护成本、统筹保护与发展、实现社区共建共管和自然资源严格管理的前提下，对集体

---

① 孙继琼等：《大熊猫国家公园体制试点：成效、困境及对策建议》，《四川行政学院学报》2021 年第 2 期。
② 耿国彪：《中国的国家公园时代来了》，《绿色中国》2020 年第 16 期。
③ 王尔德：《新时代生态环境管理体制改革和完善治理体系的路线图——专访中国科学院科技战略咨询研究院副院长王毅》，《中国环境管理》2017 年第 6 期。

土地采取适当的多元化方式进行统一管理是试点中面临的主要困难，也是今后统一立法和实践必须妥善解决的问题。

三是多元化资金保障制度不健全。国家公园具有明显的公益属性，其建设、管理和运行需要大量财政投入。中央政府未设立专门的财政账户用于自然保护，自然保护资金长期无保障，中央政府应承担的保护支出责任低于其匹配的中央事权责任，且支出责任多是以阶段性的项目支出为主。地方财政支出中，以保护地为依托的财政收入的管理缺乏约管机制和法定限制。试点区大多面临资金短缺、管理分散、渠道不通畅等问题，难以形成有效的资金保障。地方和社会投入占比较小，无法对中央财政进行有效补充。[1]

四是社区共管和协调发展推进缓慢，生态补偿长效机制未建立。大多数试点区的生态补偿多为阶段性政策补偿，来自中央的纵向生态补偿缺乏常态化机制保障，保护者与受益者良性互动的可持续的横向生态补偿远未建立。人兽冲突存在重大隐患，现阶段仍存在野生动物肇事补偿主体不明、补偿范围小、补偿标准低、补偿资金来源缺乏、补偿程序不完善等众多实践性问题。生态移民工作任务重难度大，绝大多数试点区居民对生态移民持抵触态度。严格保护与民生保障的突出矛盾仍未有效解决，社区居民还未真正转变为国家公园的保护者和受益方。

五是人员队伍建设滞后。各管理分局工作人员中兼职人员居多，流动性较大，负责保护工作的人员年龄偏大，受教育程度参差不齐，管理技术人员的数量能力难以满足国家公园建设需求，试点区大多面临较严重的人员编制缺乏、年龄结构老化、业务能力低下等问题。[2]

六是试点区执法力量普遍薄弱，生态保护措施力度不够。部门试点区没有直属的执法队伍，无法行使综合执法职能，有执法队伍的试点区仍存在没有获得授权，不能独立执法的问题，这就导致试点区内出现违法违规问题无法监管。由于生态保护与地区发展存在一定矛盾，国家公园内的执法还容易遭到地方政府和社区的阻力。部分试点区尚未开展系统全面的科学考察，监测巡护能力薄弱，人类活动对生态环境的压力并未缓解。

---

[1] 闫颜：《我国国家公园立法存在的问题与管理思路》，《北京林业大学学报》2019年第3期。

[2] 臧振华等：《中国首批国家公园体制试点的经验与成效、问题与建议》，《生态学报》2020年第24期。

七是制度保障不健全。国家公园体制改革与国家公园的持续发展必须有法可依、依法而为，目前已有的自然保护地法律体系相对薄弱、滞后，国家层面尚未制定出台专门法律法规，具体国家公园管理条例仅出台四部，国家公园相关立法缺少一部统一的上位法作为指导依据。因此，当前急需制定一部统一的《自然保护地法》，并尽快出台《国家公园法》，健全自然保护地法律体系与专门的国家公园法律体系。

## 第三节　以正式设立国家公园为标志的快速发展阶段

2021年10月，我国宣布正式设立三江源、大熊猫、东北虎豹、海南热带雨林、武夷山等第一批国家公园，标志着我国国家公园体制改革从试点转向了快速发展阶段。

目前设立的5个国家公园主要取得了如下成就：一是初步整合了区域范围内涉及的多类保护地，整合设立了统一的国家公园管理机构，基本实现了权责统一，保护地碎片化、管理各自为政的问题初步解决，大幅提升国土资源的管理效能，体现了国家公园国家主导管理的设立要求。二是在管理运行机制上，从中央或省级层面的一级管理机构的总领管理，到二级的区域划片管理，再到基层管理站点的具体管理，建立了自上而下的精细化管理机制，体现了国家公园管理可行性的设立要求。三是生态保护成效显著，体现了国家公园生态重要性的设立要求。第一批国家公园涉及青海、西藏、四川、陕西、甘肃、吉林、黑龙江、海南、福建、江西10个省份，均处于我国生态安全战略格局的关键区域，保护面积达23万平方千米，涵盖近30%的陆域国家重点保护野生动植物种类。三江源国家公园将长江、黄河、澜沧江源头区域全部纳入了保护范围，保证了江河源头的生态安全。大熊猫国家公园，将原分属73个自然保护地、13个局域种群的大熊猫栖息地连成一片，保证了珍稀物种栖息地的完整性、连通性和连续性，全国野生大熊猫总数量的72%得到了有效保护。东北虎豹国家公园畅通了野生动物迁徙的通道，东北虎的和东北豹的数量明显增加。海南热带雨林国家公园雨林生态系统的功能逐步得到恢复，通过生态保护与修复实现了生态系统的原真性和完整性，有效解决了海南长臂猿等珍稀野生动物栖息地破碎化问题，近两年，海南长臂猿的野外种群数量明显增加。武夷山国家公园，近三年新发现物种达到了14个，在国家公园建设中，将园区生态保护与有机产业发展对接，推动了原住居民生产生活转型，实现了生态保护与民生保障协同并进。

从目前5个正式设立的国家公园的保护与管理情况来看，国家公园公园体制建设的全面、深入展开还应在以下方面予以完善：一自然生态保护与历史文化保护并重。目前设立的国家公园都以自然生态保护为重点，对区域内历史文化保护与传承、生态保护与文化保护的统筹协调缺乏有效机制保障，下一步还应设立以保护重要历史文化遗产为对象的国家公园，丰富国家公园的保护对象，完善国家公园体系。二是加强水体保护与海洋保护。目前设立的国家公园主要以山、林、草三类用地为主，水体保护与海洋保护占比很少甚至没有涉及。鉴于水体于海洋在整个国家生态安全中的重要功能，下一步设立的国家公园应增加对水体的保护面积，设立国家海洋公园。三是进一步加强生物多样性保护。目前设立的国家公园的保护生物主要以野生动植物为主，且以大熊猫、东北虎豹、长臂猿等明星物种为主要保护对象，为了全面保护生物多样性，下一步国家公园建设应当加强对鸟类、鱼类的保护。

随着国家公园不断设立、国家公园体制改革深入推进和国家公园统一立法的出台，国家公园体制机制建设将进一步完善，把最需要保护的地方严格保护起来，给子孙后代留下珍贵的自然文化遗产。

# 第五章

# 中国国家公园统一立法的制度基础与目标导向

法治建设是实现国家公园建设目标、协调各种复杂矛盾和利益关系、实现国家公园治理体系和治理能力现代化的最有力保障。党的十八大以来,党和国家颁布的一系列政策、立法为国家公园统一立法提供了坚实的制度基础和明确的目标导向。

## 第一节 自然保护地立法现状梳理

我国目前虽没有专门的国家公园统一立法,但几十年来与保护地相关的法律法规数量可观。目前,与保护地有关的法律法规体系包括《宪法》《环境保护法》、自然资源类单行法,以及与保护地有关的行政法规,还有国家公园试点区地方性法规,以及其他政府规章等规范性文件。[①] 其中《宪法》有关生态环境保护的规定是自然保护地立法的根本指导,《环境保护法》是我国环境法律体系的基本法,也是我国自然保护地立法的统领立法和我国国家公园统一立法的基础,其他立法是国家公园统一立法的重要支撑,具体见表5-1。

表5-1 与国家公园有关的法律法规体系

| 法律层级 | 法律法规名称 |
| --- | --- |
| 法律 | 《宪法》《环境保护法》《野生动物保护法》《文物保护法》《森林法》《草原法》《水法》《野生动物保护法》《矿产资源法》 |
| 行政法规 | 《自然保护区条例》《风景名胜区条例》 |

---

① 杨果、范俊荣:《促进我国国家公园可持续发展的法律框架分析》,《生态经济》2016年第3期。

续表

| 法律层级 | 法律法规名称 |
| --- | --- |
| 部门规章 | 《国家城市湿地公园管理办法》《国家级森林公园管理办法》《水利风景区管理办法》《地质遗迹保护管理规定》《海洋特别保护区管理办法》 |
| 国家公园试点区地方性法规 | 《云南省国家公园管理条例》《云南香格里拉普达措国家公园保护管理条例》《三江源国家公园条例（试行）》《武夷山国家公园条例（试行）》《神农架国家公园保护条例》《海南热带雨林国家公园条例（试行）》 |

## 第二节　国家公园相关立法的实效性分析

国家公园作为推进生态文明建设以来引入的一类新型保护地形式，虽然还未形成国家层面的统一立法，但对自然保护管理中已经形成的法律法规进行实施效果分析，考察国家公园所立足的法律法规实施效果与问题，以问题为导向，是开展国家公园统一立法研究的逻辑起点。

### 一　国家公园相关立法实施的正向效果

近年来，我国先后颁布了一系列与保护地相关的法律法规，一些立法及法律条款直接或间接地对国家公园做出了相应的规定。《宪法》第9条、第22条、第26条规定，为自然保护地立法提供了宪法基础和依据。《环境保护法》第29条关于国家重点生态功能区的生态红线制度是涵盖所有保护地类型的基本法律规范。《自然保护区条例》是我国保护地管理的重要法律依据，在《自然保护地法》缺位的情况下，为我国自然保护地建设、保护与管理提供了法律保障。

在国家公园统一立法尚未出台的情况下，国家公园试点地方的立法走在了前列，为试点国家公园的建设、管理、保护提供了重要的法律保障。自2013年以来，云南省、青海省、福建省、湖北省相继出台了试点国家公园的地方性法规[①]。各地都在试点中积累经验，结合特定保护区域的生态、资源、人口、社会经济特点进行立法尝试。"这些地方性的国家公园

---

① 《云南香格里拉普达措国家公园保护管理条例》《云南省国家公园管理条例》《三江源国家公园条例（试行）》《武夷山国家公园条例（试行）》与《神农架国家公园保护条例》。

立法在生态保护、管理机制、周边社区建设等方面制定了相应规范,也在具体实践上积累了相应的经验。"①

## 二 国家公园相关立法的问题检视

从已有的自然保护地法律法规现状可知,目前已有的自然保护地法律体系薄弱、滞后,国家层面尚未出台国家公园专门立法,使国家公园相关立法缺少一部统一的上位法作为指导依据,无法为国家公园体制改革提供充分有效的法治保障。

### (一) 现有法律法规与国家公园价值目标缺乏融贯性与统一性

我国目前已建立了自然保护区、风景名胜区、森林公园、地质公园、湿地公园等十余类自然保护地,各类已建自然保护地主要依据《自然保护区条例》《风景名胜区条例》等法规和规章进行管理。根据《自然保护区条例》的立法目的条款规定,我国建立自然保护区的目的是严格保护生物及其栖息地,保护生态系统、生物多样性价值,维护生态安全。《风景名胜区条例》的立法目的主要是有效保护和合理利用风景名胜资源。《总体方案》明确了国家公园价值目标的多元性,即在保护自然生态系统的完整性、原真性及保护具有国家代表性的自然景观方面发挥着至关重要的作用,还在科研、教育以及游憩等诸多领域都发挥着重要的作用。这也表明国家公园立法目的已不再仅限于生态保护的单一价值目标,而是兼具科研、教育、游憩、发展等多元价值目标。根据《自然保护区条例》《风景名胜区条例》与《总体方案》的价值目标来看,现有的保护地法律法规"均与'国家公园的首要功能是重要自然生态系统的完整性、原真性保护,同时兼具科研、教育、游憩等综合功能'的功能定位不符,对国家公园建设管理起不到指导作用"②。现有保护地法律法规的立法价值目标与国家公园统一立法的价值目标缺乏融贯性与统一性,不能满足国家公园建设的法治需求。

### (二) 国家公园相关立法位阶低

我国当前有关国家公园的管理规范多是由法规以及部门规章构成的,

---

① 王小平、刘畅:《自然保护地:国家公园立法问题研究》,《新时代环境资源法新发展——自然保护地法律问题研究:中国法学会环境资源法学研究会2019年年会论文集》(中)。

② 李博炎、李俊生、蔚东英、朱彦鹏:《国际经验对我国国家公园立法的启示》,《环境与可持续发展》2017年第5期。

与国家公园相关的法律规范立法层级普遍不高。"除了《自然保护区条例》《风景名胜区条例》等少数行政法规以外，多数法律文件如《国家湿地公园管理办法》《水利风景区管理办法》等，皆是由国家相关部门或地方立法机关制定的，法律位阶低，影响国家公园管理体制的协调性和统一性，也影响国家公园保护实效。"[1] 这些法规和规章相较《草原法》《森林法》等法律，也存在法律位阶低的问题，进而导致在适用上出现法条规定不一致而排除适用的问题。如在实践中，若对同一类资源，作为行政法规的《自然保护区条例》条文规定与自然资源单行法的规范内容相抵触，则会因"上位法优于下位法"的法律适用原则而使得该条文规定不得适用，只能服从于相关的自然资源单行法等高位阶的法律，使得自然保护区的管理目标难以实现。其他关于国家公园的规章、文件主要由有关职能部门颁布的部门规章、规范性法律文件等组成，效力层级更低、涉及内容更窄，难以对国家公园的建设与管理起到总体的协调与规制作用。

### (三) 法律体系内容缺乏协调性和整体性

建立统一、规范的国家公园法律体系对国家公园的保护和管理至关重要。当前我国各试点地方有关国家公园的立法多是立足地方的具体情况，地方立法的局限性导致各试点地方的国家公园立法往往缺乏整体性思维和体系化规定，不能从宏观层面对国家公园的事权、财权、利益分配机制、管理与保护的基本制度作出统一性的规定。从已出台的国家公园地方性立法来看，各地对《总体方案》的理解、贯彻还存在很多差异，对同样的事项规定的法律条款差别较大，达到的治理效果也各不相同，事权划分模糊甚至交叉重叠的现象没有有效解决。

此外，我国现有保护地行政法规和部门规章，都以保护地类型依部门分散立法，立法内容的分散性导致保护地"一地多牌""交叉重叠""重复命名"的情况普遍存在，据统计，全国有 186 个自然保护单位存在重复命名的现象。这意味着同一保护地上管理机构林立、制度规范冲突、规划各不相同。这与我国国家公园体制建设"整合传统的分散式、碎片化管理，实现自然资源和生态系统的整体保护"的目的不相符。

---

[1] 鲁希：《琵琶湖国定公园法律制度及对我国国家公园立法的启示》，《时代法学》2019 年第 4 期。

### (四) 现有法律法规内容存在滞后性

目前，国家公园相关法律法规出现法律滞后于保护需求的情形。在立法时间上，《风景名胜区条例》出台于 2006 年，《国家级森林公园管理办法》出台于 2011 年，制定颁布时间久远，不符合生态文明时代环境保护立法的实践性需求。《自然保护区条例》出台于 1994 年，虽然在 2017 年修订，但自然保护区与国家公园的立法目的、保护管理要求不同，不能指导国家公园建设与管理。在立法内容上，现有保护地法规和规章强调的对自然生态和自然资源的保护与当前《总体方案》提出的"实现自然资源科学保护和合理利用"新要求、"山水林田湖草沙是一个生命共同体"的新理念、"促进人与自然和谐共生"的新目标相去甚远，进而在管理体制以及生态保护与资源管理制度、法律责任的具体规定上差之千里。

一是自然保护地的管理体制存在管理层级多、管理部门分散且重叠，中央和地方的事权、财权关系不合理、不明确和职责不清的问题。在国家层面，保护地的管理分散在林业、生态环境、农业、海洋、水利、地质矿产等各个部门，在地方上，保护地的人事与资金主要由属地政府负责，如此多头领导、政出多门、职责不清，导致保护地管理"诸侯割据"，严重削弱了保护管理效果。而且国家级的保护地属于国家事权，理应由国家财政负担，但实践中国家"只给予适当的资金补助"，保护地的财政支出主要由地方承担。这样的财权与事权划分不符合"责权平衡"的行政法原则的要求。[①] 财政投入责任划分不合理，主要靠地方负担且保护地大多位于经济落后地区，导致保护地资金来源不稳定、投入不足。

二是既有的保护地立法缺乏科学的、具有针对性的保护和管理制度，国家级保护地和地方保护地没有做出区别性的规定，保护和管理上一刀切的管理措施既不能突出国家及保护地更严格的保护需求，又不能满足地方管理的适应性需要。

三是既有保护地立法对保护地的设立与准入标准缺乏科学规定，设立门槛太低。一些自然保护区划定贪多贪大，保护对象不具备典型的科研和保护价值，一些该划入保护地的重要自然生态系统由于地方政府不愿意申报国家级自然保护地而未得到有效保护。

四是既有保护立法对土地和自然资源产权缺乏完善的制度安排。保护

---

① 梅凤乔：《自然保护区有效管理亟待完善体制》，《环境保护》2006 年第 21 期。

地内自然资源产权不清、国有和集体土地权属错综复杂、部门的资源所有权与管理权不分，具体负责保护地管理的机构由于缺乏对保护地内土地和资源的管理权限导致无法有效执法和管理。

五是缺乏对社区公平、合理的利益分配机制安排，导致社区发展与保护地矛盾突出，这也是我国自然保护地过去几十年来的封闭管理模式和管制型立法规定面临的主要问题。

综上所述，传统的要素式、碎片化、分散性立法无法适应生态文明理念下整体性保护的需求，体系化、精细化的理性立法已成为生态文明时代的必然选择。

## 第三节 国家公园统一立法的机遇与目标

"世界各国国家公园立法制定时序上有三种类型：国家公园与立法同步构建；国家立法在前建园在后；国家公园建园在前立法在后。"[1] 我国国家公园属于政策在先、建设在先、立法在后的模式。"立法同时具有维持既有秩序的消极功能和催生新型社会关系的积极功能。"[2] 在全面依法治国背景下，面对国家公园建设、管理与保护中的新理念、新措施、新的利益关系，需要国家层面的统一立法予以确认、分配与调整。

### 一 国家公园统一立法的机遇

自推进生态文明体制改革以来，党和国家颁布的一系列的关于国家公园体制改革的政策、各试点地方的国家公园立法实践以及不断深入的理论研究，为国家公园统一立法提供了理论储备，我国国家公园统一立法出现了前所未有的良好机遇。

**（一）具备坚实的政治基础**

1. 政策推动立法进程

国家公园体制改革是我国生态文明建设的重大任务之一。《全面推进依法治国若干重大问题的决定》提出，我国要实现立法与改革决策相衔

---

[1] 张兴：《国家公园立法体系建设的美国经验与启示》，《自然资源情报》2022年第5期。
[2] 秦天宝：《论我国国家公园立法的几个维度》，《环境保护》2018年第1期。

接，做到重大改革于法有据。① 国家公园立法也应当加快进程，以主动适应国家公园体制改革的现实需要。

2015年，《建立国家公园体制试点方案》（以下简称为《试点方案》），为国家公园立法提供了发展方向。2017年，《总体方案》要求研究制定有关国家公园的法律法规，并做好现行法律法规的衔接修订工作。② 2018年，第十三届全国人民代表大会把《国家公园法》列为二类立法规划，标志着国家公园法制建设正式启动。2019年，《指导意见》再次提出要加大法律法规立改废释工作力度，并提出了三个阶段性的目标任务。2022年6月1日，国家林草局（国家公园管理局）印发国家林业和草原局印发《国家公园管理暂行办法》（以下简称《暂行办法》），为国家公园统一立法奠定了立法基础。

源自政治系统的环境政策在生态文明建设中发挥着重要的先锋作用。"环境政策和环境法律作为两种具有内在合理性的制度工具，相互之间不存在'仅取其一'的情况，而是既相互联系又相互独立地发挥作用。"③ 在我国《试点方案》《总体方案》《指导意见》和《暂行办法》的不断出台表明了党和国家对推进国家公园体制改革的重视和对国家公园统一立法的关切，标志我国国家公园统一立法的政策准备不断充实，并不断推动着国家公园统一立法的进程。

2. 政策明确立法内容

"《总体方案》作为国家依据新时期社会发展规律所制定的体制建设方案，为实现国家公园立法的超前性提供了思路和依据。"④《指导意见》为建立以国家公园为主体的自然保护地体系提供了指导方针和总体构想，明确了国家公园在自然保护地体系中地位、目标和功能。⑤《暂行办法》的出台，为我国国家公园在相关法律正式颁布前的过渡期对国家公园规划建设、管理体制、保护管理、监督执法等内容作出了具体规定。首先，"在国家政策层面上，《总体方案》《指导意见》是我国国家公园体制试点

---

① 参见《中共中央关于全面推进依法治国若干重大问题的决定》。
② 参见《建立国家公园体制总体方案》。
③ 杜国强：《公共政策法治化初探》，《行政论坛》2006年第3期。
④ 秦天宝：《论我国国家公园立法的几个维度》，《环境保护》2018年第1期。
⑤ 吕忠梅：《以国家公园为主体的自然保护地体系立法思考》，《生物多样性》2019年第2期。

的总体设计图，回答了'管什么''在哪管''谁来管''怎么管'等基本问题，其中在'管什么'方面已形成《国家公园设立标准》，'在哪管'方面已形成《全国国家公园空间布局方案（征求意见稿）》，'谁来管'方面已在国家林草局基础上组建国家公园管理局、提出东北虎豹国家公园管理局组建方案等"①。在如何规范国家公园的规划与建设，国家公园内如何进行保护和管理以及监督执法问题方面则由《暂行办法》作出了具体规定。从中国的环境法治实践来看，一方面，环境政策影响环境法治的理念、导向，进而促成政策性环境立法；另一方面，环境政策直接影响环境法律具体制度的形成与演变。②"正是由于环境政策对环境法律发展的重要影响，有学者认为中国环境法实质上就是环境政策的体现。"③《总体方案》《指导意见》和《暂行办法》为我国国家公园统一立法的推进提供了方向指引，明确了立法思路和主要内容，为我国国家公园体制改革"于法有据"奠定了基础。

（二）试点地方积累了立法经验

2015年以来，我国在12个省（市）开展了10个国家公园试点。"在国家公园体制改革之初，国家公园的立法工作在诸多试点地区进行了有益尝试，制定了地方性国家公园管理法规，积累了宝贵的实践经验。"④ 各试点国家公园有的已制定颁布相应条例，有的已形成草案正在征求意见、修改完善，目前已印发实施的有《云南省国家公园管理条例》《三江源国家公园条例（试行）》《武夷山国家公园条例（试行）》《神农架国家公园保护条例》和《海南热带雨林国家公园条例（试行）》《云南香格里拉普达措国家公园保护管理条例》。南山、东北虎豹、大熊猫、钱江源国家公园已经出台了管理办法。

国家公园的地方立法明确了的立法目的与适用范围、基本原则、设立与规划、管理体制以及国家公园管理机构和地方政府的职责职权划分，在

---

① 唐芳林：《我国国家公园体制建设进展》，《生物多样性》2019年第2期。

② 郭武、刘聪聪：《在环境政策与环境法律之间——反思中国环境保护的制度工具》，《兰州大学学报》（社会科学版）2016年第2期。

③ 别涛：《关于〈环境保护法〉的修改方向》，载王树义主编《可持续发展与中国环境法治》，科学出版社2005年版，第16页。

④ 高晓露、王文燕：《自然保护地体系视野下国家公园立法思考》，《自然保护地》2022年第10期。

国家公园的分区管控及各分区的主要功能、禁止行为与允许行为，国家公园的保护与监测，自然资源资产产权及其统一管理，特许经营与公众服务以及社区发展、法律责任等层面为国家公园建设和管理提供了法治保障。"各试点省市在试点期间采取'一园一法'模式，出台相关地方性法规，一方面是为了使各自的国家公园管理于法有据，另一方面也是为未来国家层面的立法进行积极探索，通过地方立法试点把有益的区域经验上升为国家法律，更好地指导国家全面深化改革的顺利推进。"[①] 下文将在国家公园地方立法实践分析一章中对地方立法进行深入分析，总结经验和不足，此处不再赘述。

### （三）相关理论研究较为成熟

从学术界对于国家公园立法的理论研究来看，目前国内外已经形成了较为成熟的理论研究成果。国外对于国家公园立法与生态保护、国家公园立法与可持续发展的关系、国家公园内的动物保护及国家公园管理方式等领域的研究较为集中。国内对于国家公园立法的研究也已经较为全面，早期研究主要集中于借鉴国际经验，如对美国、英国、法国、日本、新西兰等国家公园立法和管理体制的借鉴；近年来的理论研究更是从多方面入手，在此过程中，以吕忠梅教授、汪劲教授、秦天宝教授、刘超教授等为代表的学者以不同角度为切入点对国家公园统一立法的理论问题开展精细化的研究，包括立法框架、法律体系、法律功能、制度设计、立法模式及建议，以及与未来出台的《自然保护地法》的衔接等多个角度的研究成果，为我们国家公园统一立法提供充足的理论准备。此外，多学科的研究加强了国家公园相关研究的集成性和系统性，目前的研究融合风景园林、生态、社会、经济等多学科的研究成果，使得我国关于国家公园的研究逐渐走向系统化与精细化，为国家公园立法的制度创新提供了理论指引。

## 二 国家公园统一立法的政策目标导向

从《试点方案》到《总体方案》《指导意见》《暂行办法》，一系列政策的出台为国家公园统一立法提出了明确的理念思路。

一是明确了国家公园设立的目的理念。设立国家公园的目的决定了在

---

① 秦天宝、刘彤彤：《国家公园立法中"一园一法"模式之迷思与化解》，《中国地质大学学报》（社会科学版）2019年第6期。

生态保护、建设管理、发展利用等问题中国家公园建设中处于核心地位，也决定了国家公园的立法目的、管理体制、基本原则和主要制度。《总体方案》明确提出了国家公园体制改革的主要目标是"建成统一规范高效的中国特色国家公园体制"，并明确了国家公园的理念是"坚持生态保护第一、坚持国家代表性和全面公益性的原则"[①]。《指导意见》中也明确规定建立以国家公园为主体的自然保护地体系的总体目标是："建成中国特色的以国家公园为主体的自然保护地体系，推动各类自然保护地科学设置，建立自然生态系统保护的新体制、新机制、新模式。"[②] 我国设立国家公园的直接目的是解决交叉重叠、多头管理的碎片化问题，保护自然生态系统原真性、完整性保护，根本目的是实现国家公园国家所有、全民共享、世代传承。

二是明确了国家公园的功能定位。国家公园的功能定位，"是国家公园在管理和运行过程中，制定发展政策、管理目标，实施保护计划、确定价值取向、确立管理体制的重要依据，是确立国家公园体制建设的指导思想"[③]。根据《试点方案》《指导意见》，国家公园的功能具有生态保护、科研、教育和游憩等多元功能，国家公园在整个自然保护地体系中处于保护生态功能的主体地位，这一主体地位不仅表现在面积上，更要体现在保护标准更严格、管理目标更多元。

三是确立了国家公园集中统一的管理体制。《关于加快推进生态文明建设的意见》中首次创造性提出了国家公园实行"分级、统一管理"的管理体制。《总体方案》中进一步提出要建立统一事权、分级管理体制，从建立统一管理机构、分级行使所有权、构建协同管理机制、建立健全监管机制四个方面作出了明确规定。《指导意见》提出要建立统一、规范、高效的管理体制，理顺现有各类自然保护地管理职能，分级、分类行使自然保护地管理职责。国家公园作为生态文明体制改革的"试验区"，管理体制改革创新是国家公园能否解决过去保护地重叠设置、多头管理、边界不清、权责不明的关键。《总体方案》《指导意见》对管理体制的创新，为形成自然生态系统保护的新体制、新模式提供了目标导向，并为国家公

---

① 参见《建设国家公园体制总体方案》。
② 参见《关于建立以国家公园为主体的自然保护地体系的指导意见》。
③ 李博炎、李俊生、蔚东英、朱彦鹏：《国际经验对我国国家公园立法的启示》，《环境与可持续发展》2017 年第 9 期。

园统一立法的管理体制的形成与确立奠定了政策基础。

四是明确了国家公园建设与管理的主要制度设计。《总体方案》《指导意见》提出了国家公园建设与管理的主要制度，搭建起了《国家公园法》的主要制度框架。第一，国家公园自然资源管理制度设计的总体目标是将国家公园作为独立的登记单元，开展自然资源统一确权，划清权属边界，国家公园内全民所有自然资源资产所有权以分级行使为过渡、以中央直接行使为最终目标，确立以全民所有自然资源资产所有权为主体的多元化产权制度，以实现严格保护与合理利用的统一。第二，建立财政投入为主的多元资金保障机制。《总体方案》和《指导意见》对中央直接管理、中央地方共同管理和地方管理的国家公园的保障资金问题作出明确规定。国家公园的资金机制是国家公园管理运行的主要保障机制，政策文件对国家公园的财权规定是与事权规定配套协调的，体现了权责统一的要求，高渐离以国家财政投入为主的资金保障机制是国家公园国家主导性的体现，也是履行国家公环境保护义务的内在要求，同时，吸纳社会、市场的多元化融资渠道也是国家公园治理能力现代化的必然要求。第三，明确多元主体参与国家公园建设的治理机制。《总体方案》明确提出，国家公园体制改革要坚持"国家主导、共同参与"的基本原则，《指导意见》进一步明确自然保护地治理机制构建的目标导向是探索建立全民共建、共享、共治机制。国家公园建设与管理涉及多元主体的多层次利益，仅靠单边行政管理无法解决多元利益冲突，《总体方案》和《指导意见》明确了国家公园建设与管理中的利益相关主体以及参与的途径和方式，为国家公园统一立法的公众参与机制提供了政策目标导向。第四，明确了社区协调发展的制度要求

《总体方案》从建立社区共管机制、健全生态保护补偿制度、完善社区参与机制等方面提出构建社区协调发展制度。《指导意见》中也提出，要探索全民共享机制，从扶持原住居民参与特许经营、推行参与式社区管理、创新自然资源使用制度等方面，保护原住居民权益，实现各产权主体共建保护地、共享资源收益。让社区充分参与国家公园规划、规则的制定与管理实践，实现参与式发展，是现代自然保护地建设具有持续性的成功经验，上述政策文件明确了国家公园社区发展的目标导向是与国家公园保护目标相协调的发展，社区协调发展的主体包括国家公园内社区和周边社区，实现路径是社区的自然资源合理利用、生态保护补偿、参与式社区管

理和参与式发展，最终目标是实现社区与国家公园共建、共治、共享。

五是明确了国家公园生态保护的制度要求。国家公园以生态保护为首要功能，实行最严格的保护。《总体方案》明确提出，要健全严格保护管理制度，划定功能分区实行差别化保护管理。《指导意见》进一步明确国家公园实行分区管控，对自然生态系统进行整体性保护，健全生态保护补偿制度和监督管理制度。前述政策文件明确了国家公园的生态保护制度定位是"最严格"，制度理念是整体性、系统性保护，制度功能是保护自然生态系统的原真性和完整性，通过差别化管控、自然恢复为主的生态修复、建立监测体系和加强保护设施装备、加大生态补偿、加强评估考核、严格执法监督等各个方面的规定，明确了国家公园统一立法中的生态保护制度的目标导向和制度框架。

# 第六章

# 中国国家公园体制试点建设中地方立法实践分析

2013年,党的十八届三中全会把国家公园体制建设作为重要组成部分,纳入生态文明和美丽中国建设实践。随后,又不断加强顶层设计和区域试点工作,谋划施行了体制建设的总体方案和试点方案。在此基础上,10个国家公园体制试点在全国展开,并陆续出台了各自的国家公园条例,国家公园立法呈现出地方主导的"一园一法"特点,对国家公园地方立法实践进行全面分析,总结立法经验、分析立法实践面临的问题,为下一步开展国家公园统一立法锚定法治方向。

## 第一节 国家公园地方立法实践概况

### 一 国家公园地方立法实践进展情况

2015年,国家公园建设进入试点阶段,涵盖了重点生态区域和珍稀野生动物保护地,涉及甘肃、青海、四川、陕西、云南、海南、湖南、湖北等12个省份。按照重大改革要于法有据的要求,开展国家公园体制试点的省份均对试点国家公园立法进行了积极的探索,以为国家公园建设提供法治保障。目前,国家公园体制试点省份中已有5个省份颁布了国家公园条例,甘肃省的祁连山国家公园条例(草案)已于2019年6月初步形成,正在广泛征求各界意见建议,进行修改完善。

对国家公园体制试点的立法探索,除上述省份颁布地方性法规外,还有相当数量的管理规章,为国家公园管理提供法律依据。其中,2020年4月,邵阳市政府制定并发布了《南山国家公园管理办法》;钱江源国家公园管理局发布《钱江源国家公园管理办法(试行)》《钱江源国家公园山水林田湖管理办法》等制度规范;大熊猫国家公园管理局印发了《大熊猫国家公园管理办法（试行）》，在保护区林立的四川省，相应的地方的管理办法已经构建完成并于 2022 年 5 月 1 日起施行。2017 年 8 月，东北虎豹国家公园管理局（以下简称虎豹局）成立，制定了《东北虎豹国家公园管理办法》。

## 二 国家公园地方立法主要内容及特点

通过梳理现行国家公园地方性法规和已经公布的国家公园管理规章及相关政策文件发现，相关法规、规章和政策性文件的主要内容和体系安排比较相似，总则部分规定的具体内容也基本大同小异，一般均包括立法目的和依据、适用范围，国家公园范围、基本原则、流域协作或部门协同机制、财政资金保障、评估考核、宣传教育、表彰奖励等。也有个别如海南热带雨林、普达措和钱江源等国家公园地方法规和政策文件将国家公园的管理主体及其职责规定在了总则部分。而三江源国家公园条例中，则在总则部分增加了关于自然资源权属的条款。更有特点的是，南山、钱江源和大熊猫国家公园的有关管理制度中，还在总则部分增加了志愿者服务制度、信息公开、公众参与与监督等内容的条款。值得注意的是，在尚无上位法规定的情况下，国家公园地方立法在基本原则方面已经形成了共识，即"国家公园保护、建设和管理，遵循保护优先、科学规划、社会参与、改善民生、永续利用的原则"[①]。

对于管理体制、规划与建设、自然资源产权、社区发展与公众参与等问题，各国家公园体制试点地方结合各自的地理生态、空间区位、资源要素和经济发展状况做了不同规定，下文将深入分析与研究。在法律责任部分，主要是在立法权限内规定违反条例或管理办法规定所要承担的行政责任，此处不作重点分析。

## 第二节 国家公园地方立法实证分析

本节选取已经颁布的六部国家公园地方立法和两部国家公园地方规范

---

[①] 参见《三江源国家公园条例》，青海省人民政府网，http://www.qinghai.gov.cn/xxgk/xxgk/fd/lzyj/fg/201809/t20180903_32056.html。

性文件作为研究对象，分别从管理体制、规划与建设、自然资源产权、社区发展与公众参与等几个重点板块入手，分析各个国家公园体制试点地方立法中的成果、特色和不足。

## 一 国家公园管理体制的规定

国家公园管理体制主要包括国家公园管理主体设置及其职责规定和国家公园执法主体设置及其职责规定，现就国家公园体制试点立法对国家公园管理主体及其职责和国家公园执法主体及其职责之规定分别分析。

### （一）国家公园管理主体及其职责规定

对现已颁布的国家公园6部地方立法和2部规范性文件分析可以发现，在管理体制方面，各国家公园体制试点均由各国家公园体制试点省（自治区）内设的国家公园管理机构集中统一履行国家公园内的保护、经营、科研、共享等管理职责。所在地人民政府按照职能分工，按照对应职责配合国家公园管理机构开展工作。国家公园所在地的县、乡（镇）人民政府协助国家公园管理机构做好国家公园保护和管理相关工作。基本形成了以国家公园管理机构为主体，地方相关主管部门配合，县、乡（镇）人民政府协助落实的管理体制。

在构建一般性规定之的基础上，部分地方立法对国家公园管理主体与职责进行了细化。如《三江源国家公园条例（试行）》，明确规定了三江源国家公园管理机构由三江源国家公园管理局、管理委员会、保护管理站共同组成。"三江源国家公园管理局作为省政府派出机构，统一履行自然资源资产管理和国土空间用途管制职责；园区国家公园管理委员会具体负责本区域内国土空间用途管制，承担自然资源管理、生态保护、特许经营、社会参与和宣传推介等职责；保护管理站承担有关生态管护工作职责。"[1] 此外，该条例还具体规定了三江源国家公园所在省、州、县、乡、村五级综合管理实体及其职责，整体形成了主体明确、各方协调、责任清晰、垂直到底的创新机制。《海南热带雨林国家公园条例（试行）》统一

---

[1] 《三江源国家公园条例（试行）》第13条：三江源国家公园管理局统一履行自然资源资产管理和国土空间用途管制职责。园区国家公园管理委员会具体负责本区域内国土空间用途管制，承担自然资源管理、生态保护、特许经营、社会参与和宣传推介等职责。保护管理站承担有关生态管护工作职责。本条例所称三江源国家公园管理局、园区国家公园管理委员会、保护管理站，以下统称为国家公园管理机构。

将原先分散的资源与生态保护、资产管理等职能划归到管理局与分局当中。同时构建区域联动协调机制，具体由"海南热带雨林国家公园所在地市、县人民政府行使海南热带雨林国家公园内经济社会发展综合协调、公共服务、社会管理、市场监督等职责，并配合国家公园管理机构做好生态保护和协同管理工作"①。这种主体明确、责任清晰、协调配合的国家公园管理体制应当在统一立法时固定下来。

还有一些地方性立法进行了特色化的制度探索。例如，《武夷山国家公园条例（试行）》规定了国家公园管理联席会议制度。联席会议由省人民政府负责人担任召集人，国家公园管理机构和省人民政府有关部门、所在地设区的市、县（市、区）人民政府负责人参加，联席会议的主要职责是研究制定国家公园管理制度和措施，统筹协调国家公园保护、建设和管理中的重大事项。② 联席会议的日常工作由省人民政府发展改革部门承担。③《大熊猫国家公园管理办法（试行）》则规定了大熊猫国家公园协调工作领导小组，④ 协调工作领导小组的组长分别由大熊猫国家公园所在的四川、陕西、甘肃三个省份的分管省长担任，小组成员为省直相关部门，协调工作领导小组办公室对领导小组负责，协调工作领导小组负责大熊猫国家公园的重大管理政策、保护制度、规划标准、工作安排的审议审定。与之相配套的是建立了大熊猫国家公园重大事项报告制度。⑤ 各级大

---

① 《海南热带雨林国家公园条例（试行）》第6条第2款：海南热带雨林国家公园所在地市、县、自治县人民政府行使海南热带雨林国家公园内经济社会发展综合协调、公共服务、社会管理、市场监督等职责，配合国家公园管理机构做好生态保护和协同管理工作。

② 《武夷山国家公园条例（试行）》第9条：省人民政府建立武夷山国家公园保护、建设和管理工作协调机制，成立由省人民政府负责人担任召集人，武夷山国家公园管理机构和省人民政府有关部门、所在地设区的市、县（市、区）人民政府负责人组成的联席会议，协调解决保护、建设和管理中的重大问题。

③ 《神农架国家公园保护条例》第7条：省人民政府建立国家公园管理联席会议制度，研究制定国家公园管理制度和措施，统筹协调神农架国家公园规划、国土空间用途管制、自然资源资产管理、特许经营、生态保护补偿等重大事项，研究解决国家公园管理和保护中的重大问题。联席会议的日常工作由省人民政府发展改革部门承担。

④ 《大熊猫国家公园管理办法（试行）》第8条第1款：加强大熊猫国家公园协调工作领导小组建设，大熊猫国家公园重大管理政策、保护制度、规划标准、工作安排应经领导小组审议审定。领导小组做出的决议决定各级大熊猫国家公园管理机构应认真贯彻落实执行。

⑤ 《大熊猫国家公园管理办法（试行）》第10条：建立大熊猫国家公园重大事项报告制度，报告重大问题。

熊猫国家公园管理机构需贯彻落实执行领导小组做出的决议决定,对于大熊猫国家公园保护、建设和管理当中出现的重大的问题,需及时向领导小组、副组长请示汇报。

### (二) 国家公园执法主体及其职责规定

在国家公园执法主体及其职责的规定中,既有管理机构集中行使区域内环境资源综合执法,又有地方行政主管部门依职责行使行政处罚权和许可权,同时开展联动执法的模式。这一模式主要体现在武夷山、三江源、神农架等国家公园体制规定中。相比之下,《钱江源国家公园管理办法(试行)(征求意见稿)》针对国家公园执法主体及其职责规定更为详细具体,根据该条例,在钱江源国家公园范围内履行资源环境综合行政执法职责的主体是钱江源国家公园综合行政执法队,执法队的权力来源是经省政府批复同意后由相关部门授权,执法队的执法事项主要涉及钱江源国家公园重要自然资源、生态环境管理等事项。针对其他破坏自然资源行为的行政执法工作,由钱江源国家公园综合行政执法队会同相关部门联合执法,由公安机关在钱江源国家公园管理局设置派驻机构,同执法队做好相关刑事案件的查处,严查国家公园内涉及的生态环境类违法犯罪活动。

综上所述,在已开展的国家公园体制试点地方立法中,针对国家公园管理体制的探索虽然有破冰效应,但相关制度规定仍显笼统、粗糙,对国家公园管理机关与地方政府及其相关部门之间的权力与职责划分仍缺乏精细化、具体化的规定,实践中免不了出现职责不清、掣肘管理的问题。

相较而言,《三江源国家公园条例(试行)》在管理体制方面规定得更为体系化,对国家公园管理体制改革和相关制度设计提供了借鉴经验。一是形成了分工明确、协调联动、纵向贯通、横向融合的共建机制。三江源国家公园属中央事权,委托地方代管。管理局作为省政府派出机构,对三江源生态和自然资源资产实行垂直一体、高效集中的管理模式。二是组建成立专门性的二级管理行政机构。统筹国家公园区域内的自然资源资产管理和国土空间用途管制,确保自然资源资产利国利民、永续利用和可持续发展。三是着力开展大部制改革。将分散于各职能部门的保护、管理和执法职责进行整合,划归生态环境和自然资源管理局与执法局,整合设立综合性的生态保护站和地方政府管理保护办公室,将国家公园相关管理职责纳入基层工作范围,避免职责中的推诿扯皮和保护管理中利益的争抢。无论是已经开展国家公园体制试点地方还是即将建立的国家公园,在集中统一管理的前提下，应当结合实际情况对管理体制进行更精细化的规定，明确规定各机构的职责权限、划定权力清单。

## 二 国家公园分区管理规定

做好国家公园的功能区划分是实现高效建设与科学管理的前提，目前国际上通行的自然保护地管理方式是分区管控，即将国家公园在空间上划分为多个不同的功能区划，实施差别化管理，整合与优化功能区之间的承载功能。在我国，"构建体系完整、逻辑自洽的分区管控制度，是国家公园体制建设的内在需求"[①]。

在当前缺乏国家公园统一立法规定的现实下，已颁布的国家公园地方性法规和规章均对国家公园分区管控有所规定，但在功能区的类型划分上存在很大差异，且分区管控措施和对行为的约束制度都不尽相同（见表6-1），具体表现在如下几个方面：

表6-1　　　　　国家公园地方立法规定的分区管控制度

| 文件名称 | 功能分区及分区管控制度 |
| --- | --- |
| 《云南省国家公园管理条例》 | 严格保护区：国家公园内自然生态系统保存较为完整或者核心资源分布较为集中、自然环境较为脆弱的区域 |
| | 生态保育区：国家公园内维持较大面积的原生生态系统或者已遭到不同程度破坏而需要自然恢复的区域 |
| | 游憩展示区：国家公园内展示自然风光和人文景观的区域 |
| | 传统利用区：国家公园内原住居民生产、生活集中的区域 |
| 《云南香格里拉普达措国家公园保护管理条例》 | 严格保护区：禁止建设建筑物、构筑物 |
| | 生态保育区：禁止建设除保护、监测设施以外的建筑物、构筑物 |
| | 游憩展示区、传统利用区：建设经营服务设施和公共基础设施的，应当减少对生态环境和生物多样性的影响，并与自然资源和人文资源相协调 |
| 《三江源国家公园条例（试行）》 | 核心保育区：强化保护和自然恢复为主，保护好冰川雪山、河流湖泊、草地森林，提高水源涵养和生物多样性服务功能 |
| | 生态保育修复区：以中低盖度草地的保护和修复为主，实施必要的人工干预保护和恢复措施，逐步实现草畜平衡 |
| 《武夷山国家公园条例（试行）》 | 特别保护区、严格控制区：不得新建、扩建建筑物、构筑物，或者设置餐饮娱乐场所、户外广告等 |
| | 生态修复区：除进行生态保护修复工程建设和不损害生态系统功能的居民生产生活设施改造，以及自然观光、科研教育、生态体验外，禁止其他开发建设 |
| | 传统利用区：新建、改（扩）建工厂、住宅及其他建筑物、构筑物，或者设置餐饮娱乐场所、户外广告的，应当经依法批准，并服从国家公园管理机构的统一管理 |

---

① 刘超：《国家公园分区管控制度析论》，《南京工业大学学报》（社会科学版）2020年第3期。

续表

| 文件名称 | 功能分区及分区管控制度 |
|---|---|
| 《神农架国家公园保护条例》 | 严格保护区：采取封禁和自然恢复的方式保护，除科学研究需要外，禁止任何人进入 |
| | 生态保育区：采取必要的生物措施予以保护 |
| | 游憩展示区：集中承担国家公园游憩、展示、科普、教育等功能 |
| | 传统利用区：允许对自然资源进行可持续性利用 |
| 《海南热带雨林国家公园条例（试行）》 | 核心保护区：原则上禁止人为活动，实行最严格保护，维护自然生态系统功能 |
| | 一般控制区：限制人为活动，严格实施国土空间用途管制，实行差别化管控。除不损害生态系统的原住民生产生活设施改造和自然观光、科研教育、旅游及水利基础设施外，禁止其他开发建设活动 |
| 《南山国家公园管理办法》 | 核心保护区：是南山国家公园范围内自然生态系统最完整，核心资源集中分布以及自然环境脆弱的区域 |
| | 一般控制区：是集中承担南山国家公园游憩、展示、科普、教育、原住民生产和生活的区域 |
| 《钱江源国家公园管理办法（试行）》 | 核心保护区：原则上核心保护区内禁止人为活动 |
| | 一般控制区：原则上一般控制区内限制人为活动 |
| 《四川省大熊猫国家公园管理办法》 | 核心保护区：采取封禁和自然恢复等方式对自然生态系统和自然资源实行最严格的科学保护 |
| | 一般控制区：实施生态修复、改善栖息地质量和建设生态廊道的重点区域，是原住居民、管理机构人员生产、生活的主要区域，是开展自然教育、生态体验服务的主要场所 |

第一，国家公园功能区类型建构不同。普达措和神农架将功能区划分为严格保护区、生态保育区、游憩展示区和传统利用区；三江源则设立了核心保育区、生态保育修复、传统利用区3个功能区；武夷山划分为特别保护区、严格控制区、生态修复区和传统利用区4个功能区；也有部分国家公园仅简单地划分为核心保护区和一般控制区2个。

第二，在功能分区的划分依据上存在差异。不同国家公园间，主要是依据各自的生态功能、保护目标、管理目标、管控强度、用途和利用价值等方面来划分，互有取舍。

第三，分区管控制度的具体内涵存在差异。普达措、神农架国家公园虽然在功能区的类型和名称上具有相似性，但在实质内涵、划分范围以及行为控制措施上存在很大不同。

综上，"当前国家公园地方立法对于分区管控制度并不是契合我国最新的自然保护地与国家公园体制改革目标的理想状态，其进行的制度建设属于有待甄选与扬弃的过渡阶段的立法，其积累的立法经验、呈现的实践绩效，为《国家公园法》的立法选择提供了机制试行的经验、制度试错的教训"[1]。国家公园统一立法应当就分区管控的标准即分区的依据、类型及管控目标、分区规划及审批权限、违反分区管控的法律责任等作出明确规定，以形成规范化的国家公园分区管控制度。

### 三 国家公园自然资源产权规定

在已经颁布的六部国家公园地方性法规和两部国家公园管理规章中，只有三江源和海南热带雨林国家公园对范围内的自然资源权属作了规定，即国家公园内全民所有自然资源资产权属归国家。《神农架国家公园保护条例》第22条[2]，《大熊猫国家公园管理办法（试行）》第27条[3]，《钱江源国家公园管理办法（试行）》第24条[4]，仅对如何确权的主体和范围做出规定，即由国家公园管理机构会同不动产登记机构开展。不动产登记的内容主要涉及国家公园范围内各类自然资源资产的边界、种类、面积和权属，由国家公园管理机构统一监管区域内的各类自然资源。

根据《宪法》第9条[5]和《民法典》第250条[6]之规定，矿藏、水流

---

[1] 刘超：《国家公园分区管控制度析论》，《南京工业大学学报》（社会科学版）2020年第3期。

[2] 《神农架国家公园保护条例》第22条：不动产登记机构应当根据有关法律法规，会同国家公园管理机构和有关部门开展国家公园内水流、森林、山岭、草原、荒地、滩涂等自然资源资产的确权登记工作，明确各类自然资源的种类、面积和所有权性质。

[3] 《大熊猫国家公园管理办法（试行）》第27条：大熊猫国家公园为自然资源资产确权登记独立登记单元，国家公园范围内的森林、草原、荒地、水流、湿地和矿产资源等不再单独划定登记单元。在登记簿上对集体所有自然资源的主体、范围、面积等情况予以记载。

[4] 《钱江源国家公园管理办法（试行）》第24条：开化县人民政府不动产登记机构应当会同钱江源国家公园管理局，根据有关法律、法规开展园内水流、森林、山岭、草原、荒地、滩涂等自然资源资产的确权登记工作，明确各类自然资源资产所有权、使用权的边界，明确各类自然资源资产的种类、面积和权属性质。园内自然资源产权发生变更的，应当依法办理变更登记手续。

[5] 《宪法》第9条第1款：矿藏、水流、森林、山岭、草原、荒地、滩涂等自然资源，都属于国家所有，即全民所有；由法律规定属于集体所有的森林和山岭、草原、荒地、滩涂除外。

[6] 《民法典》第250条：森林、山岭、草原、荒地、滩涂等自然资源，属于国家所有，但是法律规定属于集体所有的除外。

两类自然资源当然属于国家所有，国家公园自然资源确权的意义和重点就是区分国家所有和集体所有的森林、山岭、草原、荒地、滩涂等自然资源的权属边界。

基于森林附着在土地之上，山岭、草原、荒地、滩涂也都与土地交叉存在，且在国家公园体制试点实践中，国家公园试点区内目前存在着的原住民和集体土地，有着极为复杂的产权问题，"需要通过调整土地权属和明晰土地用途，进一步落实自然资源的归属管理和用途管制，最终实现资源的严格保护和永续利用"①。因此，国家公园自然资源产权制度将围绕国家公园范围内的土地资源权属问题着重分析。"土地权属作为一个权利束包括所有权、使用权、经营管理权和收益处置权。"② 实践中，为了实现国家公园内自然资源统一管理，往往会通过变更集体土地所有权、限制使用权等方式实现集体土地及其附着资源由国家所有或主导管理。六部国家公园地方立法关于土地权属主要有如下规定：

第一，通过征收的方式变更集体所有土地的所有权。普达措、武夷山和海南热带雨林国家公园均对集体所有土地的征收作了相关规定。"土地征收是一项合法剥夺私有财产的法律制度，也是现代国家协调私人利益与公共利益的必要手段"③，为保证在征收过程中不出现利益失衡的问题，需要对集体土地征收过程和征收后的补偿问题都进行明确规定。首先，要充分尊重区域内生产生活者的意愿，严禁强制征收，这一原则被纳入《海南热带雨林国家公园条例（试行）》第22条第2款④。其次，集体土地被征收后需要及时解决因征收而搬离原住所的居民的迁移安置问题以及因征收而遭受经济损失的补偿问题。对此，《武夷山国家公园条例（试行）》第35条第2款规定："因征收或者用途管制造成权利人损失的，应当依法、及时给予补

---

① 方言、吴静：《中国国家公园的土地权属与人地关系研究》，《旅游科学》2017年第3期。

② 何思源、苏杨、闵庆文：《中国国家公园的边界、分区和土地利用管理——来自自然保护区和风景名胜区的启示》，《生态学报》2019年第4期。

③ 李朝阳：《我国自然保护地土地权属管理中存在的问题及对策》，《国土与自然资源研究》2021年第1期。

④ 《海南热带雨林国家公园条例（试行）》第22条第2款：国家公园管理机构按照依法、自愿、有偿的原则，可以通过征收、赎买、租赁、置换、地役权合同、合作协议等方式，对海南热带雨林国家公园内集体所有的自然资源实施管理。

偿。"《普达措国家公园保护管理条例》第 12 条规定:"自治州人民政府实施公园总体规划,需要征收公园内集体所有的土地和单位、个人所有的房屋、林木及其他不动产的,应当按照有关法律法规的规定办理相关手续,并给予补偿。"

第二,以出租、转让、入股、抵押等方式完成集体所有土地使用权的流转和变更。三江源、武夷山、海南热带雨林、南山等国家公园均对集体所有土地的流转作了相关规定。在这些规定中,国家公园管理机构成为集体土地使用权流转的载体,有利于国家公园管理机构统一管理区域内的自然资源。在实践中,国家公园管理机构还会相应地获得土地的经营权,管理机构经常会利用这一权利来参与市场经济活动,当土地管理权和土地"经营权"混合时,国家公园保护和开发之间就会出现矛盾冲突。

第三,通过地役权、合作协议等方式限制集体土地使用权。《民法典》第 372 条[1]规定了地役权的定义,与传统意义上的地役权相比,国家公园地役权是从私人地役权扩展到公共地役权的产物,其核心在于"为公共利益而在个人土地上强制设立地役权,并对供役人作出相应的补偿。它是在不征收土地的前提下,通过经济手段使供役人让渡部分土地权利,供公共利益之用"[2]。在现行实践中,钱江源、海南热带雨林和大熊猫国家公园均明确规定了以设立地役权的方式,在权属不变的前提下,由国家公园管理机构取得集体所有自然资源资产经营权或者管理权,并通过生态补偿方式,以实现对自然资源统一监管的目的。实施地役权改革,有利于协调国家公园内保护和发展之间的关系。钱江源国家公园在实践中先后完成了林地和农田的地役权改革,其生态保护的管理方、监督方和受益人三者之间达成了"有机统一",不仅区域内的自然生态实现了充分的保护,国家公园范围内的原住居民及周边居民也享受到了地役权改革带来的红利,人与自然和谐共生的价值理念得以有效实现。

通过上述分析,各国家公园体制试点地方立法与管理规章,都规定

---

[1] 《民法典》第 372 条:地役权人有权按照合同约定,利用他人的不动产,以提高自己的不动产的效益。前款所称他人的不动产为供役地,自己的不动产为需役地。

[2] 《探索 创新 融合 钱江源国家公园地役权改革路径分析》,钱江源国家公园, http://http://www.qjynp.gov.cn/news/detail.aspx?newsID=311,2022 年 12 月 21 日。

了对国家公园内集体土地权属的征收与限制，以实现国家公园由国家所有、国家主导管理，但是，由于缺乏国家公园统一立法对国家公园国家所有的内涵与外延的明确界定，地方立法都偏向于规定国家公园内的土地、资源权属全部由国家所有。虽然地方立法中规定了多种集体土地权属的限制方式，但实践中，还是大量采取征收和生态移民的做法，而且对生态移民的补偿标准偏低、补偿资金保障不到位。这一方面激化了国家公园生态保护与社区发展的矛盾；另一方面，单一化的产权制度构想，不利于相关利益主体共同参与国家公园保护与建设，阻碍了国家公园内资源的合理利用，限制了国家公园的可持续发展。而且，对集体土地征收的补偿标准问题、就业安置问题，事关地方社会稳定、乡村振兴和居民的生活水平提升，国家公园体制试点地方的立法应当更为审慎考虑，结合地方土地权属现状、社会经济发展情况作出更具有适应性的详细规定。

**四 国家公园社区发展的规定**

如何处理生态保护和原住民之间的关系，决定国家公园建设的成败，必须协调好两者之间的关系，实现互利共赢和可持续发展。已颁布的国家公园地方立法文件，对原住居民和社区发展主要作了如下规定：

第一，划定传统利用区，不断调整产业布局。通过分区管控，特别是在传统利用区内，原住居民可以维持现有的生产生活规模和标准，还可以在政策和生态保护目标的引导下，大力发展新型绿色产业，以达到增收和改善生活条件的目的。三江源[①]、钱江源[②]、普达措[③]等国家公园对此均有明确规定。

---

① 《三江源国家公园条例（试行）》第52条：国家公园管理机构应当会同所在地人民政府组织和引导园区内居民发展乡村旅游服务业、民族传统手工业等特色产业，开发具有当地特色的绿色产品，实现居民收入持续增长。

② 《钱江源国家公园管理办法（试行）》第32条：钱江源国家公园管理局应当支持开化县人民政府，组织、引导发展乡村服务业、民族传统手工业、民俗体验等特色产业、特色产品，开展原住民就业、创业培训，提升原住民发展能力，促进社区共建共治共享和可持续发展。

③ 《云南香格里拉普达措国家公园保护管理条例》第31条第2款：鼓励单位和个人在划定的范围内，开展具有保护、传承和弘扬民族文化的特色经营活动。

第二，鼓励生态移民，建立生态补偿机制。在核心功能区中，因严格保护的需要，对迁出的居民，应当进行生态补偿。《神农架国家公园保护条例》对此作了比较全面的规定，除了明确"国家公园管理机构应当组织制定生态移民搬迁方案，明确住房、土地、就业、产业发展、社会保障、生态保护补偿等事项，经专家论证，并征求相关乡镇人民政府、村（居）民委员会和移民的意见，报省人民政府批准后实施"[①]，还明确将生态补偿资金纳入省级财政预算，作为神农架国家公园收支两条线管理的支出部分，[②] 同时规定了资金、技术、实务、就业岗位等相结合的多元化补偿方式。[③]《钱江源国家公园管理办法（试行）》也对生态补偿作出了类似规定。武夷山、海南热带雨林、四川省大熊猫国家公园分别在其管理办法的第41条[④]和第32条[⑤]以及第6条[⑥]规定，要建立多元化的生态补偿机制，积极探索开展综合补偿。《云南省国家公园管理条例》则

---

[①]《神农架国家公园保护条例》第36条第1款：按照神农架国家公园规划，需要进行生态移民搬迁的，国家公园管理机构应当组织制定生态移民搬迁方案，明确住房、土地、就业、产业发展、社会保障、生态保护补偿等事项，经专家论证，并征求相关乡镇人民政府、村（居）民委员会和移民的意见，报省人民政府批准后实施。

[②]《神农架国家公园保护条例》第44条：神农架国家公园实行收支两条线管理，依托自然资源设立的景区门票收入、特许经营收入等各项收入应当上缴财政，纳入预算专项管理，统筹用于资源保护、生态保护补偿以及扶持神农架国家公园和毗邻保护区居民的发展等。

[③]《神农架国家公园保护条例》第34条第2款：省人民政府应当建立资金、技术、实物、就业岗位等相结合的补偿机制，探索开展综合补偿并加强生态保护补偿效益评估。生态保护补偿和效益评估的具体办法由省人民政府制定。

[④]《武夷山国家公园条例（试行）》第41条：完善武夷山国家公园生态补偿机制，健全财政投入为主、规范长效的生态补偿制度体系，建立以资金补偿为主，技术、实物、安排就业岗位等补偿为辅的生态补偿机制，探索开展综合补偿。国家公园生态补偿的具体实施办法由省人民政府制定。

[⑤]《海南热带雨林国家公园条例（试行）》第32条：建立形式多元、绩效导向的海南热带雨林国家公园生态保护补偿机制，加强生态保护补偿效益评估，健全财政投入为主，流域协作、规范长效的生态保护补偿制度体系，探索开展综合补偿。

[⑥]《四川省大熊猫国家公园管理办法》第6条：建立以财政投入为主的多元化资金保障制度。将大熊猫国家公园保护、建设和管理经费列入财政预算，保障大熊猫国家公园野生动植物保护、巡护监测、森林草原防灭火、林草有害生物防治、生态修复、科学研究、自然教育、科普宣传推介、野生动物致害补偿、生态保护补偿、生态搬迁补偿、基础设施建设、社区协调发展等财政投入。

在第 26 条①规定，国家公园特许经营权出让收入纳入预算专项管理，主要用于国家公园的生态补偿等。《三江源国家公园条例（试行）》仅在 52 条第 2 款②规定了居民自愿迁出的，应当给予补偿。值得注意的是，国家公园生态补偿的受偿权利主体除了原住民，还包括在国家公园建设过程中投入资金、为环境保护放弃发展机会的企业单位和他经营主体，这一点在《普达措国家公园保护管理条例》第 12 条③和《南山国家公园管理办法》第 48 条④均有明确规定。在少数的国家公园地方立法中，仅规定了此类主体需要有计划迁出国家公园内的核心保护区以及其他生态环境脆弱和敏感区域，但均未明确受偿权利主体的身份。

第三，创新探索建立社区共建共管共享机制，推动原住居民、周边社区居民和相关群体从生态利用者向生态守护者和获益者转变。在国家公园体制试点实践中，各个试点地方均对社区参与进行了有益探索，并在国家公园地方立法中创新性地规定了社区共建共管共享机制。如《云南省国家公园管理条例》第 27 条第 1 款⑤提出，采取定向援助、产业转移、社区共管等方式让当地社区居民参与到国家公园保护中。《三江源国家公园条例（试行）》第 62 条提出通过社区共建、协议保护、授权管理和领办生态保护项目等方式让社会组织、企业事业单位和个人参与国家公园的保

---

① 《云南省国家公园管理条例》第 26 条：国家公园的特许经营权出让收入纳入预算专项管理，主要用于国家公园的生态补偿、基础设施建设、保护管理，以及扶持国家公园内原住居民的发展等。

② 《三江源国家公园条例（试行）》第 52 条第 2 款：根据自然资源承载能力控制区域外人口内迁。因保护需要确需迁出居民的，由国家公园所在地的县级人民政府妥善安置；居民自愿迁出的，应当给予补偿。

③ 《云南香格里拉普达措国家公园保护管理条例》第 12 条：自治州人民政府实施公园总体规划，需要征收公园内集体所有的土地和单位、个人所有的房屋、林木及其他不动产的，应当按照有关法律法规的规定办理相关手续，并给予补偿。

④ 《南山国家公园管理办法》第 48 条：建立健全补偿机制，对迁出南山国家公园的原住民，退出南山国家公园或者经营受限的企业和其他经营主体，以及土地、林地、草地利用受限者进行合理的补偿，补偿方式按照湖南省人民政府办公厅《关于建立湖南南山国家公园体制试点区生态补偿机制的实施意见》执行。

⑤ 《云南省国家公园管理条例》第 27 条第 1 款：国家公园所在地的县级以上人民政府应当采取定向援助、产业转移、社区共管等方式，帮助原住居民改善生产、生活条件，扶持国家公园内和毗邻社区的经济社会发展，鼓励当地社区居民参与国家公园的保护。

护、建设和管理。《武夷山国家公园条例（试行）》第17条第2款[①]提出，采取定向援助、产业转移、社区共建等方式鼓励和引导当地社区居民参与国家公园的保护和管理。《钱江源国家公园管理办法（试行）》第32条第1款提出，要促进社区共建共治共享和可持续发展。[②]《大熊猫国家公园管理（试行）》第16条规定，要围绕共建共管共享目标，建立大熊猫国家公园共管理事会[③]；《四川省大熊猫国家公园管理办法》第31条第1款[④]和《神农架国家公园保护条例》第50条第2款[⑤]都提出，要建立社区共建共管机制，通过联户参与、签订管护协议等形式，协助开展自然资源保护工作。

通过对有关条款的梳理，可以发现目前国家公园地方立法规定的原住居民具体参与共建共管共享的方式主要包括以下三种：一是建立原住居民参与国家公园的政策、管理规划并充分发表意见的机制渠道。二是提供机会吸纳原住居民参与国家公园管理与维护的实际活动，例如增设生态管护公益岗位，国家公园内符合条件的原住居民可优先被聘用为管护员。三是依托国家公园发展相关产业时，给予原住居民与周边社区居民优先受益权和优先经营权。

---

① 《武夷山国家公园条例（试行）》第17条第2款：国家公园所在地县级以上地方人民政府应当采取定向援助、产业转移、社区共建等方式，鼓励和引导当地社区居民参与国家公园的保护和管理，合理利用自然资源、人文资源，帮助社区居民改善生产、生活条件，促进社区经济社会协调发展。

② 《钱江源国家公园管理办法（试行）》第32条：钱江源国家公园管理局应当支持开化县人民政府，组织、引导发展乡村服务业、民族传统手工业、民俗体验等特色产业、特色产品，开展原住民就业、创业培训，提升原住民发展能力，促进社区共建共治共享和可持续发展。

③ 《大熊猫国家公园管理办法（试行）》第16条：以大熊猫国家公园管理分局为主体，围绕共建共管共享目标，建立大熊猫国家公园共管事会。共管事会应吸纳大熊猫国家公园所在地党政领导、人大代表、政协委员、社区代表及相关利益主体代表参加，负责审议审定所在片区大熊猫国家公园的重大管理制度、重要工作安排、重大项目建设、特许经营监管，协调需要地方政府支持的重大事项。

④ 《四川省大熊猫国家公园管理办法》第31条：管理机构应当建立社区共建共管机制，通过签订协议方式规范社区发展，引导周边社区建设与大熊猫国家公园整体保护目标相协调，共同保护周边自然资源，支持当地政府在国家公园周边地区合理规划建设入口社区和特色小镇。

⑤ 《神农架国家公园保护条例》第50条第2款：鼓励国家公园管理机构与神农架国家公园内乡镇人民政府、村（居）民委员会等建立社区共管共建机制，通过联户参与、签订管护协议等形式，协助开展自然资源保护工作。

国家公园体制试点区大多地处偏远区域，经济发展相对滞后，社区对资源的依赖性强、发展诉求强烈，从现有规定来看，地方立法文件对原住居民及社区发展的规定，基本停留在设置生态管护岗位、适当生态补偿、引导产业转型等浅表层次，原住居民仍属于被管理的对象，而不是真正的国家公园建设主体，原住居民没有实现参与式发展。"生态文明建设的根本目的是满足人的生态需要，保障人的生态权利，维护人的生态安全，追求人的生态幸福，因而是落实以人为本的重要路径。"[①] 让原住居民充分参与国家公园规划、规则的制定，参与自身利益紧密相关的利益分配方案的制定，实现参与式发展，是现代自然保护地建设具有持续性的成功经验。参与式发展的途径多样，但其重点是尊重人、关注"人"的全面发展，注重目标群体的权利保障、利益分享、知识运用和能力建设。[②] 因此，社区共建共管共享机制的建立，共建、共管是手段，共享是目的和根本保障，国家公园统一立法只有充分保障原住居民的各项权益，特别是生存和发展权益，明确建立公平的利益分配机制和补偿机制，才能使原住居民真正成为国家公园的建设者、保护者和受益者。

## 五　特许经营的规定

2019 年 4 月，《关于统筹推进自然资源资产产权制度的指导意见》提出健全自然保护地内自然资源资产特许经营权等制度，处于国家公园试点期的 10 个国家公园也相继从立法方面开展了各具特色的特许经营模式探索。从已颁布的国家公园地方立法来看，针对国家公园特许经营主要作了如下一般性规定：其一，为了防止国家公园管理机构在特许经营活动中既当裁判员又当运动员，明确了经营与管理相互分离的基本原则。其二，为了保证国家公园的全民公益性，防止盲目扩大特许经营的范围边界，根据各国家公园所处的地理位置、资源禀赋、资源权属、预期目标、保护重点等差异性，明确了实施特许经营的项目范围和不纳入特许经营的项目范围。其三，为了保障特许经营者在国家公园生态保护红线内为公众提供专业化和高质量的服务，明确了国家公园特许经营项目在运营过程中需接受政府对服务质量和价格的监管和周期性考核，不符合要求的企业会被强制

---

① 龙静云：《生态文明建设与落实以人为本》，《光明日报》2018 年 6 月 19 日第 7 版。
② 李小云主编：《参与式发展概论》，中国农业大学出版社 2001 年版，第 26—32 页。

退出。

除上述一般性规定外,《云南省国家公园管理条例》第 26 条[①],《南山国家公园管理办法》第 4 条第 2 款[②],《钱江源国家公园管理办法(试行)》第 35 条第 3 款[③],《神农架国家公园保护条例》第 44 条还规定了国家公园实行收支两条线管理。《三江源国家公园条例(试行)》第 49 条第 1 款规定了国家公园管理机构的特许经营收入仅限于生态保护和民生改善。[④] 这种管理方式将特许经营的经济收益留在了当地,让国家公园的保护成效和社区居民的收益相挂钩,发挥了特许经营反哺国家公园建设管理工作以弥补政府资金投入不足的作用。

综上所述,尽管各国家公园体制试点地方在立法层面都对特许经营制度进行了积极的探索,但总体而言,各试点地方的国家公园特许经营制度目前仍处在发展完善阶段,特别是经营权与管理权如何分开、特许经营的范围与期限、特许经营者的确定方式、特许经营的监管、如何防止特许经营转变为垄断经营、如何平衡生态保护与经营活动、特许经营收益分配、风险防控管理等问题,都需要上位立法作出明确规定。

## 第三节 国家公园地方立法对国家公园统一立法的启示与需求

国家公园是为了建设生态文明、保护国家生态安全屏障,设立的一种新的保护地类型,在国家公园统一立法尚未出台的情况下,开展国家公园试点的地方根据实际需要和规范管理,对国家公园"一园一法"进行了

---

[①] 《云南省国家公园管理条例》第 26 条:国家公园的特许经营权出让收入纳入预算专项管理,主要用于国家公园的生态补偿、基础设施建设、保护管理,以及扶持国家公园内原住居民的发展等。

[②] 《南山国家公园管理办法》第 4 条第 2 款:南山国家公园门票、特许经营收入和以政府名义接受的非定向捐赠的货币收入等上缴省级财政,实行"收支两条线"管理。

[③] 《钱江源国家公园管理办法(试行)》第 35 条第 3 款:钱江源国家公园实行收支两条线管理,门票、特许经营收入等各项收入应当上缴财政,纳入预算专项管理,统筹用于资源保护、生态补偿以及扶持钱江源国家公园和毗邻地区居民的发展等。

[④] 《三江源国家公园条例(试行)》第 49 条第 1 款:三江源国家公园建立特许经营制度,明确特许经营内容和项目,国家公园管理机构的特许经营收入仅用于生态保护和民生改善。

积极探索,前述从管理体制、规划与建设、自然资源产权、特许经营、社区发展与公众参与等几个重点问题比较分析了地方立法现状,在总结模式选择、特色优势、经验不足的基础上为国家公园统一立法提供参考和帮助。

## 一 国家公园地方立法的现实意义

国家公园地方立法尽管整体上呈现出过渡性立法所难免的不周延、难以有效衡平各方利益、整体统筹性不足等问题,但是,国家公园试点地方探索出的立法思路、框架设计、管理制度等,仍为国家公园专门立法积累了立法经验,主要体现在如下方面:

第一,基本建立了国家公园集中统一管理体制。在开展国家公园体制试点之前,我国的保护地体制主要有九种类型,与此相对应,分别形成了《自然保护区条例》《风景名胜区条例》等管理办法。由于立法模式缺乏整体性,在实践操作中,经常会出现一块保护地数个名称、多部门管理的混乱局面。针对这一问题,各国家公园地方立法依据《总体方案》《指导意见》均规定了国家公园统一集中的管理体制,将国家公园范围内的保护地类型进行整合,只保留国家公园一种保护地类型,由国家公园管理机关统一管理,通过整合机构、整体保护、自然资源资产确权登记,有效解决了保护地交叉管理、范围重叠和重要生态系统孤岛化、破碎化等问题。

普达措国家公园在地方立法中实现了分级、统一管理,建立了统一规范的管理体制。三江源国家公园在地方立法中明确规定了三江源国家公园实行集中统一垂直管理,形成"一园三区"的统一管理机构。整合相关管理机构后在国家公园管理局下设了生态环境和自然资源管理局,将自然资源执法机构整合后在国家公园管理局下设了资源环境执法局;将县林业站、草原站、水土保持、湿地保护等事业单位整合后在园区管委会和乡镇设立了生态保护站。对范围内的各类保护地进行功能重组、优化组合,并通过立法明确了由国家公园管理机构统一行使管理职责。从而解决了保护地被人为分割、各自为政的弊端。

武夷山国家公园地方立法中明确规定了武夷山国家公园实行集中统一管理。由武夷山国家公园管理机构统一履行国家公园范围内的各类自然资源、人文资源和自然环境,受委托负责国家公园范围内全民所有的自然资源资产以及国家公园范围内世界文化和自然遗产的保护与管理职责。实践中，武夷山国家级自然保护区管理局、武夷山风景名胜区管委会等自然保护地管理机构人员编制进行整合，构建了"局—站"两级管理体系，并成立武夷山国家公园森林公安分局，统一履行园区内资源环境综合执法职责。通过打造"纵向贯通、横向融合"的管理体制和运行机制。

海南热带雨林国家公园在地方立法中明确规定了海南热带雨林国家公园实行以国家公园管理机构为主、各级人民政府配合、社会积极参与的协同管理机制。整体形成了国家公园执法派驻双重管理体制。从而解决了原来自然保护工作中布局不合理、空间破碎化、空间重叠、边界不清、管理片段化、多头管理等问题。

神农架国家公园在立法中明确规定了由神农架国家公园管理机构负责统一履行区域内生态保护、自然资源资产管理、特许经营管理等行政管理职责。建立了"局机关—管理处—管护中心"三级管理体系，实现了具体责任到人、网格化分级管理。从而解决了过去自然保护地范围相互交叉、多个管理机构并行、保护职责边界划分不清的问题。

南山国家公园在立法中明确规定了由国家公园管理机构履行资源环境综合执法的职责，依法集中行使相关行政处罚权和行政许可权。从而实现了"一个保护地一块牌子、一个管理机构"的统一管理目标，不仅彻底打破过去"九龙治水"的局面，还杜绝了执法过程中互相推诿、扯皮的现象。

钱江源国家公园由开化国家公园、古田山国家级自然保护区、钱江源国家森林、钱江源省级风景名胜区整合设立。立法中明确了由钱江源国家公园管理局统一履行职责。其下设置综合行政执法队，承担国家公园的环境资源综合执法、环境监测等具体工作。实践中，钱江源国家公园管理局作为省一级财政预算单位，由省政府垂直管理，省林业局代管，形成了统一规划、统一审批、统一确权登记、统一保护的管理格局。在破解自然保护地碎片化问题的同时，形成了管理部门清晰、自然资源产权明晰、社区发展目标明确、自然资源保护地利用相统一的格局。

大熊猫国家公园由四川、陕西、甘肃三省大熊猫主要栖息地整合设立。立法中明确了大熊猫国家公园秉持统一规划、统一标准、统一保护、统一管理的原则，由大熊猫国家公园管理机构承担。实践中，大熊猫国家公园依托国家林草局驻成都专员办挂牌成立大熊猫国家公园管理局，依托四川、陕西、甘肃3省的林草局加挂省管理局的牌子，以省政府管理为主，三省管理局按行政区划设置了 14 个管理分局，形成了"省管理局—管理分局—管理站点"的三级管理体系。同时分别制发了《大熊猫国家公园管理机构职能职责》和《大熊猫国家公园管理机构权力清单》（第一批）以此明确各级管理机构的职责，划分公园管理机构与地方政府的权力与责任边界。此外，还建立了高效系统联合、区域联合执法的机制。

东北虎豹国家公园试点区跨越吉林和黑龙江两省，其依托国家林草局长春专员办，挂牌成立了东北虎豹国家公园国有自然资源资产管理局，以此协调吉林和黑龙江两省。实践中，东北虎豹国家公园基本建立了"管理局—管理分局"两级管理体制。2018 年，黑龙江和吉林两省先后将涉及国土、水利和林业等 7 个部门的相关职责和行政职能划转移交给了东北虎豹国家管理局，从而实现了由一个部门跨省行使全民所有自然资源资产所有者职责、国土用途空间管制职责和综合执法职责。需要注意的是，东北虎豹国家公园不同于其他国家公园，它是第一个由中央直接管理的国家公园管理机构，实现了统一规范高效的管理。

祁连山国家公园试点区同样是跨越甘肃和青海两省，其依托国家林草局西安专员办，挂牌成立了祁连山国家公园管理局，并在甘肃、青海两省的林草局加挂了省管理局的牌子。甘肃省片区又在酒泉和张掖分别组建了祁连山国家公园管理分局和综合执法局，构建了省以下垂直管理体制。而青海片区则建立了"省管理局—管理分局—管护中心—管护点"四级管理体制。

国家公园管理体制改革是核心，从上述国家公园体制试点建设实践与地方立法的相关规定来看，由国家主导，建立统一、集中的管理体制，能更好地实现自然生态系统的充分保护，实现世代传承和全民公益性，解决过去保护地管理与建设中一块保护地、数个名称、数块牌子、多部门分散管理局面，需要国家公园统一立法对该实践成果予以立法确认，以从国家层面保证其合法性。尽管各试点地方都进行了因地制宜的探索，但关于国家公园管理机关的设置及其职责职权、国家公园管理机关与相关部委的关系、国家公园管理机关与国家公园所在地方政府的职责分工与协调配合等重大体制机制安排、职责职权设定问题，仍需要通过国家公园统一立法予以明确规定，以让各地方"一园一法"关于管理体制的规定有法可依、依法而行。

第二，初步构建国家所有为主导的多元土地权属形式，因地制宜探索集体土地的统一管理方式。针对国家公园内存在的原住民和集体土地之间复杂的产权问题，各国家公园体制试点地立法规定通过征收、置换、租赁、补偿、签订地役权合同、合作保护协议等方式来实现集体土地权属的变更与流转，实现国家公园与社区的合作建设与保护，通过多元化的产权形式，实现了少花钱、不赶人的良好效果，最大限度地实现了生态保护与资源利用的合理平衡，在多元化产权基础上实现了自然资源的统一管理。这些有益探索对实现国家公园的整体性保护、系统性管理、平衡各方利益、吸纳原住居民参与国家公园建设与管理有极为重要的作用，需要国家公园统一立法对这些探索成果进行审慎甄别并及时予以立法确认。国家公园统一立法还需明确国家公园国家所有和国家主导管理的法律内涵，对国家公园的自然资源资产产权制度进行一般性规定，以让各试点地方的"一园一法"在立法与实践中在统一制度的规范下进行多样化的、适应性的探索。

第三，初步建立了社区协调发展机制。目前开展的试点区，大多围绕整合原有的保护区，而"原有保护区只注意到周边社区对自然资源产生的负面影响，采取最大限度禁止性保护方式，而忽视了保护区给周边社区发展带来的限制"[①]。这种保护方式所导致的结果则是自然保护区与周边社区经济发展的矛盾日渐加剧。针对这一问题，三江源、神农架等在地方立法中进行了积极探索，并在实践中形成了一批可复制、可推广的经验。

《三江源国家公园条例（试行）》在其第五章"利用管理"部分规定了国家公园管理机构应当会同所在地人民政府组织和引导园区内居民发展乡村旅游服务业、民族传统手工业等特色产业，开发具有当地特色的绿色产品，实现居民收入持续增长。实践中，其按照试点方案和总体规划要求，因时因地设置了生态管护公益岗位，通过"一户一岗"对公园内的湿地、林地、草地、野生动物等进行日常巡护；针对园区内以及周边的低收入者，优先为这类群体提供工作岗位，从而保障其具有稳定的收入渠道；在产业扶持方面，除了发展生态畜牧业合作社，还积极引导牧民参与公园特许经营项目。三江源国家公园在保护生态环境的同时帮助牧民增收，从而探索出了人与自然和谐发展的可行路径。

《武夷山国家公园条例（试行）》在第二章"管理体制"部分规定

---

① 孙鸿雁、姜波：《国家公园社区协调发展机制研究》，《自然保护》2021年第1期。

了国家公园所在地县级以上人民政府应当鼓励和引导当地居民参与国家公园的保护及日常管理工作；国家公园管理机构应当和政府共同组织和引导当地社区居民合法合规地发展旅游业和茶产业等多种经济产业。实践中，武夷山国家公园在社区协调发展中做出的主要成效是扶持社区居民建立了生态茶园等既符合绿色发展要求又能够产生可观收入的生态产业，从而促进了国家公园与社区生态经济均衡和和谐发展。

《神农架国家公园保护条例》在第六章"社会参与"部分规定了国家公园管理单位、国家公园所在地政府以及村民委员会应当共同构建高效率的社区共管共建机制，通过联户参与、签订管护协议等形式，引导社区居民参与到自然资源保护工作中。在社区发展问题上，积极提供园内服务就业岗位，创新形式推动经济绿色发展。在生态管护问题上，国家公园管理机构应当结合自身实际，设置公益岗位，并优先吸纳当地居民为生态管护员。同时扶持中药材种植基地建设，探索形成了中药材"农户+基地+合作社"的发展模式，促进了生态与民生的共赢。

《云南省国家公园管理条例》在第四章"利用与服务"部分规定了县级以上政府应采用社区共管等方式来改善原住民的生产、生活条件，提高原住民及周边社区的经济社会发展。社区居民可以一同参与国家公园的相关工作中去，享受岗位优先权并获利。实践中，普达措国家公园形成了社区产业扶持、就业扶持等创新机制。为了解决低收入居民的贫困问题，普达措国家公园将符合条件的建档立卡贫困户聘为生态护林员，引导其参与生态管护、巡护监测工作。通过运用这些手段，社区居民不仅收入增加，生态保护意识也普遍有所提升，有效促进了人与自然共同发展、和谐共生。

国家公园生态保护与社区居民的生存发展、民生保障之间的矛盾能否妥善解决是国家公园获得可持续发展的关键，国家公园试点地方进行了因地制宜的探索，如设置生态管护公益岗位吸纳社区居民参与国家公园建设管理，明确规定国家公园管理机构以及所在地县级以上人民政府引导、扶持社区居民进行生产生活转型的责任，积极引导社区居民参与特许经营、分配国家公园发展收益等行之有效的做法，应当通过国家公园统一立法进行明确规定，建立公平、可持续的社区参与和发展机制，保障社区居民的生存与发展权益。

## 二 国家公园地方立法对国家公园统一立法的需求

尽管国家公园试点地方立法在立法与实践方面都进行了有益探索,但地方立法的有限性决定了其无法解决国家公园宏观层面的人、财、物的问题,国家公园的设立标准与统一管理制度以及中央与地方的权责分配问题,这些问题需要通过国家层面的立法加以解决。

第一,建立统一、规范的管理体制。尽管开展体制试点的国家公园地方立法针对国家公园管理体制作出了规定,并且这些规定在试点期间也起到了积极作用,但是,试点过程中一些地方还是出现了编制紧缺、人员一岗多责的问题,导致机构属性不明确以及中央与地方财政事权和支出责任不明晰等问题。而这些问题又绝非国家公园地方立法能够解决的,因此,从各试点地方的立法与实践来看,国家公园统一立法有必要就以下方面作出制度安排,建立统一、规范的管理体制。

首先,在国家公园管理主体及其职责上,从上层体制来说,应当明确国务院林业和草原主管部门是国家公园事务统一主管部门;并明确国务院林业和草原主管部门统一管理和监督全国国家公园的自然生态系统保护、自然资源资产管理和国土空间用途管制等工作;其他相关部委包括生态环境部、自然资源部、水利部、农业农村部、文旅部等按照各自职责承担国家公园相关工作;国务院林业和草原主管部门和相关部委应当建立国家公园协调工作机制。各国家公园管理机构,统一部署,行使各国家公园内自然资源和生态环境保护综合监督管理、自然资源资产管理、特许经营管理、社会参与、宣传教育以及科学研究的职权,并根据管理需求在不同片区下设执行机构。

其次,在中央与地方事权划分上,明确由地方政府行使国家公园内部分经济社区发展协调、公共服务、社会管理和市场监管等职责之外,其他职责全部由国家公园主管部门设立的派出机构行使,两者各负其责,协同管理。

再次,在国家公园运营的资金保障上,明确建立中央财政投入机制。一是确立国家公园中央事权,编制统一转变为中央编制,相应地支出由中央财政负担。二是对国家公园范围内的自然资源进行统一确权登记之后,所有生态补偿的资金转变为国家公园生态补偿资金,由中央政府以国家公园生态补偿的名义转移支付给地方政府。三是明确由中央政府在国家公园工矿企业退出问题上，通过各类补偿措施减轻地方政府责任。如此一来，既能合理分配财政投入，使地方政府的权责边界更加清晰，又可以使地方政府从国家公园特许经营等项目中获益，地方政府在国家公园建设和管理方面的积极性也将进一步提高。

最后，在跨区域管理上，国家公园统一立法需明确由国务院林草部门同国家公园所在地省级人民政府建立联席会协调机制，完成对跨省域国家公园的规划、监测和管理。

第二，明确国家公园的设立标准与准入程序。国家公园试点区是国家基于生态保护、生态系统特征、自然地理区位、经济社会发展等因素综合确定的先行示范区，对于国家公园的后续规范化管理和不断申请设立的国家公园来说，需要国家公园统一立法明确国家公园的设立标准和准入程序，从而为地方申报国家公园提供指引。2021年10月11日经修订的《国家公园设立规范》正式发布实施，规定了国家公园准入条件、认定指标、调查评价、命名规则和设立方案编制等要求，国家公园设立条件包括国家代表性、生态重要性和管理可行性三个方面，由此，国家公园的遴选和设立有了统一尺度。严格、规范的准入程序是明确国家公园批准设立过程中相关部门的职责、强化国家公园遴选规范性的根本保障，应由国家公园统一立法予以明确规定国务院林业草原主管部门以及省级人民政府、其他相关部门在国家公园申报、审查等准入程序中的职责职权和管理规定。

第三，明确国家公园的分区管控规定。从前文对各国家公园体制试点分区管控制度的梳理可知，由于国家层面缺乏对于分区管控的细化要求，各国家公园在地方立法中对于核心保护区和一般控制区的含义理解尚存在偏差，核心保护区和一般控制区内的行为控制，地方立法规定各有不同，监管部门的督查依据更是在地方立法中不够明确。这些问题从一定程度上制约了国家公园的建设发展进程。鉴于此，国家公园统一立法中应将国家公园分区管控制度作为国家公园管理的一项基本制度予以立法确认，明确将国家公园分为核心保护区和一般控制区，并明确核心保护区和一般控制区的内涵与承载的功能和管理要求，通过列举的方式对核心保护区和一般控制区的允许行为予以明确规定，以实现全国范围内国家公园在规划、管理和保护等方面的制度统一。在此基础上，对各国家公园地方立法中参差不齐、松紧不一的分区管控中禁止和允许行为予以明确和统一，在今后的"一园一法"和实际管理中，各国家公园可以在分区管控的一般性规定下,以国家公园不同区域分别承载的生态系统保护、科研、教育和游憩等多种功能及其分别对应的允许人类行为方式为标准进行更具适应性和更精细化的区域划分和科学管理。

第四,明确国家公园以中央财政投入为主的多元化资金保障机制。在各国家公园体制试点当中,国家公园管理机构通常以征收、租赁、生态移民、企业退出等方式对自然资源进行统一管理。但是,开展这项工作需要投入大量的资金,这对国家公园所在地的人民政府而言无疑是一种沉重的负担,仅靠其财政能力无法完成相关资金的支付。前文中已经提到,国家公园范围内的自然资源完成确权登记后,对其使用和保护等基本公共服务即划定为中央财政事权。然而,当前中央财政对国家公园建设的财政投入还十分有限,也未形成稳定持续的投入机制,导致试点工作中普遍出现资金短缺问题。在国家公园统一立法中,必须建立以中央财政投入为主的多元化资金保障机制,明确规定中央财政投入的事项领域,不断优化和创新投资与融资模式,在特许经营中积极吸纳外部资本参与,积极设立国家公园基金会,吸收社会捐赠,拓展资金源,调动全方位力量投身到国家公园建设中来,并明确规定"建立因国家公园而受益的地区与国家公园所在地区之间横向的资金补偿关系"[①]。

第五,强化社区协调、可持续发展机制。改革试点的实践表明,国家公园范围内及其周边社区的协调发展始终是一项关系中央与地方、保护与发展的重大任务。但是,由于缺乏顶层制度设计,各国家公园对于"社区协调发展"的建设理念和利益分配并不是很清晰,从而导致实践中部分国家公园管理部门无法与社区之间建立起良好的协作与共建关系,即使是已经建立了协作与共建关系,但是并未形成规范的社区共管机制、有效的意见表达渠道和公平的利益分配机制,社区协调发展还处于初级层面。基于此,有必要在国家公园统一立法中对社区协调发展予以专门规定,明确国家公园管理机构、地方人民政府在引导和扶持社区协调发展中的职责职权和分工配合责任,明确社区居民的基本权益及权益保障机制,在社区参与和社区共管方面,"需要国家公园统一立法建立参与式共管机制"[②]。

---

① 《"国家公园""转正"前后——全国政协"国家公园体制试点建设情况"党外委员专题视察团综述》,中国政协网,http://www.cppcc.gov.cn/zxww/2020/11/27/ARTI1606436166143171.shtml,2022年12月21日。

② 孙鸿雁、姜波:《国家公园社区协调发展机制研究》,《自然保护地》2021年第1期。

第六，明确国家公园公益性的法律实现机制。在国家公园体制试点建设中，虽然各试点地方在试点方案和总体规划中均明确了国家公园的建设理念是"全民公益性"，但国家公园地方立法反映出各试点区对"全民公益性"理念不仅在立法认识上存在差异，对该理念立法表达的体系性也不强，更缺乏可操作性的实现机制。基于此，在国家公园统一立法中就"需要在全面把握国家公园'全民公益性'理念核心要义的前提下，通过'立法目的+立法原则+法律制度'体系化的立法表达技术来实现对国家公园全民公益性理念的法制化"①。具体而言，在国家公园统一立法中，全民公益性就是在国家公园建设与管理路径上，服务全体民众，形成管理、服务和发展的"命运共同体"，实现共有、共建和共享。对于全民"共有"的法律实现机制，一是要明确国家公园范围内自然资源资产产权实行以国家所有为主的多种产权并存的产权形式，国家所有即全民所有；二是"确立管制性征收作为国家公园管理的基本制度地位，并明确管制性征收的适用条件和正当程序"②；三是要明确实现国家公园范围内自然资源的统一控制和管理可通过多元化方式实现。

对于全民"共建"的法律实现机制，主要是明确社会"共建"和社区"共建"的方式，前者的制度设计应当突出公益性、短期性，如开展扶持捐赠、志愿服务等；社区共建则比较倾向公益性、长期性，如约定保护、委托管理等。在法律层面构建全民"共享"机制，一是要明确国家公园范围可由公众"共享"的项目类型；二是要明确区域内地方政府支持配合国家公园管理机构，做好基建配套和信息服务工作；三是要明确国家公园实施访客容量监测，在此基础规定公益性门票机制，从而为大众提供进入国家公园开展自然教育和生态体验活动的机会。

---

① 王社坤、焦琰：《国家公园全民公益性理念的立法实现》，《东南大学学报》（哲学社会科学版）2021年第23期。

② 潘佳：《管制性征收还是保护地役权：国家公园立法的制度选择》，《行政法学研究》2021年第2期。

# 域外篇

# 第七章

# 美国国家公园立法考察

美国于 1872 年建立了世界上第一个国家公园——黄石国家公园，100 多年来，美国国家公园形成了数量庞大的国家公园体系，而且国家公园建设形成了相当完备的法律体系和管理体制，为世界国家公园的建立与发展、管理与运营都提供了重要的参考借鉴价值。

## 第一节 美国国家公园的立法基础

美国是世界上最早建立国家公园体系的国家，以国家公园为代表的保护地类型多样、保护范围广，对保护自然环境、优美景观和野生动物产生了至关重要的作用。

### 一 美国的保护地体系与国家公园

自 1872 年建立第一个国家公园以来，经过 100 多年的发展，美国已建立起完善的、多层次的保护地体系，用以保护自然生态、原野与河流、野生生物、历史文化遗迹等国家自然、文化与历史遗产，成为美国民众的公共财富以及全世界了解美国的视窗。联邦层面的保护地体系主要由国家公园系统、国家原野与风景河流系统、国家景观保护系统、国家森林系统（包括国家草原）、国家野生动物庇护系统、美国荒野保护系统、美国海洋保护区系统、美国工程部队保护地、生物圈保护区、国家战场与纪念地等组成。在州层面，美国每个州都有自己的州立保护地系统，州立保护地的大小、保护对象和范围各不相同，诸如普通城市公园、州立公园、州的纪念地、土壤保护区等各有差异。

在众多保护地类型中，国家公园是最为重要的一种保护地形式，被认为是保护地体系中最璀璨的明珠。随着边疆时代的结束，美国越来越重视对自然环境的保护，尤其是对荒野自然的态度发生了巨大的变化，国家开始重新审视人与自然的关系，提倡回归自然、从自然中找寻自我、国家认同层面的文化价值和为人们提供丰富的生活价值，在此背景下，国家公园应运而生。美国的国家公园是指为了保护良好的生态环境，让人们可以享受更加优质的自然风光，为科学研究和环境教育提供完好无损的理想场所，而专门划定的需要特殊保护、管理和利用的自然区域。[①] 1872 年《黄石法案》规定"黄石河边的广阔山林将永远保护起来。保护所有的树林、矿藏、自然奇观和风景，使之永远免遭损害和不合理利用"[②]。1916 年美国国会通过的《国家公园管理局组织法案》（*The National Park Service Organic Act of 1916*）在内政部设立了国家公园管理局，法案提出设立国家公园管理局的目的是"保护公园中的风景、历史遗产以及野生动植物，并以此种手段和方式为人们提供愉悦并保证他们完好无损，以确保子孙后代的福祉"[③]。美国国家公园在价值功能上以自然历史文化遗产保护为前提，将自然文化遗产保护和服务公众有机结合，开创了世界保护地类型中典型的美国模式。

美国国家公园体系所涵盖的保护地类型随着公园体系的不断扩大而日趋多样化，狭义的国家公园体系包括三种类型的保护地，第一类是以国家公园直接命名的各国家公园，如黄石国家公园、优胜美地国家公园，这类国家公园以保护自然生态系统为主，处于国家公园体系的核心地位，实施严格的保护。第二类是以保护自然景观为主的自然风光保护区，如国家海滨区、国家湖滨区。第三类是以保护历史遗迹为主的国家历史公园。[④] 广义的国家公园体系则随着自然文化遗产保护需求的不断增加和保护范围的累积拓展，后来扩展到国家公园管理局所管理的"国家军事公园""国家休闲地"等 20 多个类型的保护地。

---

① 夏云娇、刘锦：《美国国家公园的立法规制及其启示》，《武汉理工大学学报》（社会科版）2019 年第 04 期。

② Kim Heacox, *An American Idea*, *The Making of the National Parks*, Washington, D. C.: National Geographic Society, 2001, p.183.

③ 高科：《公益性、制度化与科学管理：美国国家公园管理的历史经验》，《旅游学刊》2015 年第 5 期。

④ 杜群：《中国国家公园立法研究》，中国环境出版社 2018 年版，第 77 页。

1970年美国国会颁布的《国家公园一般授权法案》(*The National Park System General Authorities Act of 1970*) 中明确指出组成国家公园体系的地区是民族遗产的累计表现，能够将其纳入国家公园体系管理范围的地区自然应当是对国家、民族的历史文化传统发展做出独特贡献的，要想满足这一要求至少应当具备以下四个基本条件：（1）拥有国家重要的自然或文化资源；（2）是对国家公园系统适宜的补充；（3）具有加入国家公园系统的可行性；（4）需要接受国家公园管理局直接管理而不是其他公共机构和私营部门。[①] 总结来看，美国国家公园的设立条件包括：一是具有国家代表性，通过参照国家战场、国家历史公园、国家湖岸、国家风景河流及航道等具有自然和文化欣赏价值等资源标准可确定设立国家公园，评估这种具有国家代表性的文化资源可参照联邦标准规范规定的国家历史遗迹申请程序。二是适宜性，如果该区域反映的自然和历史文化资源在国家公园系统内其他联邦机构、部落、州和地方政府等没有进行类似的保护，这个区域就适合进入国家公园管理系统。三是可行性，主要包括对该区域的规模和布局、土地所有权、成本核算、开发要求等进行评估。[②] 四是国家公园管理必须接受联邦国家公园管理局垂直管理，体现国家主导性。

## 二 美国国家公园的主要特征

美国国家公园的设立条件也一定程度上体现了国家公园的主要特征，总结起来，美国国家公园的主要特征包括以下几点：

### （一）国家主导性

美国国家公园的国家主导性特征体现在国家公园的立法、管理、运行事务由国家层面自上而下统一主导。在美国，国家公园属于联邦事务，国家公园的设立必须由联邦主导进行调查、评估后决定是否设立国家公园。国家公园设立后，必须接受联邦国家公园管理局自上而下的垂直、统一管理，属于典型的中央集权式管理体制。美国国家公园管理局统一管理国家公园系统内的各个机构和单位，其管理权力完全独立于国家公园所在地的

---

[①] 刘李琨：《环境伦理视角下的美国国家公园规划体系研究》，博士学位论文，武汉大学，2019年，第26页。

[②] 李如生：《美国国家公园的法律基础》，《中国园林》2002年第5期。

政府，即便是国家公园内的治安，也由国家公园管理机构统一行使执法权。美国国家公园的相关立法主要是由国会制定的《国家公园管理局组织法案》以及各个国家公园的授权性立法文件，这些授权性立法文件属于国会的成文法或根据总统令颁布，是各国家公园管理的主要依据，从制度层面上保障国家公园管理的国家主导性。

### （二）公益性

美国作为国家公园建设的先行者，在筹备设置国家公园这一自然保护模式之时就以保护自然资源、维护物种多样性以及完整性为公众提供享受导向，并非以经济效益为目的，纵观美国国家公园体系的发展历程，始终以公益性作为国家公园设立的目标和基本理念。[1] 在美国国家公园建设筹划的标准中也明确了国家公园可供游览，可供公众享用、欣赏或为科学研究提供更多的机会，即某一地区在具备国家公园的自然和文化特征的同时，该区域在满足公众娱乐需求方面比其他土地管理形式有明显优势，由此可见美国在国家公园建设筹划时就将国家公园的公益性作为重要的参考因素。为了保障公众公平地享受国家公园的美景、获得自然教育，美国国家公园门票收费低廉，甚至一些国家公园免收门票。美国在国家公园的管理目的上，明确了国家公园管理局除了"保护公园中的风景、历史遗产以及野生动植物"，还要为全体民众提供对公园资源和价值的"享用"机会。而且，美国对于国家公园的定位就是公益性的国家事业，管理运营的经费由联邦政府财政拨款提供充分支持。[2] 因此，美国国家公园在筹划建设到管理运营、公共服务等各个环节，都体现了公益性特点。

### （三）科学性

美国在国家公园设立管理的全过程中，围绕"为什么设立、设立范围以及国家公园设立的保护目标、如何保护、采用何种科学方法"等基本问题进行充分的科学论证，为国家公园的建设管理提供科学依据。来自政府和非政府的各类研究基金能有效地用于生物多样性保护、生态保护和恢复、外来物种入侵、病虫害防治方法、火灾控制方法、资源利用方法、保护监测方法以及历史文化资源等方面的研究，为国家公园各项管理工作

---

[1] 杨锐：《美国国家公园体系的发展历程及其经验教训》，《中国园林》2001年第1期。
[2] 《美国国家公园如何管理》，《人民政协报》2016年10月13日。

提供了全面的科学支持。① 此外，美国的国家公园立法在国家公园基本法的基础上，开创性地采取"一园一法"的立法模式，力求根据每个国家公园的自然、生态、文化、历史的实际，因地制宜对国家公园采取最有效、最科学的保护和管理。

**（四）公众参与性**

美国国家公园是由国家设立的具有开放性质的保护地，开放性内含着公众参与的必然性。美国国家公园非常重视公众力量在国家公园建设与管理过程中的作用，始终将"公民共建"（civic engagement）理念贯穿于国家公园设立、规划、决策、管理等各个环节，并通过《公民共建与公众参与》和《国家环境政策法》规定公众参与的范围、途径、法律保障等。② 公众参与不仅体现在国会立法草案的讨论过程中，还体现在广泛参与国家公园管理局的规划、决策、管理等环节。"国家公园管理局以条例的形式对公众参与的目标、授权、框架、定义、政策与标准，对职能与义务、评估与审计作了全面的注解与技术规定，并制定了微观的、精细的操控体系，建立了信息交互平台。"③ 由此，美国国家公园管理形成了法律规范保障、政府支持引导、公众广泛参与的开放体系，每年参与国家公园志愿服务、提供科研支持的志愿者达到十几万人，为政府节约了大量的资金和资源。

## 第二节　美国国家公园的立法体系、模式及理念原则

随着国家公园体系的逐渐扩大和自然保护理念的不断深入，美国以1916年的《国家公园管理局组织法》为开端，公园建设以立法先行，100多年来不断制定、颁布国家公园建设、管理与保护方面的法律、规章，逐渐形成了内容全面、覆盖面广、规范性强的国家公园立法体系，为国家公园的健康、持续发展提供了全面的法律保障。

---

① 李如生：《美国国家公园管理体制》，中国建筑工业出版社2005年版，第1—10页。
② 窦亚权、何江、何友均：《国外国家公园公众参与机制建设实践及启示》，《环境保护》2022年第15期。
③ 关晋勇：《美国：政府引导公众参与》，《经济日报》2021年11月15日。

## 一 美国国家公园的立法模式

在国家公园立法中,美国采用了联邦统一立法+"一园一法"的中央集权下的授权立法模式。1916 年,国会通过的《国家公园管理局组织法》是国家公园建设、管理的基本法,该法规定了国家公园管理局的基本职责和管理目的,是国家公园立法体系中最基本最重要的法律,确立了国家公园管理由联邦自上而下统一、垂直管理的管理体制和"保护性"的国家公园立法原则。在联邦统一立法的基础上,国会将其立法权授权或者委托行政部门在授权范围内制定"一园一法"。

授权立法允许行政部门根据各国家公园其自然、生态、地理、文化、经济等的特殊性作出具体性规定。在此基础上各国家公园充分发挥能动作用,就国家公园的建设、管理等事项,结合当地实际情况,作出精细化规定。① 著名的《黄石国家公园法》就属于美国国家公园管理的第一部授权性法案,1872 年 3 月 1 日,美国国会授权、时任美国总统杜兰特签署总统令颁布了《黄石国家公园法》。② 《国家公园管理局组织法》是美国国家公园管理的基本性立法,授权性立法则是各国家公园管理的主要法律依据。自 1970 年《一般授权法案》颁布以来,美国以国会立法或者总统令的形式已经颁布了大量的授权性立法,成为国家公园立法体系中数量最多的法律文件。授权性立法对各国家公园的边界、公园特色及其重要性、保护理念、保护手段与模式等事项作出具体规定,保证了国家公园立法一般性与特殊性的有机结合。

## 二 美国国家公园的立法体系

美国国家公园的立法进程大致可以分为起始、发展、完善三个阶段,其中,1872 年颁布的《黄石国家公园法》象征着美国国家公园立法开始起步,1916 年颁布的《国家公园管理局组织法》,则标志着美国国家公园立法进入发展阶段,这一法案促使美国成立了全国性的国家公园管理机构——国家公园管理局,同时也规定了国家公园管理局的基本职责以及国

---

① 李寿平:《自由探测和利用外空自然资源及其法律限制以美国、卢森堡两国有关空间资源立法为视角》,《中外法学》2017 年第 6 期。
② 余俊等:《从美国国家公园制度看我国自然保护区立法目的定位》,《生态经济》2011 年第 3 期。

家公园管理目标。自 1920 年起，美国为了深化国家公园管理、拓展管理类别、明确管理理念，开始出台了《管理者关于过度开发的决议》《荒野法》《国家自然与风景河流法》《国家步道系统法》《特许经营政策法》《国家环境政策法》等一系列法律。1970 年至今，美国不断完善国家公园立法体系，出台了《一般授权法案》《国家公园及娱乐法》《国家公园综合管理法》等一系列法律，完善了美国国家公园的立法体系，强化了国家公园立法的专门性。在立法的形式上，美国国家公园系统主要受宪法、法律、法规、行政命令、政策文件的调整和规范，形成了以环境保护基础性立法为统领、国家公园专门性立法为主、其他一般性立法辅助的立法体系。

1969 年颁布的《国家环境政策法》是美国环境保护领域的基础性立法，对国家公园的建设和管理具有根本性的指导作用。美国国家公园专门性立法以《国家公园管理局组织法》为基本法，明确规定了美国国家公园的统一管理机构、管理目标、管理权责以及国家公园体系范围等内容，在美国国家公园立法体系中具有基本法的地位。在此基础上，《一般授权法案》《国家公园综合管理法》《国家公园及娱乐法》《特许经营政策法》以及各国家公园授权法等，组成了美国国家公园立法体系的主体部分。美国国家公园立法体系除了上述法律，还存在大量的部门规章，部门规章主要是对国家公园建设管理方面的程序性事项作出规定。如果说国家公园基础法是实体法，那么美国关于国家公园的部门规章则是程序法，二者相辅相成，共同致力于美国国家公园的建设和保护。[①] 其他一般性立法是适用于公共土地和管理机构的单行立法，如《荒野法》《濒危物种法》《国家自然与风景河流法》《国家步道系统法》以及保护历史遗址和文化资源的法律等，共同对国家公园的生态保护以及娱乐休闲利用发挥规范作用。总体来看，美国国家公园立法体系形成了多层级、纵横交织的体系性、协调性的国家公园立法体系，保证了国家公园建设、管理中一般性与特殊性立法、实体性与程序性立法的协调配合、共同规范。

### 三　美国国家公园立法的理念原则

1916 年的《国家公园管理局组织法》明确了国家公园管理局的职责

---

[①] 夏云娇、刘锦：《美国国家公园的立法规制及其启示》，《武汉理工大学学报》（社会科学版）2019 年第 4 期。

有二,一是"保护公园中的风景、历史遗产以及野生动植物";二是"并以此种手段和方式为人们提供愉悦并保证它们不受损害,以确保子孙后代的福祉"。《国家公园管理局组织法》作为国家公园体系的基本法,对国家公园管理局的职责规定亦是国家公园立法理念的反映。因此,美国国家公园的立法理念首先是对国家公园体系内的风景资源、自然和历史资源以及野生动物资源的完整性进行保护;其次是在保护风景资源、自然和历史资源以及野生动物资源的完整性不受损害的前提下供当代人欣赏公园内的上述资源,实现当代人的福祉;最后是为当代人提供公园内资源的欣赏和愉悦的条件是,必须保证子孙后代也能够不受损害地欣赏公园内的资源,以保障后代人的福祉。

由此可见,美国国家公园立法并非仅仅强调对自然资源和生态系统的保护,而是明确在保护自然生态的基础上,合理利用公园资源,以在国家公园空间区域内维护种际公平和代际公平,体现了可持续发展的理念。此外,"并以此种手段和方式为人们提供愉悦并保证它们不受损害,以确保子孙后代的福祉",明确了国家公园建设管理中,在处理保护与利用的矛盾时应当坚持保护优先原则,以维护后代人的公平享用权利。一份前国家公园系统顾问委员会的报告《为 21 世纪对国家公园的反思》里写道:"国家公园的创立是对未来信念的一个表达,是各代美国人之间的约定,一个从过去向未来转移的承诺。"[1] 总体而言,美国国家公园立法反映了一种非消耗性利用自然的理念,其核心思想是对国家公园生态系统进行全面保护,以实现人与自然和谐共生。[2]

## 第三节  美国国家公园的管理体制

作为国家公园的发源地,美国建立了一套以政府为主导、多方力量参与、公私合作的国家公园管理体制,[3] 以实现美国国家公园的管理目标。

---

[1] 师卫华:《中国与美国国家公园的对比及其启示》,《山东农业大学学报》(自然科学版) 2008 年第 4 期。

[2] 高智艳:《环境史视域下美国国家公园体系生态保护实践及其对我国的启示》,《理论月刊》2022 年第 5 期。

[3] 朱华晟、陈婉婧、任灵芝:《美国国家公园的管理体制》,《城市问题》2013 年第 5 期。

## 一 以联邦为主导的垂直管理体制

美国对国家公园的管理实行独立于各州管辖的中央统一、垂直管理体制，由联邦内政部下设国家公园管理局直接管理。1916 年，美国国会专门制定了《国家公园管理局组织法》，设立了国家公园管理局对国家公园实行垂直管理。1970 年美国国会修订《国家公园管理局组织法》，强调国家公园管理局是一个单一实体，明确规定国家公园系统内不同性质、类型的国家公园由于其相互联系的目的，受国家公园管理局统一管理，要求美国国家公园管理局各层级依法履行国家公园的政策、管理、监督等职责，其他单位、个人、机构等参与国家公园事务，必须得到国家公园管理局的批准或许可。

美国国家公园实行"国家公园管理局—地区办公室—基层管理局"三级垂直管理模式，[①] 地方政府无权介入国家公园的管理，目的是防止独特、重要的自然生态系统以及优美的风景资源被私人利益侵占。美国国家公园管理局是统一、集中管理国家公园的权威联邦机构，对国家公园内的生态、资源、野生动物等进行全面管理与保护，下设国家公园管理局地方办公室，是分片区管理国家公园的地区性机构。目前，美国国家公园管理局共下设 7 个地方办公室，包括首都区域、山间区域、东北区域、西太平洋区域、中西部区域、东南区域、阿拉斯加区域。[②] 国家公园管理局首要负责人由总统提名并由参议院确认，直接领导国家公园管理局总部负责国家公园项目、政策和预算的高级管理人员以及 7 名国家公园地区办公室首要负责人。各国家公园建设基层管理局或管理处，是负责国家公园具体管理、建设、保护与运行的机构，受国家公园地区办公室直接领导。在三级垂直管理的公权力架构上，美国国家公园的管理同时吸纳永久雇工、期约雇工、季节性雇工等担任国家公园的管家角色，为到访游客提供引导服务，进而为全国民众保护国家自然文化遗产。国家公园管理与保护的资金由联邦政府提供、国家公园管理局统一拨付，各国家公园的收入也统一上缴联邦财政部。美国国家公园实行的中央统一、垂直管理体制，部门精简、管理高效，集中统一的管理体制有效避免了国家公园管理的碎片化，

---

[①] 师卫华：《中国与美国国家公园的对比及其启示》，《山东农业大学学报》（自然科学版）2008 年第 4 期。

[②] US National Park Service，https：//www.nps.gov/aboutus/index.htm.

既能保障国家公园立法以及联邦国家公园政策、项目的有效实施，也保证了国家公园管理局及其下设机构对国家公园内的生态、资源、景观开展统一管理和全面保护。

### 二 政府积极引导下的公私合作管理

美国国家公园管理中非常重视发挥私人力量，建立了公私合作管理的伙伴关系，激励社会力量积极投入保护国家公园。美国国家公园管理局的任务是"保存未受破坏的自然和文化资源以及国家公园系统价值，以供当代人、后代人享受、教育和启发。公园管理局和合作伙伴与共同合作，在全国乃至全世界推广自然和文化资源保护以及户外娱乐的好处"[①]。

为了广泛吸纳私人力量助力国家公园建设与管理，美国在1967年成立了国家公园基金会，为私人力量参与国家公园建设运行提供了渠道。在此之前，无论是私人捐款或是捐赠土地，都没有明确、规范的形式参与国家公园保护。美国国家公园基金会的建立，为私人捐款捐赠提供了支持，并成为国家公园管理局重要的官方非营利性合作伙伴，有力地加强了国家公园管理文化建设和资金支持保障。而且，国家公园基金会支持下的公众活动项目，也将公众与国家公园紧密地联系起来，成为公众参与国家公园保护与管理的纽带和桥梁。环保社会组织也是美国国家公园管理局开展国家公园管理、建设、运营的重要合作伙伴，环保社会组织对国家公园立法、政策、规划、管理、项目实施、科学研究等发挥着重要作用。如黄石国家公园每年批准的科研项目中，其中近1/4的项目由环保社会组织完成。美国国家公园的管理理念由自然保护主义到资源保护主义再到生态系统全面保护，也是大量科研机构和人员对国家公园深入研究的结果。

## 第四节 美国国家公园立法的主要制度

美国国家公园立法中的土地权属制度、分区管控制度、特许经营制度、公众参与制度、原住民利益保护制度等，为平衡国家公园建设和管理中的各方利益，实现生态保护前提下的合理利用提供了规范保障。

---

① US National Park Service, https://www.nps.gov/aboutus/index.htm.

## 一 土地权属制度

由于美国是土地私有制国家,将近有60%的土地属于私有,① 为了便于国家公园的统一管理,联邦政府通过土地赎买、捐赠等方式,实现了90%以上的土地国有化。② 此外,有些国家公园内还存在印第安人保留地,保留地归部落所有,也可以信托方式由部落交由政府代为管理。美国国家公园保护地由国家公园管理局负责管理,国家公园内的公共土地、自然及文化遗产属于联邦所有,为国家公园集中统一管理奠定了良好的制度基础。

此外,对国家公园内少量非联邦政府所有的土地,美国国家公园管理局为了实现国家公园内自然资源的统一管理,20世纪30年代提出了保护地地役权(Conservation Easement)。而后纽约州、马里兰州等州出台了与保护地役权的相关法令,推动美国联邦政府于1981年颁布了《统一保护地役权法案》(*Uniform Conservation Easement Act*,UCEA),该法案明确指出保护地役权是为了保留不动产涉及的自然、景观或开放空间等功能,保护自然资源,维系和提升大气和水环境质量,保存不动产自身的自然、历史、建筑、考古即文化价值的目的,而由地役权持有者对不动产赋予限制条件或积极义务的非占有性权利。③ 该法案对保护地役权的持有主体、设立、转让等作了原则性规定。根据这一法案,美国国家公园管理局可以通过与私人签订保护地役权合同或协议,在不改变所有权的基础上,明确双方权责,使公园管理局对国家公园内以及公园周边的私人土地进行统一管理,以实现生态系统的系统性保护。美国国家公园管理局通过赎买、接受捐赠、保护地地役权制度等多种手段,最大限度地实现了对国家公园自然资源的统一管理和生态系统整体性保护。

## 二 分区管理制度

美国对于国家公园的分区,最早采用"二分法"的划分方式,后来

---

① 张晏:《国家公园内保护地役权的设立和实现——美国保护地役权制度的经验和借鉴》,《湖南师范大学社会科学学报》2020年第3期。
② 赵西君:《中国国家公园管理体制建设》,《社会科学家》2019年第7期。
③ 朱强、叶童童:《国家公园体制改革的现实困境与制度建构》,《湿地科学与管理》2022年第3期。

不断演变为"三分法"甚至是"四分法",至今发展为 ORRRC（户外游憩资源评价委员会）分区模式。美国国家公园管理局"根据美国 ORRRC（户外游憩资源评价委员会）的分区建议,又将国家公园分为高密度游憩区、一般户外游憩区、自然环境区、特殊自然区、原始区、历史文化遗址六大类,以满足美国国家公园种类多样、资源丰富的特点"[1]。特殊自然区主要保护国家公园内部一些独有的、稀有的或者濒临灭绝的物种或是拥有某些自然特色的特定地区,对这些地区要进行严格管控或完全禁止游客进入及使用,不允许机动车辆或船只进入,不允许营建人工设施。原始区一般会代表某一主体、保护原始状态下的广阔领域,通常只会安排一些少量分散性活动,例如骑马或者徒步旅行等,对进入人数有严格的限制。自然环境区作为天然环境保护的地区,在不破坏天然环境的情况下可容许少量必要设施建设或进行低密集度的室外活动,可以允许公共交通工具和一定数量的私人飞机、车辆入内。高密度游憩区主要是一些被高度开放、完全以游憩活动为目的地区,有自然景观也有一些人文遗迹,是游客娱乐游憩的主要区域。一般户外游憩区相较于高密度游憩区则偏远一些,但具有多样性的地形、湖泊等,开发程度较强,适宜开展户外活动。历史文化遗迹主要是指一些历史文化资源富集的地方,国家对其进行有限的开发,主要用于观景和研究等。美国国家公园的分区管控,不仅保护了重要、独特、脆弱的生态区域,也满足了公众游憩体验和环境教育,此后成为各国国家公园管理的普遍做法。

### 三 特许经营制度

1965 年颁布的《国家公园管理局特许经营政策法案》（以下简称《特许经营法案》）,要求国家公园体系内法人旅游服务提供和旅游纪念品的经营全部实施特许经营,为美国国家公园的特许经营制度奠定了法律基础。[2]《特许经营法案》"明确了管理者与经营者之间的分工,特许经营收入除上缴国家公园管理局的部分外,只能用于反哺保护,改善公园管理,而不能用来提高员工收入"[3]。1998 年,美国国会通过的《国家公园

---

[1] 黄冬杰:《国家公园分区管理法律问题研究》,博士学位论文,辽宁大学,2021 年。
[2] 周武忠:《国外国家公园法律法规梳理研究》,《中国名城》2014 年第 2 期。
[3] 吴健、王菲菲、余丹、胡蕾:《美国国家公园特许经营制度对我国的启示》,《环境保护》2018 年第 6 期。

综合管理法》中第四章节"国家公园特许经营管理"取代了《特许经营法案》,明确规定了国家公园特许经营权转让的原则、方针、期限、程序等内容。

美国国家公园特许经营制度涉及美国国家公园管理局、各个国家公园的管理局、特许经营者、特许经营管理顾问委员会四大主体。其中美国国家公园管理局作为国家公园管理的最高决策机构。各个国家公园的管理局,作为落实国家公园管理政策的机构,依法对特许经营进行许可、监督、考核、评估,并收取和管理特许经营费用。特许经营者,是在美国国家公园内提供商业服务的经营主体,受上述两个政府主体的监督和管理。特许经营管理顾问委员会,是独立于国家公园管理局与特许经营主体之外的第三方监督主体,主要职责是对特许经营项目的对自然生态的影响等事项提出指导意见,并对特许经营合同确定的服务收费的公平性和有效性以及公众的可获知性提出建议。

美国国家公园的特许经营制度,除了明确上述四个主体以及其主要职责分工,还明确规定了特许经营的授予方式、授予流程、授予期限、特许经营费用的收取管理与使用。同时就特许经营合同也作出了规定,"拟建的特许经营设施必须符合国家公园管理局的可持续设计、通用设计和建筑设计等标准"[①]。此外,就特许经营活动的监管,从运营监管、环境监管两个方面就监管事项作出了详细的规定,通过监管全面掌握特许经营者的表现。特许经营合同的期限一般不超过10年,大部分特许经营合同期限是3—5年,各个国家公园的管理局根据特许经营者的表现,以确定是否在合同有效期内终止合同或在合同期满后继续续约,从而避免特许经营活动与国家公园的宗旨目标相左、对国家公园生态环境造成破坏。

总体来说,美国国家公园特许经营制度通过明确组织机构、监督主体、资金机制、法律责任以及特许经营合同订立的注意事项等,实现了国家公园管理与经营分开,明确了国家公园管理局的管理、监督职责,也明确了特许经营者相应的经营权利和义务,实现了国家公园的有效管理和资源的高效运作,形成了保护与资源利用的良性循环。

---

① 安超:《美国国家公园的特许经营制度及其对中国风景名胜区转让经营的借鉴意义》,《中国园林》2015年第2期。

## 四 公众参与制度

美国国家公园从创建之初就始终将公益性作为国家公园的基本理念，而公众参与是全民公益性理念的最佳体现。美国《国家环境政策法》《信息自由法》则对国家公园公众参与提供了有力的法律保障。美国国家公园的公众参与主体主要包括三大类：一是与国家公园建设息息相关的民众，如在公园附近居住或者与该块土地有历史渊源的居民；二是与公园建设相关的利益相关者，如可能与公园有较强合作关系的企业；三是关注国家公园建设者，这个范围比较广泛，既有可能是一些知名的专家学者、环保组织等，也有可能是公园游客等。美国国家公园公众参与的方式多样，美国国家公园管理局可以通过各种媒体向公众传达国家公园建设、管理、保护、公众体验项目的信息，以保障公众获知国家公园的相关信息，国家公园管理局还通过听证会、评议会、兴趣小组或者通过电话、邮件、问卷调查等方式了解公众的诉求和关注点，以增强管理决策的可行性。此外，公众还可以参与国家公园的规划建设与管理、保护的决策。"除以上几种方式以外，国家公园管理局在2005年建成了最主要的信息基础设施——'规划、环境和公众评议网'。"[①] 公众在"规划、环境和公众评议网"不仅可以获悉国家公园相关的所有信息，还可以直接留言评论、表达意见与建议，使公众参与更加便捷。公众参与不仅使美国国家公园的管理更为科学、符合民意，而且能够激发公众参与国家公园建设事务的积极性，使公众在参与过程中了解自然、爱护自然，因此，国家公园的志愿人员也与日俱增，这也极大地增强了国家公园保护与管理的效率。

## 五 原住民权利保护与利益共享制度

美国国家公园与原住民的关系经历了从排斥、权利限制到合作管理再到全面认可的发展历程。美国"早期的国家公园以保护自然资源和发展旅游业为管理目标，而印第安人传统用火、狩猎生计的延续对国家公园管理产生了强烈冲击，于是被当作公园破坏者而遭到驱逐"[②]。1872年，黄石国家公园建立之初，就采取了将原住民驱逐排除在外的封闭式管理模

---

[①] 王伟：《公众参与在美国国家公园规划中的应用》，《中国环境管理干部学院学报》2018年第5期。

[②] 廖凌云、杨锐：《美国国家公园与原住民的关系发展脉络》，《园林》2017年第2期。

式。后随着土著人权利运动,印第安人在国家公园内的狩猎、祭祀等活动获得了准许,国家公园与原住民之间形成了开放性的合作关系。

1971 年颁布的《阿拉斯加土著土地赔偿安置法》、1980 年颁布的《阿拉斯加国家利益土地保护法》使原住民获得了在国家公园内居住和延续传统生计的权利,法律不仅承认在保护的基础上原住民有对自然资源和野生动物利用的权利,还确认了原住民的土地所有权。"1994 年美国颁布《部落自治法》,规定'允许部落申请获得部分国家公园管理权'。社区在国家公园内的权利得到重视,部落自治模式应运而生。"部落自治模式将印第安保留区及周边地区转变为部落公园,实现了原住民与国家公园管理局的共治,以帮助部落继续传承他们的生存方式、文化精神和族群信仰。"国家公园内的资源管理的法定依据包括原住居民族制定的法令、决议以及国家公园管理局制定的相关法律法规和政策。"[①] 这种多元制度的协同共治,使得美国国家公园不仅实现了生态的整体性保护,也发挥了原住民的生态智慧,传承了原住民的生存方式与传统文化,真正实现了原住民与国家公园的和谐共生。美国国家公园与原住居民的关系从一开始的自上而下、排斥限制,转变为平等协商、共同合作、共建共管,不仅实现了国家公园的协商共治、利益公平分享,也最大限度地保障了原住居民的生存、发展和文化权益,实现了国家公园内自然遗产和文化遗产的协同保护。

---

① 廖凌云、杨锐:《美国国家公园与原住民的关系发展脉络》,《园林》2017 年第 2 期。

# 第八章

# 法国国家公园立法考察

法国是欧洲生物多样性与文化遗产非常丰富的国家，也是自然风光绝佳的旅游胜地，一直以来无论是政府还是国民，都非常重视自然遗产与文化遗产的保护，建立了种类繁多的自然保护地。自20世纪60年代建立第一个国家公园以来，法国国家公园建设不断探索改革，自然保护、游憩利用与社区可持续发展都成效显著，而且法国国家公园内人口众多、土地权属复杂，与我国国家公园面临的情况相似，其国家公园改革经验具有重要的借鉴价值。

## 第一节 法国国家公园的立法基础

### 一 法国国家公园概况

法国境内自然保护地种类繁多，包含国家公园、区域自然公园、海洋自然公园、自然保护区、群落生境保护区、河湖岸线保护区等多种类型，约占法国土地面积的1/5。法国的自然保护地类型与IUCN自然保护地的类型[1]并非对应关系，其中国家公园对应IUCN自然保护地类型Ⅰ、Ⅱ、Ⅴ类，大区自然公园对应Ⅴ类，海洋公园对应Ⅴ类，自然保护区对应Ⅰ、Ⅲ、Ⅳ。[2] 法国保护地的管理在中央层面主要以法国环境部生物多样性署为主，统辖国家公园管理局、海洋保护地管理局和国家水生环境办公室等专职管理机构共同管理。

---

[1] IUCN自然保护地共有六类，Ⅰ类是严格的自然保护区和荒野保护区，Ⅱ类是国家公园，Ⅲ类是自然文化遗迹或地貌，Ⅳ类是栖息地、物种管理区，Ⅴ类是陆地景观、海洋景观保护地、Ⅵ类是自然资源可持续利用自然保护地。

[2] 张引、庄优波、杨锐：《法国国家公园管理和规划评述》，《中国园林》2018年第7期。

法国目前共有 10 个国家公园，分布于本土和海外，约占国土面积的 10%，是法国自然保护地最为重要的类型之一。法国国家公园在管理上分为核心区和加盟区，核心区属于核心保护区，加盟区由自愿加入国家公园保护管理的市镇构成，且国家公园的建设不受土地权属的限制，可以在国家所有、集体所有以及私人所有的土地上建设国家公园，土地所有者可以依据法定程序申请相关补偿。

法国国家公园的创建源于意大利的经验借鉴，意大利政府为了防止羱羊[①]等珍贵动物被偷运以及濒临灭绝，1922 年设立了第一个国家公园——大帕拉迪索国家公园。羱羊在当时的法国也是濒危物种之一，尽管法国政府采取相应的措施，但情况并无好转。通过借鉴域外国家的成功经验，并结合本国的境况不断反思探索，在 20 世纪 30 年代，法国政府相继设立了摩洛哥等禁猎禁捕区，但根据当时的实际状况无法上升到国家公园层面。20 世纪 50 年代，建立国家公园的呼声越来越高，1960 年法国国民议会通过《国家公园法》在本土设立国家公园，并赋予国家公园最高级别的保护地位。1963 年 7 月 6 日创建了法国第一个国家公园——瓦娜色国家公园。2006 年法国政府颁布了"关于国家公园、自然海岸公园和区域自然公园的第 2006-436 号法例"的法案，提出了建立国家公园管理局的建议，并将"生态共同体"理念引入国家公园的管理，进一步强调核心区和加盟区之间有着密切的生态关联，明确中央与地方相结合的治理机制。2017 年，法国本土已有 7 个国家公园，另加 3 个海外国家公园，政府建立了法国生物多样性署公共机构，对法国生态环境进行整体保护和治理，对国家公园统一管理。法国对国家公园进行科学规划，优化法国国家公园管理机制，为欧洲国家乃至全世界国家公园的创建做出了积极贡献。[②]

## 二　法国国家公园的概念与特征

根据《法国环境法典》第 L331-1 条的规定，"国家公园是指可以在

---

[①] 羱羊：偶蹄目、牛科、山羊属的野生山羊，欧洲的特有物种，其原产地是阿尔卑斯山，由于过度捕猎和偷猎，该物种在 19 世纪初濒临灭绝。后来通过保护和重新引入计划，如今该物种再次出现在整个阿尔卑斯山区域上，除意大利的大帕拉迪索国家公园的种群外，所有现有种群都来自重新引进，高山山羊种群分布在法国、意大利、瑞士、列支敦士登、德国、奥地利和斯洛文尼亚。

[②] 孙正楷：《法国国家公园建设的经验与启示》，《绿色科技》2020 年第 8 期。

陆地或海洋地区建立国家公园保护自然环境,特别是动植物、土壤和底土、空气和水、景观及文化遗产(视情况而定)是特别重要的,通过防止退化和可能对其多样性产生影响的损害来保护它们的组成、外观和演变等"。国家公园最主要的目标是保护自然、文化和风景遗产,遵照生态责任的原则,在国家公园的核心保护区和周边区域实施环境保护和可持续发展的政策。国家鼓励并推动具有代表性的保护政策,探索一种合作的管理方法,以保证与国家公园相兼容的自然、经济、社会发展。[①]

法国中央政府把国家公园作为国家战略,确立了国家公园在保护生态环境系统多样性中的重要位置。国家公园将山水林田湖草沙等自然区域视为一个生态共同体,并将这些自然区域中承载的文化遗产予以整体保护传承,彰显出国家公园空间布局的科学性、限制人类活动的严格性、多元主体协商共治的合理性特征。

1. 科学性

法国国家公园起初借鉴美国国家公园中央直管模式,在管理机制方面产生了一系列问题,经过近60年的改革和完善,法国国家公园采取核心区、加盟区的科学分区模式,核心区属于特殊保护区,实行最严格生态环境保护制度,加盟区则是由核心区以外,但又与核心区相连接的区域,其中还包括当地自愿加入的市镇。核心区和加盟区的有效衔接表明两者之间有着密切的生态关联和利益共享基础,形成了法国特有的"大区自然公园",此种空间布局既维护了自然的原始状态,也保护了自然文化以及景观遗产。[②]

2. 严格性

法国国家公园大多位于山区,建立国家公园有两个目的,一是保护动植物栖息地和自然景观;二是开发山区旅游资源,促进山区经济发展。国家公园一般划分为3个区域:核心区域、加盟区及外围地带。核心区域为特别保护区,严禁公众进入。加盟区及外围地带允许适当开展野营、狩猎、捕鱼等休闲活动,也可以修建服务设施、商业网点、体育设施及食宿设施等,以吸引和方便游客。但为保护动植物和自然生态,对这类地区的开发活动进行了严格限制,以确保严格保护生态系统和自然景观。

---

① 向微:《法国国家公园建构的起源》,《旅游科学》2017年第3期。

② 法国行政区划分为大区、省、市镇,大多数情况下市镇是最小的行政划分区,类似于中国的乡镇。人数较多的市镇会划分附属市镇,某些市镇也涵盖若干居民点。

### 3. 多元主体协商共治

法国国家公园一开始套用美国国家公园的管理模式，实施中央垂直管理，与当地政府和社区相脱离，对周边的社区和民众产生了消极影响，严重影响了公众参与的积极性。从 2006 年开始，法国对国家公园的管理进行改革，注重保护和利用并行，采取的管理模式是中央和当地政府、当地民众共同管理。中央政府与地方政府还有社会组织共同签署宪章，制定相关的法律条文、规划方案和技术标准，再由国家公园管理委员会中的董事会决定管理办法。法国环境部下设的相关地方机构、社会专业团体、科技及旅游等部门组成委员会，共同管理国家公园事务。[①]

### 三 法国国家公园管理体制

法国国家公园的管理体制一开始采用中央垂直管理，但因过分强调中央集权、国家公园管理实施最严格的保护措施，忽略了地方政府和公众在国家公园管理中的作用，并妨碍了当地社区的经济发展，且法国人口密度大、土地权属复杂，最终导致中央与地方及当地社区的关系紧张。因此，2006 年，法国不得不对国家公园管理体制进行改革，逐渐形成了中央管理和地方自治上下结合的综合管理体制。[②]

在中央层面，由法国生物多样性署下属的国家公园管理局（PFN），统筹国家公园董事会、国家公园管委会和国家公园咨询委员会共同开展国家公园的日常运作，包括对国家公园进行顶层设计；严格把控国家公园项目审批和拨款；维护国家公园的公共设施；推动国家公园内可持续旅游以及兼顾国家公园宣传和塑造国家公园品牌。[③] 在地方层面，《国家公园法》强化了地方政府在国家公园规划、立法、管理和公园宪章执行中的职权和作用，明确规定各国家公园的"宪章规划由国家公园管委会或预定的公益团体制定。规划应报相关地方部门和集体备案。章程的实施协议可以由国家公园管委会和每个加盟区地方政府签订，以便预先设定的保护、开发和可持续发展措施和方向能够顺利贯彻执行。管委会可建议签署

---

[①] 侯宇、陈科睿：《国家公园立法基本问题新探》，《河南财经政法大学学报》2020 年第 5 期。

[②] 哈秀芳、徐宁：《欧美国家公园管理模式对中国西藏公园体制建设的思考》，《西藏科技》2018 年第 7 期。

[③] 杨成玉、葛滨：《法国国家公园管理经验及启示》，《资源导刊》2022 年第 9 期。

协议让其他相关公共法人参与宪章的执行"①。

在各国家公园具体管理上,法国主要采用"董事会+管委会+咨询委员会"的管理体制,董事会负责民主协商和科学决策,管委会是保护管理政策的主要执行方,咨询委员会负责提供专家咨询服务。②

董事会对国家公园的遗产保护、土地规划和组织协调方面的工作进行决策或审议,通过董事会形式在决策过程中使各方力量达成均衡。董事会的成员包括法国环境部代表、所在大区议会主席、省议会主席或其代表、市镇面积占公园核心区超过10%的市长或镇长以及国家公园管理处科学委员会主席,其他成员则是根据能力选派或选举,包括环保组织代表、科学家、土地所有者及使用者代表、当地居民代表、其他利益相关者等。国家公园董事会的主席团负责董事会的日常统筹协调工作,任期6年。

各国家公园管理委员会是国家公园的最高管理执行机构,负责国家公园的管理与规划,管委会主任人选由董事会推荐、法国环境部部长任命。管委会享有国家公园区域内的执法权限,《国家公园法》对国家公园管委会的执法权有明确的法律授权,管委会及其工作人员在法律授权的范围内对违法国家公园法、森林法、刑法、道路交通法、海事法等违法行为享有综合执法权力,同时管委会还享有行政强制权。管委会监管公园区域内的生态环境质量,对加盟区市镇和集体提出的落实公园宪章的规划和方案提供资金帮助,并可以提供自然空间保护以及自然、文化、景观遗产治理的技术支持。

国家公园咨询委员会包括社会经济与文化委员会、科学委员会,前者主要由当地居民代表、环保组织代表、其他利益相关者组成,为国家公园的宪章制定、规划、运营管理、社区发展等提供意见与建议,后者主要由生态保护、国家公园建设与规划等方面的科学家组成,为国家公园保护、管理、规划、建设与运营提供专业咨询。

通过问题导向型的管理体制改革,法国国家公园形成了中央与地方上下结合的管理体制,中央政府通过管理委员会实现对国家公园核心区的主导管理,同时建立多元利益相关主体参与国家公园决策、管理、运营的治理模式,有效协调了加盟区的保护与发展关系,形成了各方共同保护、协

---

① 王凤春:《法国国家公园体制考察记》,《中国科技投资》2021年第3期。
② 张引、庄优波、杨锐:《法国国家公园管理和规划评述》,《中国园林》2018年第7期。

同推进发展的良好局面。

## 第二节 法国国家公园的立法模式与立法体系

### 一 法国国家公园的立法模式

法国国家公园的立法模式经历了三个阶段的发展演变。1850—1960年是法国国家公园立法的准备阶段,法国设置风景区对其区域内的自然环境进行严格保护,被视为法国国家公园的雏形,该阶段立法主要针对自然保护区,体现的是自然保护思想,立法相对松散。1960—2006年,法国国家公园的立法模式主要借鉴美国中央主导型立法模式,由中央统一制定法律,中央政府统筹管理。此种模式在法国历经40多年的发展,但与法国国家公园土地权属复杂、文化遗产丰富、地方与社区发展需求强烈的客观现实不相符合,使得国家公园实现人与自然和谐共生的构想难以实现。[1] 2006年至今是法国国家公园立法模式的完善阶段。2007年发布的《关于在所有国家公园执行基本原则的决议》是法国政府决定对国家公园全面启动改革的标志。[2] 改革之后,法国开始采取上下结合的立法模式对以前的中央集权立法模式进行完善,由中央和地方共同立法、共同参与管理,使各方制定的规则互相协调、互相补充。在中央层面,出台全国性的国家公园立法及自然保护相关的立法,从19世纪至20世纪60年代,法国政府陆续出台了《森林法》《山地造林法》《山地恢复和保护法》及《私人造林免税法》等与自然保护相关的法律法规。第二次世界大战之后,1957年颁布了《自然保护区法》,1960年颁布了《国家公园法》,1976年颁布了《自然保护法》等。1998年法国颁发《环境法典》将国家公园与自然保护的法律规定收入其中,2006年发布了"关于国家公园,自然海岸公园和区域自然公园的第2006-436号法案",对《环境法典》中既有的国家公园法律规定作出了重大修正。2007年法国环境部发布了

---

[1] 陈叙图、金筱霆、苏杨:《法国国家公园体制改革的动因、经验及启示》,《环境保护》第19期。

[2] 苏红巧、苏杨、王宇飞:《法国国家公园体制改革镜鉴》,《中国经济报告》2018年第1期。

《关于在所有国家公园执行基本原则的决议》。在地方层面，主要是各个国家公园设立的法令和公园宪章，作为国家立法的具体体现和重要补充，中央与地方上下结合形成了法国特色的立法模式。此种立法模式为国家公园的保护和利用提供准确的法律保障，也能够最大限度祛除各管理机构之间的权限冲突和矛盾。[1]

## 二 法国国家公园立法体系

法国国家公园立法体系形成了《法国环境法典》统领之下，由国家公园法案、国家公园实施条例、各国家公园设立的法令、各国家公园宪章等立法形成的多层级立法体系，法律和制度的体系化不仅提升了国家公园的法律地位，也保障了国家公园立法在实施过程中的科学性。

《法国环境法典》是一部汇编式法典，将法国有关生态环境保护方面立法，按不同的规范领域编订为一部整体的法典，有关国家公园与其他自然保护地的法律规定被编入法典第三卷"自然空间"部分的第三编"公园和保护区"，第三卷第三编第一章专门是"国家公园"的法律规定，包括国家公园的设立与一般规定、整治与管理、关于国家公园海洋空间和海外国家公园的特别规定、全面保护区、赔偿金、国家公园跨部委员会、刑事规定、法国国家公园等内容。2006年，法国开展了国家公园改革，现行国家公园法律制度主要是在2006年颁布的"关于国家公园、自然海岸公园和区域自然公园的第2006-436号法案"基础上形成。该法案对《法国环境法典》中既有的国家公园法律规定作出了重大改变，详细规定了立法的目的、公园的设立要求及程序、公园的分区管理规定、公园章程、禁止与限制的行为、公园管理机构的构成及其职责、公园管理机构与地方的关系以及法律责任等内容。[2] 在该法案基础上，法国环境部2007年2月23日发布了《国家公园改革法案实施条例》对法案的内容更进一步具体细化规定。各个国家公园还有专门设立国家公园的法令、各国家公园的宪章，作为国家公园具体设立的法律依据和公园管理的法律保障。

---

[1] 孙正楷：《法国国家公园建设的经验与启示》，《绿色科技》2020年第8期。
[2] 王凤春：《法国国家公园体制考察记》，《中国科技投资》2021年第3期。

## 第三节 法国国家公园的立法目的与原则

### 一 立法目的

国家公园作为法国自然保护地体系中至关重要的类型，相对其他自然保护地的要求，其对生态价值的保护更严格、保护范围更广。《国家公园法》明确规定"国家公园可以建立在陆地或者海洋区域，对于区域内特别之处应当进行保护，以防止区域的外观、组成和演变造成严重破坏。尤其是动植物、土壤和底土、空气和水、景观及文化遗产"。由此可见，法国国家公园立法目的在于对自然生态、景观和文化遗产进行综合性一体化保护，一方面严格保护自然生态，在核心区采取最严格的保护措施维持生态的原真性，加盟区可以进行合理利用，一定程度上维护区域生态系统多样性；另一方面，通过对乡村景观、传统生产方式等文化遗产的保护，因地制宜地保护和利用当地的文化与景观资源，促进当地社区的可持续发展，实现人与自然和谐共处。法国国家公园展现了风景、自然主义和乡村相交融的美学内涵。[①]

### 二 立法原则

法国国家公园在长期的探索与改革中逐渐形成了生态与文化综合保护原则、多方参与原则以及合理利用原则，为国家公园实现人与自然和谐共生、实现公园与社区的可持续发展奠定了基础。

第一，生态与文化综合保护原则。法国自然生态多样、乡村景观优美、文化遗产丰富，国家公园的创建除了维持生态系统的完整性，还要保护、传承和发扬国家公园内丰富多样的文化遗产，包括优美的乡村景观。例如法国在2019年所建立的首个森林国家公园——卡朗格峡湾国家公园，该公园中的森林有上千年的历史，法国政府为了保护平原低地的林木，将其建设成为森林国家公园，保持原有的自然状态。卡朗格峡湾国家公园位于上马恩省和高地之间的127个城市和村庄中，约有2.8万居民生活在公

---

① 陆洵：《法国国家公园：六十年绿色发展之路》，《光明日报》2023年1月2日第6版。

园附近，周边区域经营着 570 个农场，并设有 1 个森林保护区。卡朗格峡湾国家公园的核心区实现严格保护，周边区域则合理发展传统农牧业、乳制品加工、酿酒等传统产业，孚日大区自然公园和埃克兰国家公园亦是如此。生态和文化综合保护原则，既实现了保护生态系统完整性，又协调了生态保护与文化保护和经济发展的关系。

第二，多方参与原则。法国国家公园为了应对复杂的土地权属和人口稠密的挑战，对国家公园管理不断探索改革，改革后的国家公园由核心区和加盟区组成。加盟区处于核心区的外围，包含着居民聚居地，当地的居民若自愿签署国家公园宪章，便成为加盟区的组成部分。[1] 国家公园的规划、建设、管理和合理开发利用以及资金来源都需要区域内的居民积极参与，任何项目的建设开发前需要征得公园区域内原住居民一半以上的同意。除社区居民参与国家公园治理外，作为国家公园决策机构的公园董事会由市镇长官、农场主、地方政府代表、中央政府代表、专家等多元利益相关者组成，共同参与国家公园的规划与重大事项决策。

第三，合理利用与协调发展原则。合理利用与协调发展的理念原则是法国国家公园建立时所肩负的使命，在合理利用与协调发展原则指引下，法国国家公园对核心区和加盟区运用了不同的管理方式。在核心区，为了改善当地原居民的生活水平，保留原居民独有的文化，[2]《国家公园法》第 4 条明确规定"针对公园核心区的常住居民、长期或季节性从事农、牧、林业的自然人或者法人，以及从国家公园设立之日起正式获得国家公园局许可从事职业活动的自然人，在和国家公园核心区自然保护目标不冲突的情况下，应制定有力措施，保障上述人群的正常生活条件及应享有的权利"。法国国家公园对加盟区市镇的管理与合作充分体现了协调发展的理念原则，加盟区市镇借助国家公园的生态保护措施与资金、税收优惠、平等协商的决策管理机制、精细化的特许经营机制、对国家公园的价值认同，合理利用区域内的资源，保证当地市镇的商业、农业、旅游业与生态环境始终处于合理平衡状况，实现了社区可持续发展。

---

[1] 孙正楷：《法国国家公园建设的经验与启示》，《绿色科技》2020 年第 8 期。
[2] 肖晓丹：《法国国家公园管理模式改革探析》，《法语国家与地区研究》2019 年第 2 期。

## 第四节 法国国家公园立法的主要制度

### 一 协商共治制度

2006年前，法国借鉴美国国家公园"联邦主导型"的管理制度，把国家公园的管理权限高度集中在中央，采取最严格的保护，地方政府、地方社区及民众基本上没有管理权限，导致中央对国家公园的管理与当地经济发展、居民生活矛盾日益激化。2006年法国开展国家公园改革，国家公园以"生态共同体"的管理理念，合理把控国家公园保护与发展利用之间的关系，赋予当地政府和当地居民在国家公园管理中更多的话语权和管理权，形成中央与地方共治、多方参与的协商共治制度。中央与地方共治的治理模式重新调整了中央与地方在国家公园管理中的权力分配，强化了地方政府在国家公园管理中的职权与作用，多方参与则使当地居民、土地所有者与使用者、环保组织代表、开发者、专业人士等多元利益相关者参与国家公园的管理与决策。协商共治制度主要体现在公园宪章的制定程序及对治理结构中各方职责的规定和公园管委会、董事会的构成上。

国家公园宪章是指导国家公园规划、管理与建设的纲领性文件，各国家公园宪章的制定需要经过利益相关方充分讨论、协商起草，并最终通过法国议会审议通过成为各方必须遵守的基本规范。国家公园宪章制定中的充分讨论和协商，是国家代表、大区代表、各市镇代表、国家公园管委会代表和当地居民代表、其他利益相关者共同召开会议充分讨论，就国家公园规划、管理与建设的基本理念、各方权力与利益分配协商达成一致的过程。公园管委会负责国家公园的管理与规划，管委会成员包括国家代表、地方代表、集体代表、管委会代表以及管委会选择的专业人士代表。董事会成员包括地方政府代表、当地居民代表、土地所有者与使用者、环保组织代表、开发者、专业人士等。"代表相关地方政府或集体的行政长官，包括当然成员以及因能力较强而被选的成员，至少占董事会一半席位。"①

协商共治的治理体制使国家公园的管理权得到了优化分配、各方利益

---

① 王凤春：《法国国家公园体制考察记》，《中国科技投资》2021年第3期。

得到平衡，改善了保护与发展之间的冲突矛盾，促使国家公园形成了良好的绿色发展体系。

## 二 分区管理制度

2006年，法国开展国家公园体制改革，把原先"核心区+外围区"的模式改革为"核心区+加盟区"。[①] 在旧体制下，外围区没有法律地位，经常因土地权属限制导致生态系统的完整性得不到统一管理。改革后，在新的分区结构下，法律明确赋予了核心区和加盟区法律定义与相应规定，国家公园包括一个或多个核心区和一个加盟区。

核心区，以自然状态为首要保护目的，禁止狩猎、捕捞等活动，保护不可再生资源，实施最严格的保护措施，对任何影响公园的活动进行制约。[②] 核心区当地居民权益受到法律保障，提高当地居民的生活条件，同时规范居民的农业、林业、牧业活动，上述公园管理的工作主要由国家公园管理委员会执行。加盟区是与国家公园核心区具有地理延续性、生态依存性或社会经济依存性的市镇，市镇整体或部分区域与国家公园管理委员会签订自愿加盟的协议加入国家公园。加盟区以促进社区协调发展为出发点，社区管理以"生态共同体"为核心理念，强调加盟区与核心区是一个整体，通过政策、资金、技术的支持和税收优惠以及签订协议明确市镇的权责利弊、建立精细化的特许经营机制，促进生态保护与经济发展的有机结合。此外，通过共同参与治理机制，充分尊重市镇居民意愿，培养市镇对国家公园的责任感，让市镇积极参与到国家公园的建设过程中，实现社区经济的协调发展。

法国国家公园"核心区+加盟区"的分区管理，积极维持着国家公园区域内生物多样性与可持续发展之间的有效平衡，实现了国家公园生态、景观、资源和文化遗产的统一管理，也优化了中央和地方政府在国家公园管理中的权责。

## 三 特许经营制度

法国国家公园经过体制改革打破了原来外围区严格保护的禁制，允许

---

[①] 陈叙图、金筱霆、苏杨：《法国国家公园体制改革的动因、经验及启示》，《环境保护》第19期。

[②] 寇梦茜、吴承照：《欧洲国家公园管理分区模式研究》，《风景园林》2020年第6期。

国家公园内从事部分经营活动，但为了防止经营活动对生态环境保护造成损害，国家公园以立法的形式设立了特许经营制度。① 国家公园加盟区实行特许经营，并建立了精细化的特许经营机制，包括传统手工业从事、农林产品经营、户外活动提供、旅游景点服务等，都对加盟主体、加盟产品、生产过程作出了详细的规定。②

首先，在经营活动方面须符合行业准入规则，准入行业选择农业产品、手工艺品及住宿等无污染或者无资源消耗的绿色产业。其次，进一步细化行业分属和责任清单，明确各行各业准入之后必须禁止做什么、可以做什么，在制度中都有严格规定。最后，准入行业在遵守制度规定的情况下，能够获得国家公园品牌带来的惠益。国家公园的管理者对特许经营者也会提供相应的技术支持，特许经营者也成了国家公园的宣传大使，使得国家公园的保护和发展形成良性循环。③ 精细化的特许经营机制使得社区居民和经济个体与国家公园从对抗、防御走向积极合作，形成了保护与发展合理平衡的良好关系。

---

① 杨成玉、葛滨：《法国国家公园管理经验及启示》，《资源导刊》2022年第9期。

② 苏红巧、苏杨、王宇飞：《法国国家公园体制改革镜鉴》，《中国经济报告》2018年第1期。

③ 滕琳曦、廖凌云、傅田琪、刘铠宇、董建文：《法国国家公园品牌增值体系建设过程及特征分析》，《世界林业研究》2022年第5期。

# 第九章

# 加拿大国家公园立法考察

加拿大是世界上国土面积第二大的国家，自然生态系统多样、动植物资源丰富、自然景观优美，是世界上最早建立国家公园的国家之一。自1885年第一个国家公园——班夫国家公园诞生以来，加拿大国家公园就受到立法的有力保障，100多年来，加拿大国家公园完备的立法体系和管理体制为国家公园成为加拿大的国家名片发挥了极其重要的作用，其立法经验和管理经验值得我国在国家公园体制建设中借鉴参考。

## 第一节 加拿大国家公园的立法基础

### 一 加拿大国家公园的发展概况

加拿大自然生态系统类型多样，自1885年建立第一个国家公园——班夫（Banff）国家公园，目前已有46个联邦国家公园和1个国家城市公园，约占国土总面积的3.3%，早期分布在国家的西部、东南部，后逐渐向内陆和西北地区扩展。[①] 加拿大国家公园经历了近140年的发展，形成了联邦设立的国家公园和省立国家公园的双层体系。加拿大国家公园的发展逐步将多种生态系统囊括于国家公园系统当中，对维护加拿大境内生物多样性、生态系统的完整性有至关重要的作用，是加拿大和全世界的自然瑰宝。从保护类型来看，加拿大国家公园包括以下几类：一是自然遗产公园，主要以各种天然形成的自然生态和景观为保护对象；二是文化遗产公园，主要保护原住民保留地；三是国家海洋保护区；四是国家层面的各种

---

① 李亚萍、唐军、吴韵、侯艺珍：《历史与自然双重视角下的加拿大国家公园准入与分布》，《世界园林》2021年第10期。

历史遗迹；五是国家地标项目，主要是独特、稀有的并具有科研价值的自然地貌。①

加拿大国家公园的发展经历了三个阶段。第一，19世纪末20世纪初，国家公园建立的初始阶段主要以开发利用国家公园内资源的经济利益为主要考量。② 1881—1885年，加拿大政府在修建太平洋铁路过程中发现温泉，为了防止铁路周边的温泉等景观被私人侵占，加拿大在1885年建立了班夫国家公园。因此，加拿大国家公园建立之初并不是以生态保护为出发点，而是在对国家公园内的资源开发利用时，附带设立的国家公园。第二，20世纪初至20世纪80年代末，国家公园发展阶段开始转向保护自然生态和服务公众。由于公众对政府在国家公园内进行的商业开发行为产生不满，1911年，加拿大颁布了《领地森林保护区和公园法案》，明确规定国家公园不得随意进行开发活动，并将不同类型的保护地交予统一的行政部门管理。1930年，加拿大颁布了《国家公园法案》，规定国家公园既服务于加拿大人民，又要防止生态环境不被破坏。第三，1985年至今，国家公园完善阶段以生态完整性保护为理念宗旨。1985年，加拿大首次修订了《国家公园法案》，该法案明确提出国家公园应以保持生态完整性为宗旨，自此加拿大国家公园的发展进入了新阶段。进入21世纪，生态完整性理念在加拿大越发成熟，政府、科研机构、环境保护组织和当地居民充分合作，共同对国家公园的生态完整性进行保护和管理。

## 二 加拿大国家公园的概念与特征

加拿大以美国黄石国家公园为蓝本，根据国家的区域条件、国家的基本情况和认识程度等因素形成了国家公园的定义。③ 加拿大国家公园的较为宽泛、抽象，一般认为国家公园是以"典型自然景观区域"为主体，使全体加拿大人民获得享受、教育、娱乐的区域，公园应得的维护与利用，以使其不受损害地由后代人享用。④

---

① 《国家公园怎么管理？请看加拿大做法》，《国土资源》2018年第10期。
② 张颖：《加拿大国家公园管理模式及对中国的启示》，《世界农业》2018年第4期。
③ 刘静佳：《基于功能体系的国家公园多维价值研究——以普达措国家公园为例》，《学术探索》2017年第1期。
④ Canada National Parks Act（S. C. 2000, c. 32），https：//laws-lois.justice.gc.ca/eng/acts/N-14.01/page-1.html#h-360258.

从《国家公园法案》的规定来看,加拿大国家公园具有公益性、公共性以及管理与保护的科学性等特征。第一,公益性。加拿大国家公园不以营利为目的,[①] 建立国家公园的目的是致力于加拿大全体人民和后代人的享受、教育与娱乐,低廉的门票和其他旅游项目收费保障民众无论穷富都能公平享受国家公园的美景。第二,公共性。加拿大地广人稀,国家公园建立在原本是公共土地或收归为公共土地的区域内,加拿大国家公园由联邦政府拥有,服务于公众利益。《国家公园法案》明确规定,设立或扩大国家公园的前提是女王对公园内土地拥有明确的所有权或不受阻碍的支配权,或者这些土地所在省份的政府统一将其用于国家公园。[②] 第三,管理与保护的科学性。加拿大国家公园管理与保护的科学性,首先体现在将"保持生态完整性"作为国家公园建设与保护的理念,地广人稀的特征使得大面积的区域性保护能够将完整的生态系统纳入国家公园并予以有效保护。其次体现在国家公园的设立原则上,加拿大国家公园的设立没有具体标准数据的要求,更多的是从科学角度考虑,而不是面积大小和资金投入多少。[③] 最后是体现在加拿大国家公园的规划与功能区划分。加拿大国家公园管理局制定了科学、详尽的发展规划与相关的实施计划,以保障国家公园的长期、健康、可持续发展。加拿大国家公园管理局根据陆地和水域需要保护的区域以及资源状况,将国家公园划分为特别保护区、原野区、自然保护区、户外游憩区以及公园服务区五个不同的区域。[④] 通过科学、精细的功能区划分,实现了生态保护与合理利用的科学平衡。

## 三 加拿大国家公园管理体制

加拿大是世界上第一个设立专门政府机构管理国家公园的国家,开世界国家公园管理之先河。加拿大国家公园体系包括联邦设立的国家公园和省立国家公园,两类国家公园分别采用中央垂直和地方自治

---

① 黄向、周常春:《中国与加拿大保护区旅游发展比较研究》,《环境保护》2014年第4期。

② Canada National Parks Act (S.C. 2000, c. 32), https://laws-lois.justice.gc.ca/eng/acts/N-14.01/page-1.html#h-360258.

③ 《国家公园怎么管理?请看加拿大做法》,《国土资源》2018年第10期。

④ 虞虎、徐琳琳、刘青青、周侃:《加拿大国家公园游憩空间治理研究》2021年第2期。

的管理模式。① 国家公园的管理体制由联邦政府设立的国家公园中央垂直管理体制和省立国家公园自我管理体制构成，此处重点介绍联邦设立的国家公园的管理体制。

联邦设立的国家公园管理体制中，作为联邦政府二级职能机构的国家公园管理局是加拿大国家公园的最高管理机构，因联邦部级组织结构的不断调整，国家公园管理局先后隶属于内政部、矿产资源部、资源开发部、遗产部、环境部等部门。国家公园的一切事务由国家公园管理局全权负责，实行中央垂直管理体制，国家公园所在地方无权干涉。国家公园管理局由1名首席总裁、9名副总裁组成（见图9-1），环境部部长负责指导国家公园管理局的业务工作并向国会负责，各国家公园设1名首席总裁，受国家公园管理局直接管理。国家公园局首席总裁负责每年向环境部部长做工作报告，副总裁负责国家公园运营、项目和内部支持服务等。运营部

```
                            ┌─ 加拿大东部运营副总裁
              ┌─ 运营领域 ─┤
              │            └─ 加拿大西部、北部运营副总裁
              │
              │            ┌─ 保护区设立和保护副总裁
              │            │
首席总裁 ────┼─ 项目领域 ─┼─ 遗产保护和纪念副总裁
              │            │
              │            └─ 外部关系和游客副总裁
              │
              │                ┌─ 行政主管
              │                │
              │                ├─ 投资计划和报告副总裁助理
              └─ 内部支持 ────┤
                 服务领域      ├─ 财务主管
                               │
                               └─ 人力资源主管
```

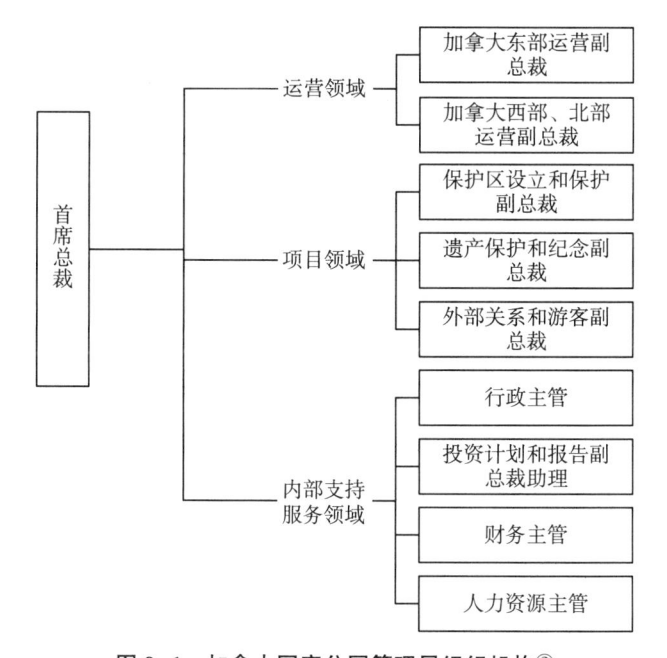

图9-1 加拿大国家公园管理局组织机构②

---

① 张颖：《加拿大国家公园管理模式及对中国的启示》，《世界农业》2018年第4期。
② 蔚东英：《国家公园管理体制的国别比较研究——以美国、加拿大、德国、英国、新西兰、南非、法国、俄罗斯、韩国、日本10个国家为例》，《南京林业大学学报》2017年第3期。

设有加拿大东部运营副总裁及加拿大西部、北部运营副总裁;项目部设有设立和保护副总裁、遗产保护和纪念副总裁及外部关系和游客副总裁;内部支持服务设有行政、财政、人力资源主管和投资计划与报告副总裁助理。机构之间协调合作为国家公园提供战略目标和发展方向。此外,国家公园管理局还与联邦政府、国家公园所在省、地区、委员会及有关当局密切协作,在开展区域经济、旅游发展、公共工程等方面的活动中提供意见与协助,并监督这些活动中的资源利用行为。加拿大省立国家公园管理由各省独立管理,其管理机构在进行国家公园管理的过程中并不会受到联邦政府国家公园管理局的干预和影响。

## 第二节　加拿大国家公园立法模式与立法体系

由于加拿大国家公园体系由联邦设立的国家公园与省立国家公园组成,分别实行中央垂直管理和地方自治管理,因此形成了加拿大国家公园特有的中央集权和地方自治双轨运行的立法模式,[①] 中央负责联邦设立的国家公园的立法,具有主导性,各地方之间自主制定平行的省立公园法。

加拿大是世界上最早设立国家公园的国家之一,自国家公园诞生之日起就受到法律保护,一百多年来形成了丰富、完善的国家公园立法体系。早在 1887 年加拿大联邦政府就以美国《黄石国家公园法案》为蓝本,颁布了《落基山公园法案》,用以规范班夫国家公园的保护建设。1911 年,加拿大又颁布了《自治领地保护区和公园法》。1930 年,加拿大正式颁布《国家公园法案》,1988 年、2000 年对法案进行了两次修正,2022 年 11 月 25 日对该法案进行了最新修正。《国家公园法案》明确了国家公园的概念、法律地位、设立目的、设立程序和管理等事项。1998 年颁布的《国家公园管理局法案》明确了国家公园管理局职能、组织结构和财务管理等内容。围绕《国家公园法案》,加拿大制定的各种法律法规多达近 30 个,包括《野生动物法》《濒危物种保护法》《狩猎法》《放牧法》《防火法》等法律和《国家公园法案实施细则》《国家公园钓鱼法规》《国家公园建筑物法规》《国家公园家畜法规》《国家公园租约和营业执照法规》

---

① 郑莹莹:《加拿大自然保护地的概况及立法现状探讨》,《魅力中国》2010 年第 14 期。

《国家公园通用法规》《国家公园公墓法规》《国家公园垃圾法规》《国家公园露营法规》《国家公园飞机通行法规》等诸多具体事项的详细法规,形成了内容丰富、完善的国家公园立法体系。[1] 此外,各联邦设立的国家公园还根据制定了相应的实施条例,如《加拿大大莫恩国家公园木材采伐条例》《瓜伊哈纳斯国家公园保护区规则》。

各省立国家公园以《国家公园法案》为导向,根据各省立国家公园的保护与管理需要制定省立公园法,例如安大略省在1913年制定了省立公园法。这种立法体系既保障了中央政府对国家公园的宏观管理,又兼顾了各省的实际立法需求。

## 第三节 加拿大国家公园立法的理念原则

加拿大政府出台国家公园法,立法旨在保护公园区域内生态系统的自然状态,维持原真性,使国家公园既能服务于当下,又能提供后代子孙享用。通过立法,中央政府采取严格措施对国家公园境内的生态环境和文化遗产进行保护和管理。因此国家公园立法形成了保持生态完整性原则、全民共享福利原则、保护与平衡发展原则。

### 一 保持生态完整性原则

加拿大国家公园是以"典型自然景观区域"为主体设立的,1985年《国家公园法案》修正以来,国家公园建设与保护奉行"保持生态完整性"的理念原则,通过中央垂直管理和采用企业管理模式,严禁任何人为扰动。加拿大国家公园的首要目的就是保持自然区域栖息地的生态完整性,促进生态多样性的保护。[2] 加拿大国家公园管理局将生态完整性定义为"原有物种的组成和丰度、生物群落、物质和能量变化速率等过程中自然特征的表现"。《国家公园法案》严格禁止在国家公园内开发利用一切自然资源(包括矿产、林木、水流、土地、砂石等),对农业、狩猎和旅游休闲这类活动进行严格限制,国家公园周边区域的资源开发利用也予

---

[1] Justice Laws Website, https://laws-lois.justice.gc.ca/eng/acts/N-14.01/.

[2] 彭琳、杜春兰:《面向规划管理的国外国家公园监测体系研究及启示——以美国、加拿大、英国为例》,《中国园林》2019年第8期。

以严格限制，并通过设立的环境监测机构对国家公园的生态发展状况进行分析和评估，最大限度保持生态完整性。① 例如，享誉世界的班夫国家公园，通过严格的管理、监测、保护措施和规划，保持了国家公园区域内冰原、冰川、湖泊、河流等生态系统以及文化遗迹的完整性。

## 二 全民共享福利原则

全民公益性原则是设立国家公园的基石，加拿大国家公园建立的目的是保护加拿大人民世世代代享有娱乐、教育的地方②，对独特、稀有的自然生态进行管理和保护，避免造成损害，为当代人和后代人保存上天馈赠的重要人类遗产。加拿大国家公园是人们野营、休闲、娱乐的最佳场所，更是人们亲近自然、了解自然、观察研究自然世界的绝佳课堂。

加拿大将国家公园定义为公益性事业，中央政府和地方自治组织根据当地的政治、经济、文化和历史等综合情况制定合理的门票价格。③ 在加拿大，17 岁以下的青少年和入籍不满一年的新移民免收国家公园门票，而且门票本身定价很低，以班夫国家公园为例，18—64 岁的成人票定价10 加元，65 岁以上的老人票定价 8.4 加元。为了让公众更多地进入国家公园，还推出了诸如年票等的很多优惠购买方案，国家公园内的旅游收费项目和自然体验项目的收费也很亲民，保障公众不论阶层、穷富、受教育水平，都能既体验公园的自然美景又能通过亲近自然获得教育。加拿大国家公园优美的自然景观和便宜可得的公共服务，激发了民众对国家自然遗产和人文遗产的自豪与热爱，从而产生了民众自觉自发珍惜和保护自然人文遗产的情感与行为。

## 三 保护优先、合理利用原则

从加拿大《国家公园法案》关于国家公园的设立目的来看，加拿大建立国家公园的目的是保护加拿大独特的自然区域栖息地，以及能够代表物种及生态系统多样性的地方，在此基础上使全体人民及后代人能够在国家公园获得享受、接受自然教育、进行娱乐和欣赏。实现这一目的的手段

---

① 张颖：《加拿大国家公园管理模式及对中国的启示》，《世界农业》2018 年第 4 期。
② 刘鸿雁：《加拿大国家公园的建设与管理及其对中国的启示》，《生态学杂志》2001 年第 6 期。
③ 陈朋、张朝枝：《国家公园门票定价：国际比较与分析》，《资源科学》2018 年第 12 期。

是在国家公园积极维护、严格保护的前提下开展合理利用。一方面，严格保护国家公园的自然生态和人文遗产，维护自然生态的完整性，保持代际关系、种际关系平衡；另一方面，在保护的同时，对国家公园进行科学高效利用。

首先，在分区管理上，加拿大政府根据公园的生态与资源状况、环境容量、可利用价值等因素，将国家公园划分为特别保护区、原野区、自然景观游览区、户外游憩区以及公园服务区五个不同的区域，针对不同的区域对其进行分区管理，实行不同的发展规划，以此平衡国家公园生态保护与公众服务的关系。其次，严格地开发利用许可制度保障了国家公园的生态完整性保护。加拿大家公园内严格禁止在国家公园内开发利用一切自然资源，即便是国家公园周边地区，也只能进行有限开发，开发利用自然资源或其他对环境有影响的人为活动，都必须事先提出许可申请，只要涉及国家公园或公园储备区的土地都不会批准许可。最后，保障国家公园内土著民合理利用资源的权利。在土著民领地上设立国家公园时，加拿大国家公园管理局与土著民充分协商并充分尊重他们的资源、文化权利，划定土著民可以利用资源的范围、区域和方式。

加拿大国家公园优美的景观吸引了全世界的游客，促进了当地的经济活力，使得国家公园的发展和当地居民的生活水平实现共赢。加拿大国家公园通过协调发展原则，基本实现了自然生态、文化遗产的可持续性，并带动国家公园的良性发展，为当代及后代保持了良好的生态环境和游憩体验。[①]

## 第四节　加拿大国家公园立法的主要制度

加拿大国家公园建设与保护经过 100 多年的历史发展，不仅形成了完善的国家公园体系和国家公园立法体系，同时以健全的管理制度为国家公园健康、可持续发展提供有力保障。

---

[①] 苏杨、胡艺馨、何思源：《加拿大国家公园体制对中国国家公园体制建设的启示》，《环境保护》2017 年第 20 期。

## 一 国家公园设立制度

根据加拿大《国家公园法案》的规定，国家公园的设立必须遵循严格的程序。首先，应当根据加拿大国家公园管理局 1971 年通过的"国家公园系统规划"提供的选址范围选择设立国家公园的区域。1971 年通过的"国家公园系统规划"（后在 1991 年、1996 年补充修改）将加拿大全国根据地形地理、气候、植被、野生生物等方面的独特性，划分为 39 个自然区域，设立国家公园应当在这些自然区域内选择。[①] 其次，国家公园管理局向公众提出可能设立国家公园的自然区域名单，同时终止这些区域内的勘探、开发活动。再次，国家公园管理局向公众、环保组织、地方团体寻求设立国家公园的可行性意见与建议。最后，经过公开征询意见与建议，决定最终设立国家公园的自然区域的土地所有权与管辖权从私人或地方收归女王名义下的联邦政府所有，国家公园设立最终完成。加拿大国家公园设立过程中的严格程序性、公众参与性有效平衡了各方利益关系，保障国家公园设立的科学性。

## 二 国家公园管理规划与计划制度

加拿大国家公园之所以成为世界自然瑰宝和人类共同遗产，离不开内容丰富、事无巨细的管理规划与计划制度。为了促进加拿大国家公园的健康、可持续发展，国家公园管理局制定了国家公园发展规划以及相关详尽、具体的管理计划。[②] 如国家公园可持续发展战略、国家海洋保护区系统计划、加拿大国家级历史遗迹系统计划、国家公园及国家历史遗迹管理计划，是专门为保护国家公园内自然遗产与人文遗产的完整性与原真性制定的总体规划。诸如国家公园管理局各部门运营计划、建立国家公园数字化信息系统计划等是为保障国家公园管理部门有效管理制定的工作计划。此外，加拿大每个国家公园都会制定独立的管理规划，在管理规划中全面阐述公园的管理目标和实现目标的手段策略，该管理规划经加拿大环境部长批准后，作为国家公园管理局监督管理各国家公

---

[①] Canada National Parks Act (S. C. 2000, c. 32), https://laws-lois.justice.gc.ca/eng/acts/N-14.01/page-1.html#h-360258.

[②] 《国家公园怎么管理？请看加拿大做法》，《国土资源》2018 年第 10 期。

园资源及使用办法的依据。①

### 三　国家公园分区管理制度

加拿大出于对国家公园保护和利用的双重目的，以现有的 47 个国家公园为对象，② 将国家公园划分为五区模式，分别是特别保护区、原野区、自然环境区、户外休憩区以及公园服务区五个区域，在不同区域确立不同的保护与利用目标、实行不同的发展规划，以此实现国家公园的科学管理。第一，特别保护区的保护最为严格。特别保护区是国家公园最重要的生态功能区，有着珍贵的生态价值和科学研究价值，因此，对于该区域的保护措施最为严格，严禁区域内出现人为行动，加拿大政府通过宣传教育活动向全国人民阐明该区域的生态价值。第二，原野区，以保护原始自然景观为主要目的，该区域是珍贵野生生物的主要栖息地。为了维护生物系统的多样性，尽量减少人为活动，为野生动物营造一个良好的栖息环境。第三，自然景观游览区，该区域自然景观优美，政府允许游客在自然景观游览区适当游览，并通过科普宣传，让游客最直观地了解自然景观和文化遗产的价值。第四，户外休憩区，户外休憩区是最主要的旅游场所，以保护自然生态完整性为前提，让游客在国家公园独特、优美的景观中休闲娱乐。第五，公园服务区，是游客服务的主要功能区，确保公园的有效运行。

加拿大国家公园通过分区管理，实现了自然用地是保护资源也是可用资源，每个功能区都有明确的管理举措，既保持了建立国家公园的目的，也兼顾了经济发展。同时，通过分区管理对人与自然划定明确界限，最大限度降低人类活动对国家公园自然生态的负面影响，促进加拿大国家公园实现可持续发展。③

### 四　国家公园特许经营制度

加拿大国家公园实行特许经营制度，目的是通过国家和经营者互相合作，让公众了解国家公园，培养国家公园的共同意识，创造更多的价

---

① 《加拿大对国家公园的管理》，中华人民共和国驻加拿大大使馆经济商务处，http://ca.mofcom.gov.cn/article/ztdy/201804/20180402734514.shtm，2022 年 12 月 30 日。
② 张颖：《加拿大国家公园管理模式及对中国的启示》，《世界农业》2018 年第 4 期。
③ 周武忠：《国家公园法律法规梳理研究》，《中国名城》2014 年第 2 期。

值供加拿大全体公众共享。① 加拿大国家公园特许经营具有严格的法律规范保障。首先，政府选择合适的特许经营者，依据加拿大《国家公园租赁和许可证获取条例》，对当地的居民或者其他企业团体的经营能力、财产资金等系列因素进行综合考量，通过公平、公正的程序选定经营者。其次，在选定经营者之后，运行中必须接受国家公园管理局监督，特许经营的相关项目必须符合法律规范，加拿大规定经营者必须签订相关的环保合同，由管理者进行监督评估，保障国家公园处于健康状态。最后，对经营者所从事的经营项目，需收取适度的经营费用，加拿大政府基于"土地评估价值和居民消费价格指数"要求经营者支付特许经营费或土地租赁费，这部分资金作为公园收入，用来支持国家公园的保护和管理。

### 五 原住居民权利保护与利益共享制度

加拿大虽然地广人稀，但一些国家公园内生活着原住民族，国家公园的建立也避免不了面临与原住民族的关系处理问题。在处理"人地关系"中，加拿大政府为了避免激化政府和原住居民之间的矛盾，逐渐形成了原住居民权利保护与利益共享制度。② 加拿大政府非常注重原住居民权利的保护，且法律本身就赋予加拿大国家公园内原住居民生存和发展的权利，1982年通过的《宪法法案》确认了原住民族的身份地位，使原住民权利首次得到了宪法保护。在国家公园的管理方面，原住居民享有监督权。例如，部分居民通过获得特许经营的许可后，在国家公园内进行商业活动。如果在进行商业活动的过程中，对国家公园的自然生态的完整性造成损害时，原住居民可以要求国家公园管理局停止侵害行为。另外，加拿大政府积极协调国家公园土地资源和原住民之间的关系。国家公园局下设土著事务部，专门负责协调国家公园生态保护与原住民的关系。为了防止国家公园自然生态不被破坏，公园管理局与土著民充分协商，划定土著民可以利用的资源范围。原住民在接受自然福利的同时又应对自然存敬畏之心，这种生活的方式才符合大地法则，遵循着自然规律，并在一定程度上达到了

---

① 陈耀华、张丽娜：《论国家公园的国家意识培养》，《中国园林》2016年第7期。
② 陈莉、Wu Wanli、Wang Guangyu：《加拿大国家公园与原住居民互动演变历程和经验启示》，《世界林业研究》2021年第6期。

人与自然的统一。①

### 六 公众参与制度

2000年修订的加拿大《国家公园法案》，进一步明确了国家公园地位、概念、发展目标以及管理机制等事项，也明确规定为公众尤其是原住居民提供更多的机会参与国家公园规划、管理及政策制定。《国家公园法案》授权原住居民在法律规定的范围内享有使用国家公园内土地的权利和参与国家公园管理的权利。国家公园管理局负责培养原住居民的参与能力以及国家公园管理方面的知识，以激发公众参与国家公园管理和保护的决心与信心。《国家公园法案》通过法律规定鼓励加拿大人参观游览国家公园，国家公园管理局负责以各种形式向公众宣传国家公园的遗产资源，并依据法律规定提供机会使公众参与到国家公园管理规划制定和关键问题的讨论中，公众提出的意见均被列为公园规划、计划制订的重要参考资料，使公众真正参与到国家公园的决策之中。②

此外，加拿大国家公园通过环境监测和评估报告制度，用以监测国家公园在运行过程中的各方数据，通过数据分析了解国家公园内生态系统的发展状况，评估管理和保护活动的可行性。每隔五年，加拿大国家公园向社会公众公布监测数据和评估报告，接受公众的指导意见，使公众的意见逐渐成为加拿大国家公园经营管理方面重要的参考资料。③

---

① [加]西奥多·宾尼玛、梅拉妮·涅米、李鸿美：《让改变从现在开始：荒野、资源保护与加拿大班夫国家公园土著民族迁移政策》，《鄱阳湖学刊》2015年第5期。

② Canada National Parks Act (S.C. 2000, c. 32), https://laws-lois.justice.gc.ca/eng/acts/N-14.01/page-1.html#h-360258.

③ 窦亚权、何江、何友均：《国外国家公园公众参与机制建设实践及启示》，《环境保护》2022年第15期。

# 第十章

# 日本及其他国家的国家公园立法考察

日本是亚洲第一个建立国家公园制度的国家,经过150多年的国家公园建设历程,形成了类型多样的国家公园体系和体系化的国家公园立法体系,对我国国家公园体制建设具有重要的借鉴和启示作用。

## 第一节 日本国家公园的立法基础

### 一 日本国家公园概述

日本将国家公园定义为发展和人类活动被严格限制以保存最典型、最优美的自然风景的地区。[①] 日本国家公园以保护具有独特性和国家代表性的自然风景以及完整的生态系统为主要对象。"国家公园核心景区原则上应不少于20平方千米,核心景区保持着原始景观;此外,还要有部分生态系统没有因人类的开发和占有而发生明显变化,动植物种类及地质地形地貌具有科教、游憩等特殊功能的区域。"[②] 1957年,日本制定颁布《自然公园法》,规定日本的自然公园体系包括国立公园、国定公园和都道府县立公园,并详细规定了三类自然公园的设立标准(详见表10-1)[③]。日本的国家公园在广泛意义上包括国立公园和国定公园两类,其中国立公园是核心主体。国立公园直接由环境省审定管理,必须有两万公顷以上未受

---

[①] 唐芳林:《国家公园理论与实践》,中国林业出版社2017年版,第106页。

[②] 张朝枝、保继刚:《美国与日本世界遗产地管理案例比较与启示》,《世界地理研究》2005年第4期。

[③] 金荣、苏岩:《以国家公园为主体的日本自然公园建设均衡性研究》,《中国园林》2021年第11期。

到人类发展影响的核心区域（海滨公园除外），且必须包含两个以上的景观元素。国定公园是由都道府县申报，通过环境省审查确认的，是自然风景仅次于国立公园的准国家级自然公园。都道府县立公园是由都道府县确定，是具有地方特点的自然风景地。[1]

表 10-1　　　　　　　　日本自然公园体系基本概要

| 自然公园体系中的公园类别 | | | 国立公园 | 国定公园 | 都道府县立公园 |
|---|---|---|---|---|---|
| 指定机构 | | | 环境省 | 环境省 | 都道府县 |
| 管理机构 | | | 环境省 | 都道府县 | 都道府县 |
| 选定标准 | 景观性 | | 自然景观优美，能够代表日本且具有世界意义的典型自然风景地 | 自然景观优美，仅次于国立公园的自然风景地 | 自然景观优美，能够代表地方的自然风景地 |
| | 面积（平方公顷） | 陆域 | ≥30000 | ≥10000 | 无 |
| | | 海域 | ≥10000 | ≥3000 | 无 |
| | 自然性（平方公顷） | 陆域 | ≥2000 | ≥1000 | 无 |
| | | 海域 | ≥1000 | ≥500 | 无 |
| | 利用性 | | 交通便利、吸引游客，具有多元化利用之目的 | 无 | |
| | 关于原住民 | | 与原住民共同保护利用国家公园 | 无 | |
| | 分布状况 | | 不考虑全国分布状况 | 无 | |

日本设立国立公园的目的起初主要是国民游览观光，后随着《国立公园法》《自然公园法》的颁布，日本国立公园逐渐走向了多目标管理。1931 年颁布的《国立公园法》首次提出了设立国立公园的三重目的："其一，对公园内具有保育与精神价值的资源予以完善保护留供后世子孙享用；其二，公园可作为国民游憩、修养、保健的场所；其三，公园可供作研究教育使用。"[2] 1957 年颁布的《自然公园法》第 1 条明确规定，国家

---

[1] 谢一鸣：《日本国家公园法律制度及其借鉴》，《世界林业研究》2022 年第 2 期。
[2] 郑文娟、李想：《日本国家公园体制发展、规划、管理及启示》，《东北亚经济研究》2018 年第 2 期。

公园的设立目的是"在保护优美的自然风景的同时,也要追求其利用价值的提高,并实现为国民提供保健、休养、教化等目的"①。"由于国家公园是日本自然风景区的典型代表,因而肩负着保护日本自然风景地和为国民提供游憩利用场所的双重任务。"②

## 二 日本国家公园的立法背景

日本的国家公园立法始于1873年,当时的明治政府发布了"太政官布达"16号令,将公园定义为"自古以来人们群集游览的场所"③。后随着美国国家公园设立与保护思想的传入,1911年日本第27届议会上,以日光山等指定为国家公园的请愿书为中心,提出了3个国家公园设立法案。然而,日光山地区和富士山地区的土地所有权问题很复杂,当时的议会以无法解决土地所有权问题、财政困难为由,否决了三项法案。1921年,在日本民间力量的推动下,内务省开始对国立公园候选地进行调查,但由于第一次世界大战爆发以及关东大地震的严重破坏,国家公园建设暂时搁浅。此后,在民间力量的持续推动下,当时的日本内阁政府在1930年成立"国立公园调查会",在民间与官方的双重推动下,1931年出台了《国立公园法》,明确了国立公园的设立目的,此后,自1934年到第二次世界大战,日本指定了第一批包括云仙、濑户内海、雾岛等共计15处国家公园。

第二次世界大战期间,为了保障战争需要,日本的国家公园被用作备战训练场所和资源开发场所,国家公园的保护与观光功能几近废止。第二次世界大战结束后,战败后的日本需要重新构建适应本国国情的国家公园制度来解决当时所凸显的种种问题。在此社会背景下,日本于1949年修改了《国立公园法》,建立了"国定公园制度",国定公园的保护程度略低于国家公园。1957年,为了建立完备的自然公园体系、解决公园管理与保护中的各种问题,日本颁布《自然公园法》取代了《国立公园法》。1964年,日本国家公园局成立,现行的自然公园制度

---

① 李秀英:《日本国立公园的利用方式对我国国家公园建设利用的启示》,《林业勘查设计》2020年第4期。
② 张玉钧:《国家公园身兼保护与游憩的双重任务》,《中国绿色时报》2014年8月26日。
③ 任海、张宝秀、中冈裕章、龚齐、佐野充:《日本国家公园的制度建设、发展现状及启示》,《城市发展研究》2020年第10期。

得以建立。①

### 三 日本国家公园的管理体制

日本在战后复兴时期，由于对自然资源的过度开发利用和严重的环境污染带来的环境恶化，使国民对环境健康、自然保护的需求不断提高，作为代表日本最重要的自然生态和风景资源的国家公园，其行政管理体制也在随之调整变化，管理建设逐步从民间团体走向政府机构主导。"现代日本的国立行政公园管理可以分为三个阶段：1957—1970 年的厚生省主管时期、1971—2000 年的环境厅主管时期、2001 年以后的环境省主管时期。"② 日本环境省设立自然局国立公园科，作为中央层面负责国家公园总体管理的最高管理机构。"2005 年，开始面向社会招收自然保护官辅佐，制定了一系列制度，以加强国家公园的管理及生态系统的恢复。"③ 自然保护官主要负责协调各方关系和国家公园管理、建设、保护计划的立案。同时，"在国立公园数量较多的地区，增设自然环境事务所作为二级管理机构"④。自然环境事务所负责国立公园管理的相关事务以及地方环境行政工作。

日本国家公园管理体制一方面通过环境省及设置的地方自然环境保护事务所，垂直管理国立公园的重点保护及开发项目，有效保障国家政策意图的贯彻落实，特别是国立公园的公园管理事务所拥有的区划、规划、重大建设决策权和所长裁决制度，大大降低了地方干涉的可能。另一方面，随着 2000 年后地方分权趋势的进一步加剧，为提高国家公园管理特别是保护效率，国立公园许多既定程序的日常管理事务（如以备案为主的小型开发利用等）逐步委托给地方政府。⑤ 中央直属国立公园部门则从繁杂的事务中分离出来，更注重于生态保护，由此形成了中央、地方分权管理

---

① 任海、张宝秀、中冈裕章、龚卉、佐野充：《日本国家公园的制度建设、发展现状及启示》，《城市发展研究》2020 年第 10 期。

② 丁红卫、李莲莲：《日本国家公园的管理与发展机制》，《环境保护》2020 年第 21 期。

③ 任海、张宝秀、中冈裕章、龚卉、佐野充：《日本国家公园的制度建设、发展现状及启示》，《城市发展研究》2020 年第 10 期。

④ 赵人镜、尚琴琴、李雄：《日本国家公园的生态规划理念、管理体制及其借鉴》，《中国城市林业》2018 年第 4 期。

⑤ 杜文武、吴伟、李可欣：《日本自然公园的体系与历程研究》，《中国园林》2018 年第 5 期。

的格局，中央在宏观上总体对国家公园进行统筹规划管理，地方政府及其部门享有一定程度的自主权。

由于日本很多自然公园内土地的所有权属于私人，日本形成了由中央和地方协同管理、自上而下结构严谨、管理组织严格统一、权责清晰的地域制自然公园体制，即在中央、地方权力划分的基础上，中央在宏观上对国家公园进行统筹化管理，地方政府及其部门也享有一定的自主权，此种模式的特点是在中央和地方进行细化分级管理。除此之外，该模式还呼吁私营企业和民间机构参与到经营活动之中，充分利用社会力量。

## 第二节　日本国家公园的立法模式与立法体系

### 一　日本国家公园的立法模式

从日本国家公园与自然保护立法的发展历程来看，日本在自然公园和其他自然环境保护区领域形成了以国家公园统一制定的《自然公园法》+实施规则+地方配套条例+《自然环境保护法》相结合的立法模式。

日本于1957年制定的《自然公园法》取代了《国立公园法》，成为国家公园的基本法。为了保障《自然公园法》的实施，日本政府又颁布了《自然公园法施行令》《自然公园法施行规则》以及《国立公园及国定公园候选地确定办法》《国立公园及国定公园调查要领》《国立公园规划制定要领》等一系列配套实施规则，对国家公园进行更细致的分区域管理，并对国家公园规划制定和修改要领等进行详细规定。[①] 日本将自然公园划分为国立、国定、都道府县立三种不同类型进行分级立法、管理，兼具中央集权和地方自治的特色，在中央由环境省进行国家层面的立法研究，综合不同类型国家公园的设立要求和管理标准，其提出的立法议案经国会讨论通过，颁布推行全国的自然公园和自然环境保护区域立法。在此基础上地方根据国会的授权立法，遵循国家统一立法的精神，结合当地实际，制定地方的公园条例，对都道府县立公园进行细化管理与具体规范，以保证对地方自然公园的有效保护，这也是由日本国家公园法律体系和复

---

① 杜群等：《中国国家公园立法研究》，中国环境出版社2018年版，第82—83页。

杂的土地权属所决定的。

1972年制定的《自然环境保护法》主要保护自然公园以外的大面积、有价值的自然美景，与《自然公园法》有效协调配合，共同规范自然保护工作。

### 二　日本国家公园的立法体系

日本的国家公园和自然环境保护区分别以《自然公园法》和《自然环境保护法》为基本立法，国家公园法律体系主要由三个层级的立法构成。

一是《自然公园法》。1957年制定的《自然公园法》是为了保护与合理利用自然风景地，是专门规范日本自然公园建设、管理、保护、利用的法律。《自然公园法》建立了以国立公园为核心的自然公园体系，规定了自然风景地的保护和利用计划。2021年，日本再次修订了《自然公园法》，目前包括四个部分：第一章总则，规定了立法目的、立法涉及的法律概念、公园的责任主体、生物多样性保护的一般规定。第二章是国立公园与国定公园的专门规定，"内容涉及国家公园的指定方法与程序、公园规划与基础设施建设、公园的保护维护和可持续利用、风景区保护协定、公园财务运作及其他事项"①。第三章是都道府县立自然公园的规定，都道府县立自然公园由都道府县知事指定，都道府县立自然公园不属于国家公园，但属于自然公园体系的组成部分。第四章是罚则部分，主要规定了罚金刑和拘役。

二是《自然公园法》的配套实施规则。《自然公园法实施规则》是在《自然公园法》的基础上，对各类自然公园保护与管理的细化规定。"于2005年6月29日得到最新修订的《自然公园法施行令》是内阁针对自然公园，尤其是针对国立公园基础设施建设而制定的专业法令。"② 此外，还有标准性的规定作为《自然公园法》实施的重要辅助，如《国立公园及国定公园候选地确定办法》是对国家公园候选地的设立标准和程序的具体规定，《国立公园规划制定要领》是对国家公园规划制定和修改的各类事项的详细规定，《国立公园及国定公园调查要领》是对国立公园与国

---

① 刘红纯：《世界主要国家国家公园立法和管理启示》，《中国园林》2015年第11期。
② 刘红纯：《世界主要国家国家公园立法和管理启示》，《中国园林》2015年第11期。

定公园的生态保护、资源利用等的调查要求的规定。

三是与自然生态与文化遗产保护相关的其他法律。主要包括在日本环境保护法律体系居于基础性地位的《环境基本法》，以及保护某类自然生态的专门立法，如《野生动物保护及狩猎法》《森林法》《自然环境保护法》《濒危野生动植物物种保存法》等，还有文化遗产保护的专门立法，如《文化财产保护法》等，这些立法在各自的规范范围内发挥着自然文化遗产资源的保护功能。值得注意的是，1972年制定的《自然环境保护法》以自然环境的保护为主要目的，具有自然保护基本法的性质，该法对保护自然公园区域以外的大面积的自然美景具有重要作用，与《自然公园法》共同推进日本的自然环境保护。

## 第三节　日本国家公园立法的理念原则

日本国家公园经过150多年的发展，随着时代发展和自然保护战略的转变，国家公园理念总体上经历了从天然纪念物思想到利用优于保护到严格保护再到现在保护与利用并重观念的深刻转变。日本《自然公园法》经过数次修订，呈现出保护与利用并重、弱化土地权属、尊重现状、保障公众权利等理念。

### 一　保护与利用并重原则

1931年，日本出台的《国立公园法》主要是为了保护全国范围内最有价值的自然景观和原始自然，满足人们接触自然和游乐的需求，1957年制定《自然公园法》的最初目的也是保护和合理利用自然景观。但是随着第二次世界大战后经济振兴期的到来，日本为了刺激消费、发展经济，将发展旅游作为国家公园建设与管理的优先主题，经济高速发展对矿产、木材的需求也迅速增长，基础设施建设在日本全境也大规模展开，最终导致过度的开发利用对国家公园自然景观和环境生态造成严重威胁和破坏，如吉野熊国立公园的北川水电站和中部山岳国立公园的黑部川水电站的建设都对国家公园的景观和生态造成了破坏。1965年以后，随着公害事件不断发生，日本环境保护的社会舆论日益高涨，1971年日本政府内阁将环境厅升级为环境省，开始接管国家公园，对自然环境进行严格保护，长期的严格保护又导致人们对国家公园利用的轻视。20世纪80年代后期，经过不断讨论，日本国家公园的立法理念开始转向保护与开发并重，以自然资源的可持续利用和生态环境的改善为宗旨。《自然公园法》在国立公园与国定公园保护与利用部分规定，国家公园按照保护强度划分为特别区域和普通区域，特别区域内的建设、开发和利用行为必须经过环境大臣（国立公园）或都道府县知事（国定公园）的许可，普通区域只限制超过一定规模的建设和过度开发利用行为。此后《自然公园法》在修订中还补充了以保护海岸景观为目的设立海中公园区的规定，增加"利用调整区制度"规定，以控制特别区域和海中公园区内需要特别保护的区域的利用人数和利用期限。20世纪80年代后期，随着自然资源可持续利用理念的贯彻，"野外体验""生态旅游"等成为自然公园的主要利用方式，此后，随着配套立法的出台，各种环境开发保护及环境治理制度愈加完善，也为国家公园的持续性管理提供了依托与便利。

## 二 弱化土地权属理念

日本实行土地私有制，大部分土地为私人所有，而且国土面积小、人口密度大，加上悠久的农林种植历史，国家公园的土地权属十分复杂，很难实现由国家公园统一所有、专门管理。"为方便统一规划管理，日本国立公园采取'地域制自然公园制度'，即在保证共同土地资源管理和区域管理运营的前提下，无关土地所有权归属，由国家指定风景优美、多样且脆弱的生态系统进行保护和公共利用。"[1] 一方面，为实现对国家公园内的自然资源和生态系统统一管理等公共利益，私人土地所有权受到公法的必要限制。国家公园管理者可以与土地所有者签订风景地保护协定，由公园管理者代替其实施统一的保护与管理，土地所有者则可以享受税收优惠的福利。另一方面，如果私人土地所有权的权利行使因国家公园的管理受到极大制约，日本会通过"收购私有用地转化为国有用地来解决公共利益与私人财产权之间产生的冲突"[2]。

## 三 尊重现状理念

日本的国家公园管理充分尊重原住居民的传统权利，在尊重利用现状

---

[1] 丁红卫、李莲莲：《日本国家公园的管理与发展机制》，《环境保护》2020年第21期。
[2] 谢一鸣：《日本国家公园法律制度及其借鉴》，《世界林业研究》2021年第11期。

的基础上积极谋求发展。日本国家公园内土地权属复杂,同时还长期存在农林渔等产业的经济活动,这种复杂的土地所有权和大量经济活动的存在,使得日本国家公园无法通过全部征收私人土地实现统一管理,只能选择尊重现状,并与各类土地所有者展开合作,对位于私人土地的国立公园和国定公园特别保护区或指定的鸟兽保护区,国家也不得进行强制性行政征收,只有土地所有者提出申请,国家才可以对土地进行征收。"环境省和地方政府制定详细且全面的管理计划,与公园各类土地所有者合作管理,以达到既能有效保护国家公园资源,又能兼顾当地居民生活生产活动的目的。"① 在进行功能分区的过程中,原有居民所在区域不会被认定为特殊保护区,原有居民的生产生活方式不变。

### 四 保障公众权利理念

在日本,"国家公园的主要任务是对具有代表性的自然风景资源进行严格保护、合理利用和限制开发,同时为人们提供欣赏、利用和亲近自然的机会,以及必要的信息和利用设施"②。国家公园是穷人与富人、当代人与后代人都平等通过亲近自然、接触自然、获得自然知识和康体游憩,获得休闲、保健、快乐与教化的重要场所,因此日本国家公园以形式多样的体验自然活动为主,并针对这些自然体验活动建造了简约、环保的必要设施,且日本的国家公园门票收费低廉,并实行预约制,以保障公众享受自然的权利。

## 第四节 日本国家公园立法的主要制度

日本国家公园立法通过不断的制定颁布、修改完善,逐渐形成了"规划引领、分区管控、生态修复、公众参与"③ 的国家公园建设、管理与保护的法律制度体系。

---

① 张玉钧等:《日本国家公园发展经验及其相关启示》,中国海洋发展研究中心,http://aoc.ouc.edu.cn/_t719/2019/0725/c9821a254243/page.htm,2022 年 12 月 21 日。
② 张玉钧等:《日本国家公园发展经验及其相关启示》,中国海洋发展研究中心,http://aoc.ouc.edu.cn/_t719/2019/0725/c9821a254243/page.htm,2022 年 12 月 21 日。
③ 谢一鸣:《日本国家公园法律制度及其借鉴》,《世界林业研究》2022 年第 2 期。

## 一 国家公园规划制度

国家公园规划制度是保障国家公园建设、管理与保护、修复的基础性制度,国家公园规划要对国家公园的行为限制和服务设施的配置作出规定,公园的建设与管理工作都应当落实规划内容。日本的"国家公园规划主要包括控制性规划和设施规划两个方面"[①]。控制规划包括保护控制性规划与利用控制性规划两大类,主要是"通过分区来设定不同限制强度的行为,使开发和利用服从于保护"[②]。设施规划主要是针对国家公园内自然生态的保护与修复和必要的旅游体验基础设施建设制订的一系列计划与方案。设施规划也分为保护性设施规划和利用性设施规划,如为保护生态系统实施的生态系统保护恢复规划,为方便游人观光设置便捷通道等。日本的国立公园与国定公园规划的决定、变更及废止的审批权限均由环境省的环境大臣行使。日本通过开展五年为一期的"一园一规"制度,开展国家公园的保护和生态修复、利用区域划分规划等工作。

## 二 国家公园分区管控制度

日本国家公园通过保护分区规划对国家公园进行分区管控(如图10-1所示)。日本国家公园"按照生态系统完整性、资源价值等级、游客可利用程度等指标,将陆域划分为特别地域和普通地域两大类,海域分为海域公园和普通地域两大类"[③]。

分区规划的核心功能是保护重要的自然生态和景观资源,使开发利用服从于生态保护的整体需要。日本实施"地域制"的国家公园制度,即超越土地权属和土地使用性质,突破土地权属的限制,将具体的保护区域指定为国家公园,通过三级分类标准达到整体性保护的目的。日本根据不同程度的保护要求将国家公园划分为特别地域、普通地域以及海洋公园地域。"特别区域是自然公园的核心风景区,分为三级特别区域

---

① 谢一鸣:《日本国家公园法律制度及其借鉴》,《世界林业研究》2022年第2期。
② 张谊佳等:《日本国立公园分区规划与管控的经验及启示》,《北京林业大学学报》(社会科学版)2021年第3期。
③ 张谊佳等:《日本国立公园分区规划与管控的经验及启示》,《北京林业大学学报》(社会科学版)2021年第2期。

和特别保护区域。"① 特别保护区与Ⅰ级、Ⅱ级、Ⅲ级特别地区是按照对人类活动的限制强度由强到弱依次划分的区域。海洋公园地域主要是为了保持公园海域的景观特色、保存海洋动植物资源划定的区域。普通区域是指国家公园中的海域公园区和特别区域以外的区域。《自然公园法》中明确了不同区域的全面禁止性活动、部分禁止性活动和例外情形。全面禁止性活动即限制性活动是须经申报批准才能实施的行为。同时根据不同景观保护的特殊性要求，《自然公园法》规定可在特别区域和海洋公园区域设置利用调整区，利用调整区的利用限制规划由环境大臣或都道府县知事限定利用者的人数上限和驻留天数上限，以达到可持续利用国家公园良好的自然景观的最终目的。

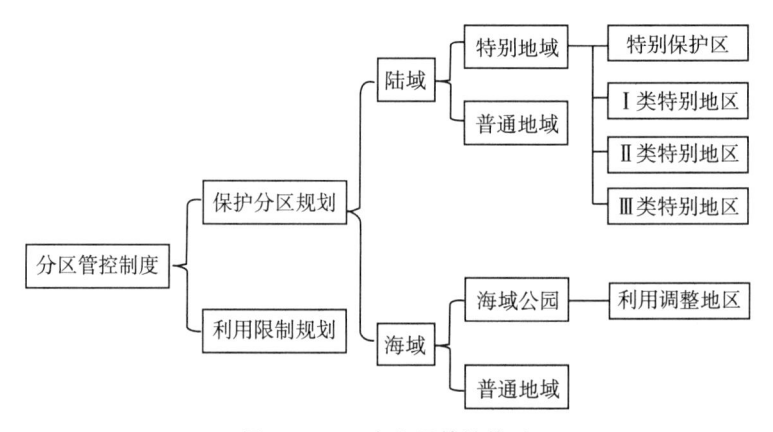

图 10-1  日本分区管控体系

### 三　生态系统维持恢复制度

生态系统维持恢复，是指对受外力破坏的国家公园生态系统的恢复、重建和改善，主要包括对生态系统状态的掌握和监测；对可能影响生态系统的生物体采取有效措施；维护和改善动植物的栖息和生长环境；恢复植物和动物繁殖所需要的生态系统。日本通过生态系统维持恢复制度的持续落实，有效改善了在公园建设期对园区内自然环境造成的破坏，帮助恢复原生的生态系统、保持公园内的生物多样性。生物多样性是国立公园划定特别区域以及在特别区域内具体划分特别保护地区、Ⅰ类、Ⅱ类和Ⅲ类保

---

① 谢一鸣：《日本国家公园法律制度及其借鉴》，《世界林业研究》2022 年第 2 期。

护区的重要依据，通过生态系统维持恢复，从而达到生态系统的再植复原和恢复重建，保证生态系统的原真性和完整性，确保动植物的繁衍生息，提升国家公园的环境价值。

日本国立公园的生态系统维持恢复事业规划由环境省根据国家公园总体规划制定，生态系统维持恢复事业规划应包括实现目标、拟实施的地域范围和具体实施措施等。生态系统维持恢复制度对于促进国家公园的可持续发展也具有深刻作用，通过人力干预恢复维持公园的生态平衡，有利于引导民众进行相关产业项目的开发投入，从而对生态保护投入更多的关注。都道府县自然公园根据公园规划制定生态系统维持恢复事业规划，由公共机构牵头，或由都道府县对非公共机构及个人的恢复申请进行资格和能力鉴定后批准进行，从而促进生态保护与公共活动的融合，发展出环境治理的新模式。

## 四 信息公开与公众参与制度

公众参与和信息公开制度在日本国家公园建设实践过程中不断发展，并逐步通过相关法律的修订完善公众参与、加大信息公开力度，以切实保障公众的知情和参与权利，维护国家公园公共利益。《自然公园法》规定国家公园的有关事项必须向公众公开，包括国家公园的审批程序、公园发展规划、生态系统维持恢复事业规划、风景保护地合作协议、公园相关事业审批事宜及建设方案等以及其他相关事项的变更及废止。通过政府公报或在国家公园区域内公示等以便于群众知晓或查阅的方式进行公开，以充分征求民众意见建议。

## 五 原住民权利保护与利益共享制度

日本国立公园内原住民的管理模式基本遵从国立公园设立前的状态，即保持原住民的生产生活方式不变，维护原住民的传统利用权利。如伊势志摩国立公园的普通地域内有捕鱼、养殖珍珠活动，该产业受到政府的积极引导和相应保护。此外，国家公园对原住民也有一定的限制，如不得擅自扩大产业规模或者新建生产生活设施，新建生产生活设施实行审批制度。"日本国立公园收入分配实行谁运营、谁受益的原则。"[①] 国立公园的

---

① 李秀英：《日本国立公园的利用方式对我国国家公园建设利用的启示》，《林业勘查设计》2020年第4期。

项目运营主体多元，既包括环境省、地方政府这样的政府机构，个人和公园财团也可以成为项目运营主体，项目运营主体通过纳税实现利益共享。

日本的国家公园制度还包括税收减免措施、损失补偿制度、政府购买私有土地制度等制度措施。然而，这些制度措施并不能从根本上解决日本复杂的土地权属及其他因素带来的问题，时至今日日本还在试图根据当时当地产生的新问题寻求解决办法。[①]

## 第五节　域外其他国家公园立法考察

### 一　德国国家公园立法考察

德国虽然在40多年前才建立起国家公园体制，却在保护生物多样性和改善生态环境方面很快形成了自己的特色并卓有成效。德国的自然保护地主要包括自然保育区、景观保护区、生物圈保护区、国家公园、自然公园和欧盟Natura 2000保护地六种类型，其中生物圈保护区、国家公园、自然公园是大尺度保护地，主要是保护、恢复和发展大尺度的自然和人文景观及其中的动植物生境和生物多样性。

德国实行两级立法，立法权主要由联邦议院和州议会共同行使，因此，德国国家公园的立法模式是联邦与州共同立法的综合型立法模式。德国联邦与各州的立法，一般包括联邦专属立法权与竞合立法权两个部分，国家公园方面的立法属于竞合立法的授权范围，即"联邦政府只提出指导性的框架规定对国家公园实行宏观把控，由各州通过法律法规进行具体的监管和保护"[②]。在州一级，每个国家公园又结合自身实际通过"一园一法"来扩充保护目标及各项措施，并对具体的开发建设、行为活动等进行相应的规定，从而保证法立法的可操作性和可实施性。由此形成了联

---

[①] 任海、张宝秀、中冈裕章、龚卉、佐野充：《日本国家公园的制度建设、发展现状及启示》，《城市发展研究》2020年第10期。

[②] 蔚东英、王延博、李振鹏、李俊生、李博炎：《国家公园法律体系的国别比较研究——以美国、加拿大、德国、澳大利亚、新西兰、南非、法国、俄罗斯、韩国、日本10个国家为例》，《环境与可持续发展》2017年第2期。

邦与州的两级立法体系，德国联邦层面的国家公园法律体系由自然保护基本法和相关法组成，《联邦自然与景观保护法》是国家公园法律体系中的基本法，联邦层面的《联邦森林法》《联邦狩猎法》《联邦土壤保护法》《联邦环境保护法》《联邦水平衡法》等立法在各自领域起到了辅助规范作用。

在州层面，各州主要依据《联邦自然与景观保护法》制定本州的自然保护法，各州的国家公园法律体系主要由自然保护法、国家公园专类法及相关法构成，其专类法采用"一园一法"的模式。如巴伐利亚州的《自然保护法》是该州自然保护与国家公园建设的主要法律依据，黑森州制定的《科勒瓦爱德森国家公园法令》对国家公园设立的目的、性质、功能、管理、运营等作出了具体规定。从《联邦自然与景观保护法》到各州自然保护法，主要落实了各类保护地管理机关及其职责、保护地的建立和立法程序。从各州自然保护法到园区专类法，主要落实了在各类保护地的建设、研学、管理等方面具体的允许行为和禁止措施。[①]

## 二　英国国家公园考察

英国国家公园可以追溯至19世纪早期英国浪漫主义诗人伍兹沃斯面对英格兰湖区的乡村风光感叹其是"一种国家财产，任何人都有权用眼观赏，用心欣赏"，这也成为现代国家公园理念产生和发展的一大渊源。1951年，英国设立了第一个国家公园——峰区国家公园，同年设立了湖区、达特姆尔和斯诺登尼亚国家公园，目前英国共设立了15处国家公园，其中10处位于英格兰，其余则分布在威尔士与苏格兰。英国国家公园区域内散落着众多的村落与庄园，国家公园不仅严格保护自然生态和优美景观，也通过特色乡村策略保护乡村风貌、开发村落特色，承担国家公园的游憩服务功能、发展乡村经济，还通过生态体验策略为公众提供亲近自然和自然教育的绝佳课堂。

与其他国家公园不同，英国的国家公园众多村落形成了历史悠久的优美乡村风光，1895年英国专门成立了"国家信托"用于保护历史建筑和

---

[①] 陈保禄、沈丹凤、禹莎、洪莹、简单、干靓：《德国自然保护地立法体系述评及其对中国的启示》，《国际城市规划》2022年第1期。

乡村，这也导致后来在规划建设国家公园时，只能将保护区内散落的村落与私人土地，一并划入其中。[①] 由于英国实行土地私有制，很多优美景观位于私人土地内，公众难以进入私人土地欣赏自然风光，生态和景观利益的公共性与土地财产的私益性之间的矛盾推动着要求乡村进入权和乡村开放的民间运动蓬勃发展。1949年，英国通过了《国家公园与乡村通行法》，这部法律将拥有特殊自然风景或大量动植物生活栖息的地区划定为国家公园，并由国家进行统一保护管理，当地政府作为直接执行者。[②]《国家公园与乡村通行法》为构建英格兰和威尔士的国家公园和著名自然美景区提供了框架，并提出公共路权和开放土地的使用权。《国家公园与乡村通行法》是英国历史上首次以法律的形式设立国家公园，是英国国家公园法律体系与制度发展的基础，这部立法虽然借鉴美国的国家公园模式建立了英格兰和威尔士的国家公园系统，但突出了协调保护以平衡国家公园与当地居民生活之间矛盾的特色。[③] 英国国家公园地权复杂、村落众多的客观实际以及公众进入权利保障的现实需求，为英国国家公园走向国家公园建设与大众休闲、居民生活融合发展奠定了基础。

英国于1995年颁布的《环境法》是英国国家公园立法的里程碑，不仅为国家公园管理确立了"保护先于一切利益"的原则，而且明确了英国国家公园的管理体系和规划制度，该法明确规定制定国家公园管理规划是每个国家公园管理局的法定义务，国家公园管理规划是每个国家公园根据公共利益调整和限制土地的开发利用、促进国家公园特色化发展的核心制度，每个国家公园均由各自的国家公园管理局管理运营。苏格兰在2000年颁布了《国家公园法》，依据该部立法建立了凯恩戈姆山、罗蒙湖等多个国家公园，与英格兰和威尔士国家公园以"保护"为绝对前提不同，苏格兰国家公园更突出"发展"和"保护"的平衡。2006年，《自然环境和乡村社区法案》的修订将英国自然署、乡村署、农村发展署合并，组成新的机构英格兰自然署和乡村社区委员会。

---

① 《国家公园，英美的百年经验有何借鉴?》，澎湃新闻，https：//www.thepaper.cn/newsDetail_forward_21403496，2022年12月21日。

② 李爱年、肖和龙：《英国国家公园法律制度及其对我国国家公园立法的启示》，《时代法学》2019年第4期。

③ ［英］安和麦克尤恩：《英国国家公园的起源与发展》，孙平译，《国外城市规划》1992年第3期。

总体而言，英国联邦政府对国家公园保护只进行宏观指导，规定基本制度和财政保障，苏格兰自然遗产部、威尔士乡村委员会和英格兰自然署与乡村社区委员会分别负责制定和实施苏格兰、威尔士和英格兰各自范围内国家公园的一系列保护措施。英国联邦制的政治架构使得英国国家公园立法模式呈现国家与地方共同立法、各国家公园"一园一法"的特点，国家公园立法体系也是以国家公园基本法为主体、相关立法辅助构成，国家公园管理体制以社区治理为基础、以国家公园管理机构统一规划和管理运营为主导。

### 三 韩国国家公园立法考察

韩国是东亚国家中较早设立国家公园的国家，在建设和管理过程中积累了丰富的经验。与西方国家以自然生态系统保护为主要治理内容相比，韩国由于国土面积较小，在长期发展过程中形成了社会与自然密切互动的人文地域特征，在小规模的自然人文复合生态系统类型的国家公园建设中的成功经验值得借鉴。

韩国政府于1967年指定首个国家公园——智异山国家公园，其国家公园是作为"代表韩国的自然生态系统、自然以及文化景观的地区"，目的在于保护和保存自然与文化景观以及实现可持续发展。[1] 韩国国家公园包括山岳型、海岸型和历史遗迹型三种类型，在22个国家公园中，有17个山岳型公园、4个海岸型公园和1个历史遗迹型公园，其陆地及海上面积共计达到6726.246平方千米，占韩国陆地国土面积的6.7%。[2]

韩国国立公园主导功能的演变过程体现了对于"生态系统保护"的认知从单纯的自然生态保护走向自然与人文生态复合系统保护的逐步深入。国立公园管理的内容从自然资源管理转向自然资源和历史人文遗产的综合管理，管理主体由政府组织延伸到地方社区参与、志愿者服务、民间社会团体乃至宗教界人士。[3] 韩国政府于1986年确立了"国家公园应由国家直接管理"的方针，目前韩国国家公园管理公团是韩国唯一的专业

---

[1] 李祗辉：《韩国国立公园管理探析》，《世界林业研究》2014年第5期。

[2] 闫颜、徐基良：《韩国国家公园管理经验对我国自然保护区的启示》，《北京林业大学学报》（社会科学版）2017年第3期。

[3] 虞虎、阮文佳、李亚娟、肖练练、王璐璐《韩国国立公园发展经验及启示》，《南京林业大学学报》（人文社会科学版）2018年第3期。

管理国家公园的机构,隶属韩国环境部,除汉拿山国家公园(由所在地自治政府管理)以外,其他21个国家公园均是由韩国国家公园管理公司管理。① 其任务是在环境部部长委托授权下执行公园内资源调查、研究、设施设立、管理、区域清洁以及公园利用的指导、宣传等事务。国家公园管理公团在法律规定的范围内对每个国家公园行使管理权,在管理决策方面基本不受地方政府和其他部门及经营企业的干预,管理主体明确、责权明晰,依照《自然公园法》的有关规定,以保护为核心要求,以最小化的利用方式,重点开展国民环境教育和宣传,倡导健康绿色的游览文化。此外,为了审议关于公园的指定、废止与区域变更,公园基本计划树立,公园计划的决定、变更以及其他公园管理的重要事项而依法设立了公园委员会。②

韩国国家公园立法遵循"保护优先"的管理理念,1967年颁布的《自然公园法》是规定有关自然公园的指定、保全、利用与管理的法律。《自然公园法》明确规定了设立国家公园管理公团的程序、步骤以及该机构的性质、经费来源等,使国家公园管理主体实现了统一。③ 以《自然公园法》为起点,韩国政府及各道、郡等根据国立公园实际制定了多类型、多层级的法律法规及条例。国立公园设立了多种禁止项目(如禁火、禁钓),取缔各种违禁行为,并规定了相应的惩戒措施条例。1991年,韩国制定了《自然环境保全法》,经多次修订后主要包含了用语的定义、基本原则与国家、地方自治团体、企业的责任以及自然保护运动等内容。2013年,韩国环境部为了保护管理野生生物和它们的栖息环境,制定了《关于野生生物保护及管理的法律》。2016年,根据国立公园访客安全管理的需要,国立公园管理公团制定《国立公园安全法》。韩国文化厅也出台了众多的文化保护法,如2016年1月实施的《关于文化遗产及自然环境资产的公民信托法》。各地区也根据本地实际制定了相关的法律法规条例,如《首尔特别市自然环境保全条例》《全罗北道金制市自然环境保全条例》等。

---

① 闫颜、徐基良《韩国国家公园管理经验对我国自然保护区的启示》,《北京林业大学学报》(社会科学版) 2017年第3期。

② 马淑红、鲁小波:《再述韩国国立公园的发展及管理现状》,《林业调查规划》2017年第一期。

③ 李祗辉:《韩国国立公园管理探析》,《世界林业研究》2014年第5期。

# 第十一章

# 域外国家公园立法比较研究的启示

"他山之石、可以攻玉",通过深入研究美国、法国、加拿大、日本等主要国家的国家公园立法,并对德国、英国、韩国开展比较研究,可以发现国外国家公园在立法体系和立法模式以及管理体制、主要制度等主要方面的规定既有相似性也有差异性,对相似性背后的普遍性做法和差异性背后的特殊性实践进行总结、分析,可从立法模式、立法体系、立法理念原则、主要制度等方面对我国国家公园专门立法提供借鉴,对我国国家公园法治具有重要意义。

## 第一节 域外国家公园立法模式与立法体系之启示

从域外国家公园立法的考察分析来看,域外对于国家公园立法模式的选择,是在国家公园建设实践中不断调整、适应的结果,国家公园立法体系也随之不断拓展并趋于完善。综合来看,主要存在以下三种国家公园立法模式:一是中央集权型立法模式,以美国、韩国为代表,其显著特征就是国家公园以中央立法为主导并由中央政府统一管理,不受地方自治的制约。二是地方自治型国家公园立法模式,以德国为代表,其特点是联邦政府只负责原则立法和宏观政策的制定,而地方政府根据自身情况开展具体的立法、执法和管理活动。三是混合型立法模式,又可分为纵向混合模式和横向混合模式,纵向混合立法模式以日本为典型,其特征是在中央和地方进行分级管理并分配立法权,横向混合立法模式以法国为典型,特点是中央集权和地方自治相结合,即从中央到地方分权,宏观上由中央统一管理国家公园,但同时赋予地方政府及其部门一定的自主权和立法权。[①]

我国有超过一半的国家公园试点地区横跨两个省份，且考虑到中央集权的政治传统、中央与地方政府之间利益冲突、多元利益相关者的利益平衡以及各国家公园的不同自然生态与社会经济特征，我国国家公园有必要实施集中分级管理的立法体例，即所谓的"框架立法、实施细则与技术导则相结合"的立法模式。[②] 具体而言，在这种国家统一立法+授权立法的模式中，首先应提升国家公园立法等级，由中央制定一部法律位阶高的国家公园综合性、基础性立法并制定统一的技术标准，再由各地方根据授权具体细化立法，两者相互支撑。中央制定国家公园的基础性法律法规指导各国家公园所在地方的立法工作，各地方制定的"一园一法"细化综合性立法，使国家公园既贯彻了国家立法的统一性，又有地方层面的具体性，保持立法内部的协调性与实效性。

从国外国家公园立法体系来看，国外国家公园普遍存在一部专门性国家公园立法统领国家公园立法体系，并围绕国家公园专门立法形成了各国家公园建设、管理、保护的"一园一法"，在国家公园立法体系外围还形成了环境保护法、自然生态保护和人文遗迹保护方面的专门立法辅助支撑的完整立法体系。目前，我国以国家公园为主体的自然保护地体系的立法体系化严重不足，自然保护地法律体系存在立法水平不高、价值取向不一、法律位阶低、内容冲突等问题。建立以国家公园为主体的自然保护地立法体系，要在对碎片化的保护地进行归并整合的基础上，开展立法的立改废工作，建立价值融贯、内容协调、逻辑层次清晰的立法体系。从体系上看，我国国家公园立法体系应当以《环境保护法》为基础，由自然保护地的综合性立法《自然保护地法》、专门性立法《国家公园法》、各国家公园"一园一法"组成，以《森林法》《草原法》《野生动物保护法》等相关立法为辅助。除制定和修改立法外，还需要对原有的国家公园的国家标准、行业标准进行修订，并在此基础上融入生态环境保护工作中的最新规定，增强规范体系的开放性和前瞻性。[③]

---

① 侯宇、陈科睿：《国家公园立法基本问题新探》，《河南财经政法大学学报》2020 年第 5 期。
② 秦天宝：《论我国国家公园立法的几个维度》，《环境保护》2018 年第 1 期。
③ 董正爱、胡泽弘：《自然保护地体系中"以国家公园为主体"的规范内涵与立法进路——兼论自然保护地体系构造问题》，《南京工业大学学报》（社会科学版）2020 年第 3 期。

## 第二节　域外国家公园管理体制的比较与启示

根据各国国家公园的名称和主要事务的管理和监督情况，可分为中央集权管理体制、地方自治管理体制和综合管理体制（如表11-1所示）。不同的管理体制一方面受国家政府管理体制的影响，另一方面取决于国家公园主要管理部门的管理自由程度。

表11-1　各国家和地区国家公园管理体系类型及主要管理部门

| 国家 | 管理体系类型 | 主要管理部门 |
| --- | --- | --- |
| 美国 | 中央集权型管理体制 | 美国内政部下属国家公园管理局（National Park Service） |
| 加拿大 | 中央集权型管理体制 | 加拿大国家公园管理局（Parks Canada Agency） |
| 法国 | 中央集权型管理体制 | 国家自然保护部下属国家公园公共机构 |
| 德国 | 地方自治型管理体制 | 各州政府设立环境部统管 |
| 英国 | 综合型管理体制 | 各国家公园管理局（National Park Authorities）及其他土地所有者 |
| 日本 | 综合型管理体制 | 国家环境省下设自然环境局、都道府县环境事务所 |
| 韩国 | 综合型管理体制 | 国立公园管理公团本部（中央）、地方管理事务所等 |

中央集权型管理体制，是指中央政府设置国家公园的专门管理机构，负责国家公园的指定、管理政策和法律法规的制定、国家公园的规划、国家公园的运营管理等事务，主管部门依据情况内设多个事务部门，以各公园为单位下设相应管理处具体执行相关计划。目前，美国、加拿大、法国等许多国家都确立了这一体制，但由于国情不同，在部门事务、机构级别、部门名称等方面存在一定差异。综合型管理体制是指国家公园的管理由多方共同参与，包括国家公园的指定、管理政策和法律法规的制定、公园规划等由多方主体共同参与。英国和日本是综合型管理体制中比较典型的国家，但是两国的管理体制又因联邦制和中央集权制的政治体制有所差别。地方自治型管理体制是指国家公园的指定、相关管理政策和法律法规的制定、公园规划等由地方政府有关部门负责，国家政府只负责宏观政策

法规的制定。①

　　国家公园管理体制的核心是各级管理机构的设置和责任、权力、利益的分配。虽然在三大管理模式下各国国家公园的管理机构设置有明显差异，但是在管理机构分布和机构职能方面存在相似之处。各级管理机构职责分工明确，由专门机构对国家公园各项事务统一管理、规划。基于我国中央与地方在管理权上的分配现状和中央集权的传统，加上我国自然保护地过去形成的碎片化、交叉重叠的管理痼疾，我国应当建立中央集中统一管理的国家公园管理体制，体现国家公园的国家主导性，地方政府根据需要协助开展生态保护和公共服务工作，提高国家公园管理的效能。在国家层面，充分整合各方力量、建立统一的国家公园管理机关，在各国家公园设置统一的国家公园管理机构，通过集中统一的国家公园管理体制处理好中央与地方的关系，在立法中对中央与地方的权责分配与协调、协作机制作出明确、具体的规定，发挥好中央和地方在国家公园治理上的积极性。

## 第三节　国家公园立法理念原则之启示

　　从国外国家公园立法的理念目的与发展演变历程来看，国家公园从最初保存自然风光逐渐演变为保护自然生态系统的完整性和物种及其栖息地的多样性，从严格保护自然生态逐渐演变为追求保护前提下的合理利用以及人与自然的和谐共生，从单纯的自然保存逐渐演变为人工干预帮助恢复自然生态，从单一的生态与景观保护逐渐演变为生态保护与文化遗产保护并重，从隔离式保护逐渐演变为注重原住居民的参与与权益保障，从分散部门管理逐渐演变为专门机构统一管理，从国家单一主体管理逐渐演变为国家、社会组织、市场主体、社区等多元主体共同参与治理。

　　随着我国国家公园体制试点改革的深入推进，"实行最严格保护"的国家公园理念已经获得了更大范围内的认同。2014年修订的《环境保护法》确立了"保护优先"的原则，2017年的《总体方案》把"生态保护第一、国家代表性和全民公益性"确立为国家公园理念的核心内涵，为

---

① 蔚东英：《国家公园管理体制的国别比较研究——以美国、加拿大、德国、英国、新西兰、南非、法国、俄罗斯、韩国、日本10个国家为例》，《南京林业大学学报》（人文社会科学版）2017年第3期。

我国国家公园立法顺利开展奠定了基础。① 我国国家公园普遍存在人地关系紧密且一体化协同演进的客观实际,"生态保护第一、国家代表性和全民公益性"的国家公园理念在立法中应当体现为国家公园立法目的的多元性、管理的多目标性和治理主体的多元性。具体而言,国家公园的立法目的应当为:在"人与自然是生命共同体理念"的指引下,在保护生态系统的原真性与完整性的前提下,对国家公园区域内的传统建筑、乡村景观、传统生产方式等文化遗产进行综合性、整体性的保护,维护人与自然的和谐共生,维护国家生态安全,提供全民享用并为子孙后代留下珍贵的自然文化遗产。国家公园的建设与管理应当具有保护生态系统的原真性与完整性、为公众提供游憩休闲与自然教育机会、带动社区协调发展等多重目标,国家公园应当建立国家、社会组织、市场主体与当地社区的多元主体共治机制。

## 第四节　国家公园立法主要制度启示

现代国家公园保护与管理制度的形成与演变以至最终成熟和完善的历程及个中缘由,对我国正在试点的国家公园体制建设和正在制定的国家公园立法主要制度安排,具有极为重要的启示与借鉴意义。

### 一　建立以国家所有为主的多元化资源产权制度

从域外国家公园的比较研究来看,除美国国家公园大量土地属于联邦公有外,其他国家的国家公园建设与管理均面临复杂的土地权属关系,特别是日本、法国和英国的国家公园分布着很多私人土地。对于非公有土地,国外通过以自愿为前提的收购、与私人土地所有者签订保护协议、环境保护地役权、乡村土地进入权等方式,既维持了国家公园区域内多元化的土地产权制度,又保障了公众利益。在此基础上实现了多元主体共同参与国家公园治理,有效平衡了国家公园的公益性与土地私益性、生态保护与资源利用之间的利益冲突。

---

① 马允:《论国家公园"保护优先"理念的规范属性——兼论环境原则的法律化》,《中国地质大学学报》(社会科学版) 2019 年第 1 期。

我国国家公园内人口稠密、人地关系历史悠久，土地与自然资源权属复杂，国家公园体制建设也面临着如何在复杂的土地与资源权属关系中实现国家公园"国家主导"、体现"国家所有"的难题。从国家公园体制试点实践来看，通过征收、赎买等方式实现土地国有成本极高，且严重割裂了已经长期存在的人地关系，极易损害原住民的生存与发展权益，导致区域内的环境不正义。因此，在我国是社会主义公有制国家、土地与自然资源主要属于国家与集体所有的现实情况下，可以借鉴国外国家公园通过多元化产权制度实现自然资源统一管理的做法，建立以国家所有为主的多元化资源产权制度，在保证园区内土地和资源主要属于国家所有，特别是需要特别保护的区域属于国家所有的前提下，维持合理的人地关系，维护集体与私人的土地、资源权益，通过保护地役权、保护协议、租赁等方式实现自然资源统一管理。

## 二　确立国家公园规划制度

国家公园规划制度是域外国家公园建设与管理的重要手段，立法将制定国家公园规划的权力与职责赋予各国家公园管理机构，从而实现由专门机构统一负责国家公园的建设、管理、保护、运营和发展各方面的事项，并对国家公园进行整体规划和制定具体事项的规划，通过规划对国家公园的生态保护与恢复、公园区域划分、行为禁止与控制、游客服务和公园特色发展等事务进行整体安排。国家公园规划制度是国家公园进行整体性保护与系统性治理的主要制度工具，是国家公园内一切保护、管理与开发利用活动的基础和依据。从我国国家公园体制试点的立法与实践情况来看，各试点地方的试点方案或立法已经充分重视国家公园规划制度，但是对规划的制定机关、审批机关、规划的内容与效力、规划的审批程序等规定不一，有的甚至规定不明确。因此，国家公园统一立法应当明确规定国家公园规划制度，并对规划的类型、制定机关、规划的效力、规划的内容、审批机关与审批程序等作出统一、具体的规定。

## 三　确立分区管控制度

分区管控制度是国家公园平衡保护与利用的核心制度，从域外国家公园的分区管控规定与实践来看，对国家公园按照不同区域的保护要求开展精细化的区域划分，并对各分区的人类活动强度以及禁止、限制与允许的行为进行详细规定,是域外国家公园分区管理的发展趋势。如日本在特别区域与普通区域划分的基础上,增加了利用调整区,并将特别区域根据保护要求划分为三级特别区域和特别保护区域,法国将原来的"核心区+加盟区"拓展为"核心区+加盟区+外围区",通过更精细化的分区,能更有效地平衡保护与利用之间的冲突。

从目前国家公园体制试点情况来看,各国家公园试点区都确立了分区管控制度,但对分区的标准、分区的类型、分区管控目标以及不同功能分区中禁止和允许的行为规定各不相同,作为国家公园建设与管理最重要的控制手段和管理依据,国家公园统一立法应当明确规定国家公园实行分区管控制度,并对分区的标准和基本类型以及分区管控的目标、不同分区行为限制的强弱作出明确规定,以确保国家公园管理的统一性和保护的有效性。

### 四 建立特许经营制度

国家公园特许经营制度是现代国家公园管理与运营的重要手段,是分离国家公园管理权与经营权,规范公园开发利用,保障公众享用国家公园公共服务的制度保障。从域外国家公园比较研究来看,域外国家公园都建立了规范的特许经营制度,通过特许经营的专门法案或专门规定对国家公园特许经营的主体、范围以及特许经营权转让的原则、方针、程序、对特许经营的监督评估等内容作出了具体、明确的规定。

我国自然保护地长期以来存在管理权与经营权不分,管理机构既行使管理权又行使经营权,不仅导致保护地过度开发利用、自然生态严重破坏,高昂的门票与收费项目还严重限制了公众亲近自然、享受公共服务的权利。目前,国家公园体制试点改革已经开展了国家公园特许经营,各试点地方也出台了特许经营办法,但仍需国家公园统一立法将特许经营制度确立为基本制度,并对特许经营的范围、主体、特许经营权转让的原则、程序和监督等内容作出统一规范。

### 五 构建社区发展制度

从域外国家公园的发展历程来看,国家公园与当地社区及其原住民从"排斥""冲突"逐步走向了"开放""合作",并且越来越重视原住民的参与与支持、传统资源权利与文化权利的认可与保障、国家公园发展利益的公平分享。2016年在夏威夷召开的IUCN世界保护地大会上就提出自然保护策略应当更多地关注原住居民与当地社区的权利及其传统知识,从社会—生态系统的角度寻求可持续的自然保护策略。① 联合国原住民问题常设论坛的乌干达卡玛莫亚族原住民罗卡乌阿认为,原住民中99%的人生活依赖于他们多年来对自然界规律所掌握的知识。如果能够保护和利用这些知识,那么原住民就有了未来发展的机会。这些经验对于世界的持续发展也大有裨益。② 原住民及当地社区正在更为广泛、深入地参与国家公园治理、生态保护,也在国家公园建设中获得更可持续的经济、社会、文化权益的保障与发展。

我国国家公园坚持"生态保护第一""国家公园实行最严格的保护",当前生态保护居于压倒性优势地位且"生态保护第一"的规范内涵付之阙如,在适用中容易理解为对资源利用的"严防死守",加上立法对原住民权益鲜有规定,原住民的生存发展权益极易受到挤压。社区与国家公园共建、共享、共治是国家永远持续运营发展的关键,也是实现国家公园空间环境正义的关键,因此国家公园统一立法应当明确规定完善的社区发展制度,对国家公园周边社区参与生态保护、传统生产生活利用、传统文化保护、利益共享等作出明确规定,充分保障原住居民的生存与发展权益。

## 六 构建公众权利保障制度

从域外国家公园的立法理念、立法目的和国家公园设立的功能来看,域外国家公园除了保护自然景观、保护物种及其栖息地的生物多样性、保护原真性的自然生态系统,还要为国民提供亲近自然、欣赏自然美景和游憩的机会。从世界范围来看,国家公园设立的核心理念即是公益和平等,作为一种国家精神的象征,国家公园要为国民提供平等的亲近自然、了解自然的机会,激发国民热爱国家壮美自然的情感,不论穷人或富人、当代人或后代人都有享受国家公园公共服务的平等机会和权利。因此,域外国家公园都在生态保护的前提下,将生态旅游、自然体验、公共设施服务作

---

① Key outcomes of IUCN's World Conservation Congress for Indigenous Peoples, http://www.forestpeoples.org/topics/iucn/news/2016/10/key-outcomes-iucn-s-world-conservation-congress-indigenous-peoples.
② 《〈联合国原住民权利宣言〉的背景资料》,中国国际移民研究网,http://www.ims.sdu.edu.cn/info/1014/8875.htm,2021年5月26日。

为公园工作的重点，同时也通过志愿者参与制度使社会力量广泛参与公园管理规划、保护监督等相关事宜之中。我国国家公园建立的基本理念之一是坚持全民公益性，国家公园坚持全民共享，鼓励公众参与，激发全民的自然保护意识和民族自豪感。国家公园统一立法应当通过构建完善的公共服务制度和公众参与制度，体现国家公园的全民公益性。

从域外国家公园立法与实践的比较来看，国家公园已成为促进全球生态保护和可持续发展的重要途径，对生态文明和人与自然生命共同体建设具有重要意义，国家公园建设日益走向开放性、公共性，推动着对人与自然关系认识的转变，对我国国家公园体制建设中科学处理生态保护与合理利用、生态保护与文化传承、公园建设与社区发展之间的关系具有重要的借鉴意义。

# 立法篇

# 第十二章

# 中国国家公园统一立法的基石

对国家公园统一立法的理念与目的、立法的价值与功能、立法模式与体系以及国家公园统一立法与自然保护地法、"一园一法"的关系等立法基础问题进行分析研究,廓清国家公园统一立法的基本内涵与外延,是研究提出国家公园统一立法的基本原则、管理体制以及主要制度的基本前提。

## 第一节 国家公园的立法理念与目的

国家公园建设起步较早的北美洲、大洋洲国家国土面积广袤、地广人稀且由于人类活动史比较短暂而得以保存大片未经人类影响的荒野区域,经过掠夺式开发后自然保护先驱与公众对自然原真性保护具有迫切需求,国家公园及其立法的理念和目的主要是圈定大面积未经人类干扰和影响的自然生态区域并进行原真性和完整性的保存与保护。与此不同,我国国家公园作为一种舶来的自然保护手段,在人类文明史悠久且人口稠密的情况下设立国家公园,普遍面临人地关系紧密、多样且原住居民贫困的现实情况,很难推行北美洲、大洋洲国家的圈地式保护模式和偏重自然生态原真性和完整性保护的理念与目的,而应主要把维持人与自然的和谐共生、保护健康生态系统、保障自然生态和风景资源的世代享用作为立法的理念与目的。

### 一 《国家公园法》的立法理念

习近平总书记在党的十九大报告中指出:"人与自然是生命共同体,

人类必须尊重自然、顺应自然、保护自然。"① "人与自然是生命共同体"的理念，是对中国传统文化中"天人合一"自然伦理思想的继承，是对人与自然关系在生态文明时代的全新解读，是习近平生态文明思想系统整体观的理论表达和生态文明建设的根本目标，《国家公园法》作为生态文明建设的重要法治保障，应当以"人与自然是生命共同体"作为贯穿始终的立法理念。

### （一）人与自然是生命共同体的理论内涵

第一，人与自然是生命共同体的理念在环境伦理维度充分肯定了自然本身的整体性价值，正确揭示了人对自然的应有态度，即人必须尊重自然、顺应自然、保护自然。人与自然万物有机构成了生机勃勃的地球生命共同体，自然不仅具有可供人类利用的经济价值、生态价值、美学价值等多种价值，同时，由于自然先于人类而存在，自然的存在与演化具有其内在性，自然具有不以人为目的的自身尊严和价值。意大利思想家佩切伊指出："对生态的保护和对其他生命形式的尊重，是人类生命素质和保护人类两者不可缺少的条件。"② 国家公园设立的首要目的是自然保护与生态保护，保护自然的完整性和原真性，尊重与保护自然生态的本身价值，是为了实现"无用之用"，并在尊重自然、顺应自然的前提下形成人与自然的良性互动，在处理经济发展与环境保护的冲突时，将环境保护置于优先位置，从而达到"人与天谐，天人共美"的美好愿景。

第二，人与自然是生命共同体理念运用马克思主义唯物辩证法科学诠释了人与自然的辩证统一关系，是生态整体主义的生动体现。进入工业社会后，随着人的理性觉醒和主体性的确立，人与自然"主客二分"的后果就是人与自然的对立性凸显。为了缓和人与自然之间的张力，生态文明社会必须调适人与自然的关系，认识到人与自然是对立统一的有机整体。人类在与自然相互作用的历史进程中，既有在尊重自然规律的前提下对自然产生的良性作用，成为自然演化的有机组成部分，形成社会—生态系统，也有基于理性的自负过度改造自然、妄图凌驾于自然之上的破坏性的

---

① 习近平：《决胜全面建成小康社会　夺取新时代中国特色社会主义伟大胜利——在中国共产党第十九次全国代表大会上的报告》，人民出版社2012年版，第50页。

② ［意］A.佩切伊：《未来一百页》，王肖萍、蔡荣生译，中国展望出版社1984年版，第159页。

消极影响。人与自然是生命共同体的理念在辩证唯物主义和历史唯物主义基础上揭示了人与自然的内在统一性,强调人与自然的良性互动关系,反对人类中心主义导致的人与自然的对立与冲突。

第三,人与自然是生命共同体的理念在生态学维度上揭示了人与自然是有机整体、和谐共生的科学性。人与自然是生命共同体的理念建立在生物学共生理论的科学基础上,是对自然规律的体现、尊重和顺应。"共生"概念最早是由德国微生物学家德贝里于1879年提出的,用以定义不同种类的生物密切地生活在一起,并进行物质交换、能量传递的现象。① 共生理论的主要内涵包括有机体之间的相互作用、相互竞争、互利共生、共同进化。共生强调各共生单元之间的协调与合作,通过合作性竞争促进各自发展,使它们在复杂多变的环境中具有良好的适应性。20世纪50年代以来,共生理论被广泛地引入社会科学领域,用于解释人类社会内部的共生关系和人与自然之间的共生关系。② 从共生理论的角度来观察,整个自然界作为一个共生系统,生活在其中的人与自然是一种寄生—宿主的共生关系,人以自然为基础,因此必须与自然界其他生物相互依赖、相互作用,在合理限度内相互竞争,才能形成地球生态系统共生共荣、协同进化的和谐共生关系。群体共生关系成功的奥秘在于它们在这个群体中的共生能力,而不是强者压倒一切的"本领"。③ 和谐共生是共生的最佳状态,是指共生主体在合理的度之内分享资源,人与自然和谐共生是人与人和谐共生的基础。人与自然是生命共同体的理念既强调人对自然的依存关系,也强调人对自然的良性作用,人与自然共生共存、共同发展、共同繁荣是人与自然是生命共同体理念的逻辑必然。

### (二) 人与自然是生命共同体理念的立法指引

"人与自然是生命共同体"理念是生态的整体性、人与自然的有机整体性与和谐共生性最生动的表达,是中国传统文化"道法自然""天人合一"等自然哲学思想的创造性转化和创新性发展,体现了中华文明独特的整体性与系统性的世界观和自然观。在"人与自然是生命共同体"的

---

① Koide Roger, Ahmadjian V., Paracer S., "Symbiosis: an Introduction to Biological Association", *The Bryologist*, Vol. 89, No. 4, 1986.
② 胡守钧:《社会共生论》,复旦大学出版社2012年版,第79页。
③ 杨玲丽:《共生理论在社会科学领域的应用》,《社会科学论坛》2010年第16期。

立法理念指引下,《国家公园法》应在基本原则与制度设计上体现生态系统性的保护以及人与自然共生性的维护,既坚持生态保护第一,又尊重合理的人地关系;既保护生态的原真性与完整性,又统筹推进绿色发展、民生改善与公众服务。

第一,在生态整体性的保护上,制度设计应当维持生态系统的完整性并将生态系统维持在健康状态,统筹推进山水林田湖草沙一体化保护和系统治理。一是对国家公园与周边生态进行整体性保护。国家公园勘界设立将自然生态空间区隔为园区内和园区外,但这种人为的划分不能改变在更大的范围内园区内自然生态与园区外的自然生态的系统性关系。因此,为了生态系统的完整性保护和科学性保护,必须坚持园区内与园区外生态协同保护,通过国家公园的整体规划以及与周边社区的协同保护机制,共同保护国家公园周边的自然生态,确保周边社区发展与国家公园保护目标相一致。二是对国家公园内的全民所有与集体所有的土地及其附属资源进行整体性保护。国家公园内部的生态整体性保护,首先应当将国家公园作为独立自然资源资产登记单元,对国家公园内的集体土地与自然资源通过签订环境保护地役权、租赁、置换、赎买等多种方式进行统一管理、一体监测。三是对国家公园的核心保护区与一般控制区的自然生态进行整体性保护。国家公园的分区管控必须以维持自然生态的整体性与系统性为前提,虽然核心保护区是保存完好的天然状态的生态系统以及珍稀和濒危动植物的集中分布地,需要封闭式保护以最大限度限制人为活动,但仍应尊重核心保护区与一般控制区的生态联系以及整体性、系统性与长期性生态影响,对于核心保护区内保护对象季节性迁徙和变化的,应当尊重自然规律、建设生态廊道,进行季节性差别管控和必要时的人力介入,绝不能彻底封禁、管死。同时,一般控制区内的生态修复措施和改善生态的手段必须科学评估、充分考虑对整体自然生态的影响,以免"好心办坏事"。

第二,在人与自然有机整体性和互惠共生关系的促进与维护上,应当认识到人—社会—自然是一个复合生态系统,自然生态与社会生态密切相关,在制度设计上,一方面,要认可社区居民对自然的良性作用、尊重合理的人地关系、维持人与自然的互惠共生;另一方面,要通过规划制度、社区发展制度、利益平衡机制实现国家公园内生态保护、绿色发展、民生改善、文化传承相统一。一是立法应当明确国家公园是一种以生态保护为首要目标，兼容科研教育、国民游憩、社区发展功能的综合形态。二是由于"国家法或官方法的运作有赖于它们对社会中起作用的不成文法或非官方法的适应"①，《国家公园法》应当承认生态习惯法作为法律渊源的正当性，将原住居民的生态智慧融入国家公园的制度设计，承认与保障原住居民参与国家公园管理、传统资源利用与文化传承的权利。三是制度设计应当适度保留传统生计，并引导传统生计绿色发展。传统生计蕴含着人们在长期生产实践中积累的生态智慧，也是国家公园的重要文化资源，尤其是在原住居民人口稠密、人地关系历史悠久的园区内，应当认识到"传统生产系统也是生态系统原真性与完整性的组成部分"②。某些地方原住居民在与自然的长期相互作用和协同演化过程中已经是自然生态系统的重要一环，应当尊重已有的土地与自然资源产权关系，通过建立传统生计的绿色化机制、协议保护机制等，引导原住居民将传统生计与生态保护结合起来。四是制度设计应当明确国家公园管理机构和当地政府引导和扶持社区居民进行人居环境与生活方式绿色化转型、发展替代生计、推动绿色产业复合型发展的职责。制度设计应当赋予社区居民担任生态管护岗位、开展特许经营的优先权利与发展绿色产业的扶持机制、人居环境与生活方式绿色化转型支持机制，引导社区居民生产生活转型与国家公园保护目标趋于一致。通过传统生计的绿色化、利益共享，引导原住居民与国家公园从利益相关方逐渐形成利益共同体，经由长期的制度规范引导、利益互惠共享、文化认同与保护，使原住居民与国家公园逐渐形成价值共识，由被动适应转向主动保护，在利益共同体的基础上最终形成人与自然的生命共同体。

第三，在促进和加深人与自然的内在情感联系上，立法应当体现国家公园的全民公益性，通过制度设计保障当代人和后代人能够共享国家公园的生态功能服务和自然人文景观资源。人的动物性本质使得人天然具有亲自然性的需求，但工业革命以来组织化的生产和城市化的生活方式使得人的内在精神中与自然已有的深度联系被破坏殆尽，工具理性的支配导致人的精神危机严重，在物质生活极大丰富的前提下，需要在亲近自然、与自

---

① 艾佳慧：《韦恩·莫里森〈法理学——从古希腊到后现代〉》，《环球法律评论》2006年第5期。
② 刘金龙、赵佳程等：《中国国家公园治理体系研究》，中国环境出版社2018年版，第111页。

然深度交往中获得审美享受和精神满足。国家公园是兼容多种公共服务功能的公众共用物,[①] 不特定多数人可以对其进行非排他性的使用,对于修复人与自然的深刻联系、形成人与自然生命共同体具有无可替代的地位。国家公园全民公益性理念最核心的要义就是全民对国家公园的"共享",即任何人都有权享用(包括享受和利用)国家公园的惠益,全民共有和共建则分别从国家公园管理和建设两个方面为全民共享提供了保障,同时也构成了国家公园全民公益性理念的内在要求。[②] 国家公园的全民共享是对国家公园生态、科学、历史、文化、艺术等多元价值体系的共享。[③] 国家公园全民公益性的立法表达应当通过"基本原则+法律制度"的方式系统贯穿。基本原则是立法理念与目的的集中表达,全民公益性作为国家公园设立目的的具体延伸,应当在基本原则中予以明确表达以提纲挈领,并通过具体制度予以保障落实。

## 二 《国家公园法》的立法目的

立法目的是立法者开篇用规范化的语句开宗明义表述制定法律文本的目的,目前,我国的制定法基本都在第一条明确规定了立法目的。立法目的的功能定位主要为立法活动的方向选择、立法论证的有效途径、法律解释的重要标准、公民守法的规范指南。[④]

### (一) 立法目的的来源依据

自 2013 年 11 月党的十八届三中全会决定首次提出建立国家公园体制以来,国家公园体制建设一直以国家的政策文件为依据先行先试,中共中央办公厅、国务院办公厅先后在印发《总体方案》《指导意见》两份关于国家公园体制建设的政策性文件。《总体方案》首次以政策性文件的形式对国家公园体制建设作出了全面、系统的规定,明确提出国家公园体制改革的主要目标是"建成统一规范高效的中国特色国家公园体制,交叉重叠、多头管理的碎片化问题得到有效解决,国家重要自然生态系统原真

---

① 蔡守秋:《基于生态文明的法理学》,中国法制出版社 2014 年版,第 219 页。
② 王社坤:《国家公园全民公益性理念的立法实现》,《东南大学学报》(哲学社会科学版) 2021 年第 4 期。
③ 刘超:《国家公园分区管控制度析论》,《南京工业大学学报》(社会科学版) 2020 年第 3 期。
④ 刘风景:《立法目的条款之法理基础及表述技术》,《法商研究》2013 年第 3 期。

性、完整性得到有效保护,形成自然生态系统保护的新体制、新模式,促进生态环境治理体系和治理能力现代化,保障国家生态安全,实现人与自然和谐共生"。《总体方案》也明确规定国家公园的理念是生态保护第一,给子孙后代留下珍贵的自然遗产,具有国家代表性、全民公益性。《指导意见》提出建立以国家公园为主体的自然保护地体系的总体目标是:"推动各类自然保护地科学设置,建立自然生态系统保护的新体制、新机制、新模式,建设健康稳定高效的自然生态系统,为维护国家生态安全和实现经济社会可持续发展筑牢基石,为建设富强民主文明和谐美丽的社会主义现代化强国奠定生态根基。"

《总体方案》和《指导意见》是我国国家公园体制改革试点中主要遵循的公共政策,政策是源于政治系统的统治工具,是政党组织、政权机关以权威形式标准化地规定在某一特定时期应当实现的目标和任务、采取的一般步骤和具体措施。环境政策在中国的环境保护实践中发挥着重要作用,甚至在很多领域是环境政策主导环保工作,因此,有学者认为,中国环境法实质上就是环境政策的体现。[1]

生态文明体制改革面临大量新问题,需要新思路和新措施予以快速回应,党和国家颁布的大量环境政策成了改革的直接依据和具有滞后性的环保立法的重要补充,政策实施和试点改革为随后的立法提供了良好的准备。因此,环境政策与环境法律虽然分属于政治系统和法律系统,但二者发生着互动、连接,其中最典型的是政策性立法的出现,意即环境政策的法律化。环境政策法律化仅是对环境政策系统中体现环境保护理念、精神、价值目标的抽象性政策,通过法的形式进行立法确认,从而使国家环境保护的基本价值理念和方向得到法律的正式宣示。[2] 而且,并不是所有的抽象性环境政策都能获得立法确认,法律基于自身的系统性特征与价值取向,对抽象性环境政策进行"筛选"和"转译",只有那些符合法律运行规律的抽象性环境政策才能进入立法并以法的形式予以确认与表达。

《总体方案》和《指导意见》中关于国家公园体制建设的目标属于党和国家关于国家公园建设的价值目标的抽象表达,是生态文明体制建设的

---

[1] 别涛:《关于〈环境保护法〉的修改方向》,载王树义主编《可持续发展与中国环境法治》,科学出版社 2005 年版,第 16 页。

[2] 郭武、刘聪聪:《在环境政策与环境法律之间——反思中国环境保护的制度工具》,《兰州大学学报》(社会科学版)2016 年第 2 期。

政治理念在国家公园领域内的投射,《国家公园法》作为国家公园法律法规体系的基础性立法,必然要将政策文件中抽象的国家公园体制建设目标理念通过立法目的进行法律确认,这也是环境立法贯彻生态文明理念的必然要求。

(二) 立法目的的确定与表达

立法目的是国家意志的集中、抽象表达,环境立法的目的是国家关于环境立法的指导思想和环境法治建设目的的集中体现。德国法学家耶林在其法理学主要著作中认为,目的是全部法律的创造者,每条法律规则都源于一种目的,即一种事实上的动机。[①]《国家公园法》立法目的是国家关于国家公园立法的指导思想与国家公园体制建设的目的的集中体现,决定了立法的价值偏好和具体规则设计,是全部立法的根基与锚点。

《国家公园法》立法目的的确定必须联系国家公园的功能与目的、国家公园建设涉及的多元、多层次的复杂利益问题。国家公园是生态、环境、物种、景观、人文、经济的综合体,主要功能是提供保护性的自然环境、保存物种及其遗传资源的多样性、提供国民游憩、促进社区发展、促进科学研究与自然教育。基于前文的分析,世界自然保护的理念已经从隔离性保护走向了兼顾自然保护与人类福祉,设立国家公园的主要目的应以严格保护为主、兼顾合理利用。而且国家公园价值与功能的多样性决定了承载利益的多样、多层次性和利益主体的多元性,既包括当代人的利益与后代人的利益,还涉及当代人中多元主体的多样利益。国家公园价值与功能的多样性、利益的复杂性,决定了《国家公园法》立法多目的的正当性。《总体方案》和《指导意见》对于国家公园体制建设的多目标设定也说明,政策基于国家公园价值与功能多样性的追求所欲达到多种目的的主观意志,这种主观意志体现的价值目标需要《国家公园法》通过立法目的进行法律表达与宣示。

环境立法的多目的包括直接目的和间接目的,直接目的是立法者所欲达到的明确具体的事实性客观目的,又称事实目的、客观目的;间接目的体现了立法者的价值追求,也称实质性目的、价值性目的,实现直接目的

---

① [美] E. 博登海默:《法理学——法哲学及其方法》,邓正来、姬敬武译,华夏出版社1987年版,第104页。

是实现间接目的的前提。[①] 通过对上文中梳理《总体方案》和《指导意见》中对于国家公园的理念、目的和主要目标的规定来看,《国家公园法》立法的直接目的首先是建立有中国特色的国家公园体制,通过立法解决以往自然生态保护出现的保护地交叉重叠、多头管理的碎片化问题,对国家公园建设涉及的管理体制、自然资源产权、资金机制等体制机制重大问题以法律的形式予以规范。《国家公园法》立法的直接目的其次是保持自然生态系统的原真性和完整性,《总体方案》明确"建立国家公园的目的是保护自然生态系统的原真性、完整性,始终突出自然生态系统的严格保护、整体保护、系统保护,把最应该保护的地方保护起来"。国家公园作为一种国土空间保护的新形式,首要目的是把自然生态系统最重要、自然景观最独特、自然遗产最精华、生物多样性最富集的部分保护起来,通过划定连片的大面积陆域或海域空间,对自然生态系统的原真性与完整性进行最严格的保护,要明确坚持生态保护第一。最后是提供全民享用并为子孙后代留下珍贵的自然遗产。国家公园与隔离式严格管理的自然保护区的区别在于,"公园"应当为全体国民提供使用与享受,是人与自然和谐相处的示范区,《总体方案》明确提出"国家公园坚持全民共享,着眼于提升生态系统服务功能,开展自然环境教育,为公众提供亲近自然、体验自然、了解自然以及作为国民福利的游憩机会"。国家公园应该在生态保护第一的前提下促进合理利用,提供国民游憩机会和自然教育,并以此推动社区生产生活方式的绿色化转型,带动社区繁荣发展。强调国家公园要"为子孙后代留下珍贵的自然遗产",除了是"保护自然生态系统原真性与完整性的"目的的自然延伸,也是对后代人环境正义的实现。

《国家公园法》的实质性目的首先应是维护国家生态安全,国家生态安全主要是指一国具有支撑国家生存发展得较为完整和不受威胁的生态系统,以及应对内外重大生态问题的能力。生态安全是国家安全体系的重要基石,国家公园"把自然生态系统最重要、自然景观最独特、自然遗产最精华、生物多样性最富集的部分保护起来",从而为这些"最应该保护的地方"划定生态红线,有力地维护了国家生态安全。《国家公园法》的实质性目的还应包括完善生态文明制度体系。国家公园体制建设是我国生

---

[①] 蔡守秋:《析 2014 年〈环境保护法〉的立法目的》,《中国政法大学学报》2014 年第 6 期。

态文明体制改革的重要抓手,《国家公园法》的制定将成为生态文明制度体系的重要组成部分,为构筑和完善系统、完整的生态文明制度体系起到示范效应、积累立法经验。

## 第二节 国家公园立法的功能与价值

### 一 《国家公园法》的功能定位

#### (一)《国家公园法》的定位

由于我国自然生态保护与管理中长期以来缺乏一部关于自然保护地的综合性、基础性的立法,有关自然保护地的立法多以条例、规章等低位阶、碎片化的形式对特定类型的保护地进行法律规范,导致自然保护地管理中长期存在要素式保护与部门化管理传统。具体表现为,自然保护地管理中累积形成了保护地类型交叉重叠、管理部门多头交叉管理、保护地分类不科学不清晰、保护标准不统一、管理部门权责落实难、保护资金来源不稳定、公益属性不明确、保护与开发利用矛盾大等多种问题,严重制约了我国自然生态空间保护与生态安全的维护。

国家公园作为一种新的自然保护地类型和自然生态空间保护的新手段,主要目的是通过国家公园体制建设革除我国自然保护地历史中形成的痼疾。自然保护地管理中出现的体制性问题总结起来,主要涉及地权、资源物权、事权、财权等几类。目前,在《国家公园法》尚未出台的情况下,各国家公园试点地区的省份为了国家公园建设与管理的需要,已经率先开展了国家公园地方性法规的立法实践,已出台的国家公园地方性法规主要包括一般管理条例和特定国家公园管理条例两种,前者如云南省出台的《云南省国家公园管理条例》,后者如青海省出台的《三江源国家公园管理条例》。当前出台的国家公园地方性法规的主要作用在于"解决国家法律缺位状况下地方政府管辖'国家公园'合法性问题"[1],但是,由于地方性法规的法律位阶与地方性局限,无法解决我国自然保护地管理与建

---

[1] 张振威、杨锐:《中国国家公园与自然保护地立法若干问题探讨》,《中国园林》2016年第2期。

设中长期形成的普遍性问题、体制性顽疾和制度性障碍，也无法对国家公园应有的功能、目的、法律价值取向与整体制度设计和完整的利益机制作出全面、系统的规定。考虑到目前试点和已经建成的国家公园类型多样，既有保护特定物种的国家公园（如东北虎豹国家公园、大熊猫国家公园），也有保护特定生态系统的国家公园（如海南热带雨林国家公园），还有保护特定自然生态空间的国家公园（如三江源国家公园、祁连山国家公园、钱江源国家公园），且各国家公园所在地的自然地理状况差异较大、社会经济发展水平不一、原住居民与土地权属问题各有特殊之处、保护手段与保护需求不统一，因此，《国家公园法》应当在各国家公园管理与建设、保护与发展的特殊性之中确定一般性规则，以适应当前与未来为国家公园提供稳定性规范秩序之目的。

面对国家公园立法与实践中出现的实际问题与现实需求，《国家公园法》的定位不在于为国家公园提供管理技术细则的具体规定，而是作为国家公园这一特定保护地类型的特别保护法、作为国家公园法律体系的综合性与基础性立法，立法的重心应当是设定国家公园体系保护与发展的整体目标、功能、价值本位，建立国家公园保护与管理的基本原则、管理体制、基本制度、资金机制、利益分配机制、法律责任等，构建国家公园法律规制的基本架构，并为"一区一法"留好接续通道。

**（二）《国家公园法》的功能**

基于《国家公园法》作为国家公园的特别保护法以及国家公园法律体系中综合性、基础性法律的立法定位，《国家公园法》应当在前述立法理念的指引下，阐明立法的目的与基本原则，重点对我国自然保护地管理与建设历史中积累的，投射在国家公园建设与保护中的普遍性问题、体制性顽疾和制度性障碍予以明确规定，为国家公园建设、管理、保护、利用与发展提供法律依据和总体设计，也为各国家公园制定"一园一法"提供上位法依据。

目前，《总体方案》《指导意见》以及各国家公园的地方性法规、试点方案等政策与法律文件已经确立了《国家公园法》的基本框架与主要制度，《国家公园法》应当对地权、资源物权、事权、财权、多元利益主体管理与保护、利用等几类国家公园建设中的关键问题从国家层面作出顶层设计。

一是国家公园的地权问题。《总体方案》明确提出，"国家公园以国家利益为主导，坚持国家所有，具有国家象征，代表国家形象"，同时"始终突出自然生态系统的严格保护、整体保护、系统保护"。实现前述目标的关键在于土地权属，但我国国家公园普遍存在人、地约束，[①]原住居民的生计来源与土地具有紧密的经济依存关系，加上人地关系历史悠久，形成了"户、村集体与国家各层面交错复杂的土地、资源权属关系"[②]。国家公园为了整体性、系统性保护自然生态，必须对国家公园所在的土地进行统一规划、统一保护、统一管理，坚持国家公园的国家主导地位，但是必须明确国家主导并不是将园内所有土地收归国有，而是国家主导、其他产权主体共同参与。因此，首先必须对园内土地确权登记，保证国家所有的土地占主导地位，同时规定对于划入国家公园的集体土地通过置换、赎买、合作、保护地役权等方式实现统一管理。

二是国家公园的资源物权问题。国家公园既是自然生态空间保护的新格局，也是自然资源保护与合理利用的新形式，要统筹设计保护与利用。《总体方案》《指导意见》都明确提出，将国家公园作为独立的自然资源登记单元，对区域内水流、森林、山岭、草原、荒地、滩涂等所有自然生态空间统一进行确权登记，实现权属清晰、权责明确。科学合理的自然资源资产产权制度是实现国家公园保护与利用协调统一、激发多元利益主体共同参与国家公园建设的关键制度安排。因此，《国家公园法》应当对自然资源的确权登记、全民所有自然资源资产所有权的行使制度及其权利义务规定、非全民所有自然资源资产产权的行使及其限制作出明确的规定。

三是国家公园的事权问题。《总体方案》明确指出，建立国家公园的主要目标是"建成统一规范高效的中国特色国家公园体制，交叉重叠、多头管理的碎片化问题得到有效解决"，"形成自然生态系统保护的新体制新模式，促进生态环境治理体系和治理能力现代化"。因此，国家公园的事权亦即管理体制问题是国家公园立法的关键核心问题，关系到以国家公园为抓手的生态文明体制改革的成败。《国家公园立法》应当对分级统一的管理体制、中央与地方的事权划分、国家公园统一管理机构与地方政府及相关管理机构的职责职权划分、履职尽责情况的监管机制，从而确立

---

① 何思源、苏杨、罗慧男等：《基于细化保护需求的保护地空间管制技术研究——以中国国家公园体制建设为目标》，《环境保护》2017年第1期。
② 李文军：《协调好国家公园内原住居民生存发展和自然保护的关系》，《青海日报》2019年12月9日第10版。

统一规范高效的中国特色国家公园体制，为各国家公园开展管理体制改革提供法律依据。

四是国家公园的财权问题。国家公园由国家主导，建设、保护与管理离不开持续、充分的财政投入，国家公园管理事权在中央与地方进行划分的情况下，依附于事权的财政资金出资问题关系到中央与地方的责任划分与利益安排，也关系到国家公园建设、保护与管理的实效性与可持续性，因此，《国家公园法》应当对中央直接管理、中央地方共同管理和地方管理的国家公园"钱从哪里来"的问题作出明确规定。此外，在确保财政资金投入为主的前提下，《国家公园法》还应对多元化的资金保障机制作出具体规定，明确市场融资、社会捐赠的资金收支模式与监管机制。

五是国家公园的多元利益主体。国家公园建设与运行、保护与利用能否具有可持续性的关键在"人"，国家公园关系到多元利益主体的多种利益，不仅要严格保护生态、保护重要自然生态系统的原真性与完整性，还要保障多元利益主体的合法权益，实现国家公园共建、共治、共享。国家公园建设与管理中，原住居民因其与国家公园紧密的地理、经济、文化依存关系，[①] 是国家公园建设的首要利益主体，国家公园与原住居民的关系问题是国家公园建设面临的核心问题，《国家公园法》应当对原住居民基于资源利用、利益分享和文化传承的生存、发展权益保障以及获得生态补偿的权益作出专门规定。此外，国民游憩、教育、科研的权益是国家公园的公益性实现的具体途径，《国家公园法》应对这些国民权利做出明确规定，并对国家公园公益性实现机制作出具体规定。

六是对国家公园管理与保护、利用的基本制度作出明确规定。《国家公园法》作为国家公园法律体系的基础性立法与综合性立法，应当对国家公园的功能定位、设立标准、准入条件、退出机制作出明确规定。国家公园的功能主要是保护自然生态系统的原真性、完整性，同时兼具科研、游憩、教育、社区发展等功能。公园的设立标准应当包括：一是自然生态系统具有国家代表性、国民认同度高；二是保护区域的自然生态系统结构与自然生态系统风貌、演化过程具有完整性与原真性；三是国家公园为了突出国家主导性，保护区域内全民所有的土地与自然资源应当占据主体地

---

[①] 李一丁：《整体系统观视域下自然保护地原住居民权利表达》，《东岳论丛》2020年第10期。

位。国家公园保护、利用的制度是国家公园管理的具体抓手,《国家公园法》应当对国家公园的规划制度、分区管控制度、生态保护与修复制度、特许经营制度、产权激励制度等作出具体规定,建立符合生态保护要求与生态保护规律的科学、合理、系统的基本制度体系。

## 二 《国家公园法》的价值意义

我国自然保护地立法长期以来缺乏高位阶的综合性立法予以引领,立法碎片化、低位阶化导致自然保护地的法律供给严重不足。目前,《自然保护地法》《国家公园法》都已纳入国家立法规划,《国家公园法》因国家公园体制改革的迫切需求和社会的广泛关注已经进入立法快车道,国家林业和草原局于2022年8月19日发布了《国家公园法(草案)征求意见稿》,《国家公园法》的出台指日可待。作为一部国家公园的专门立法和自然保护地体系的先行立法,《国家公园法》具有重要的立法标杆作用和破冰效应。

### (一)《国家公园法》具有制度突破与创新价值

自2017年《总体方案》印发以来,我国国家公园在政策引领、地方实践和学术研究几个方面均取得了重要的进展。以《总体方案》《指导意见》《国家公园设立标准》《全国国家公园空间布局方案(征求意见稿)》《全国国家公园总体发展规划》为代表的关于国家公园建设、保护与管理的一系列政策文件清晰勾勒出了国家公园建设的蓝图,回答了国家公园是什么、怎么建、谁来管、如何管、管什么等重大问题。试点地方的国家公园在管理体制、运行机制、生态保护、社区发展、宣传推广等方面也进行了卓有成效的探索,各国家公园在实践中也制定了专门的总体规划、方案、保护条例等多种立法与政策,积累了大量的管理与立法经验。而且近几年关于国家公园的学界研究也在逐渐走向深入化与精细化,为国家公园立法的制度创新提供了理论指引。以此为基础,在没有立法负担和包袱的前提下,"《国家公园法》的立法目的明确、内容自成一体、规范结构清晰"[1],能够进行制度的先行探索与率先破题,并将制度突破与创新通过法律形式固定下来,成为贯彻生态文明理念

---

[1] 汪劲、吴凯杰:《〈国家公园法〉的功能定位及其立法意义——以中国自然保护地法律体系的构建为背景》,《湖南师范大学学报》2020年第3期。

的立法标杆。

**（二）《国家公园法》具有统领国家公园法律体系的基础价值**

自2015年开展国家公园体制改革试点以来，在《国家公园法》尚未出台的情况下，各国家公园试点省份为了国家公园管理与建设有法可依，陆续根据本地区的保护需求、地理生态特性、社会经济发展水平展开了国家公园的地方立法实践。目前已出台的如国家公园专门性法规、规章有《云南省国家公园管理条例》《三江源国家公园管理条例（试行）》《武夷山国家公园条例（试行）》《神农架国家公园保护条例》《钱江源国家公园管理办法（试行）》《祁连山国家公园条例（草案）》《云南香格里拉普达措国家公园保护管理条例》《海南热带雨林国家公园条例（试行）》《东北虎豹国家公园管理办法》。此外，各试点国家公园出台了针对特许经营、社区发展、集体自然资源产权、国家公园规划等数目繁多的规章、标准、规划作为国家公园管理制度体系的重要组成部分，在管理体制、运行机制、社区发展、集体自然资源等方面取得了重要的创新与突破。如钱江源国家公园开展的保护地役权改革，海南热带雨林国家公园创新生态搬迁土地置换方式与旅游收益反哺社区办法等，武夷山国家公园创新了管理体制与运行机制，建立了"管理局—管理站"两级管理体系，并成立武夷山国家公园森林公安分局，统一履行园区内资源环境综合执法职责。从目前实践来看，各国家公园虽然进行了制度设计的率先探索，但由于缺乏统领性立法的指引，在具体实践做法中存在同一问题不同规定、一些问题立法空白的现象，而且现有国家公园地方立法也需要对照《国家公园法》取得合法性依据。

在国家公园"一园一法"已经初步成熟、各试点国家公园已经开展了卓有成效的立法探索前提下，《国家公园法》将从国家生态文明建设和生态安全保障的高度，以国家法律的形式对国家公园建设、管理、保护、利用中纷繁复杂的利益进行分配与衡平，确立国家公园的建设的目的、功能、基本原则、管理体制、运行机制以及关于管理、保护、利用的基本制度等一般性规则，为完善国家公园法律体系提供基础与指引。作为国家公园法律体系的综合性、基础性立法，各国家公园应当对照《国家公园法》对已有立法进行整理，保留地方特色与创新但也应与《国家公园法》的一般性规则相符合，后续开展的国家公园相关立法也应自觉与《国家公园法》的规定内容取得一致并保持逻辑自洽，体现《国家公园法》的立法精神。

**(三)《国家公园法》能够为自然保护地立法提供参考价值**

《指导意见》明确提出,要建立以国家公园为主体的自然保护地体系,国家公园作为我国生态文明建设背景下建立自然保护地体系的主体与代表,也反映了其他类型自然保护地所面临的共同体制机制问题。《国家公园法》作为自然保护地法律体系中的首部专门性法律,在《自然保护地法》立法难度大迟迟未出台、其他类型自然保护地立法还在酝酿中的情况下,《国家公园法》的立法具有率先破题作用和对后续自然保护地立法的示范效应。因此,《国家公园法》立法的意义并不限于国家公园本身,而是具有惠及其他自然保护地法的体系性。[1]《国家公园法》立法不仅为国家公园法律的管理与运行提供法律依据,而且有助于建立分类科学、保护有力的自然保护地体系,为其他自然保护地立法提供参考价值。[2] 由于国家公园"以保护具有国家代表性的大面积自然生态系统为主要目的",面积大、保持生态系统原真性与完整性、具有国家代表性、体现国家主导性的特征势必决定了国家公园建设与管理面临的利益关系最多样、最复杂,特别是管理体制、资源权属、社区发展等重点、难点问题都将体现在《国家公园法》的立法过程中。在此意义上,《国家公园法》不仅是国家公园法律体系具有统领作用的基础性、综合性立法,而且在《自然保护地法》出台时间可能更长久的背景下,《国家公园法》的立法经验可以为《自然保护地法》的立法提供参考,《国家公园法》的共同性规范可供其他自然保护地参照适用。

## 第三节 国家公园立法模式与体系

### 一 国家公园立法模式及其体系

国家公园体制改革是生态文明体制改革的样板区,国家公园立法也是生态文明制度建设的重要组成部分,是《总体方案》确定的重点立法任

---

[1] 秦天宝:《论我国国家公园立法的几个维度》,《环境保护》2018年第1期。
[2] 王凤春:《完善法律法规,依法保障国家公园体制稳步建设》,《生物多样性》2017年第10期。

务，十三届全国人民代表大会将《国家公园法》列为二类立法规划。我国于2018年正式启动了《国家公园法》的立法工作，目前已经取得了重大进展。

目前，法学领域关于国家公园的立法研究尚处于起步阶段，对于国家公园法的功能定位、与自然保护地法的关系、立法模式等仍缺乏理论共识。前述已经论及《国家公园法》的功能定位是国家公园的专门性保护法，也是国家公园法律体系的基础性、综合性立法，此一功能定位必然涉及《国家公园法》与试点地方已经出台的国家公园地方性法规的关系问题，即立法模式选择问题。

关于国家公园的立法模式选择问题，学界目前对国家公园法的研究中多呼吁采用"一园一法"的立法模式，"采用此模式既有借鉴国外国家公园立法经验，也有我国自然保护区立法的惯性因素考量"[1]。从目前对世界范围内的国家公园立法研究来看，国外目前存在着中央集权型、地方自治型和综合管理型三种不同的国家公园立法模式。[2] 以美国、巴西、南非为代表地对国家公园进行中央统一立法、对国家公园进行统筹管理，并通过授权国家公园管理局、地方当局和其他管理部门具体立法、具体执行管理权，形成了"中央统一立法+'一园一法'的中央集权下的授权立法"模式。以德国、澳大利亚为代表的地方自治型立法模式主要采取框架法+地方具体立法的模式，由联邦对涉及国家公园的建设、保护与管理的一般性事项进行原则性立法，地方当局可在框架法的范围内根据具体需要与现实情况制定执行性立法。混合立法模式以日本、加拿大为代表，日本将国家公园分为国立、国定、道立分别进行中央与地方的分级管理，加拿大实行联邦政府宏观管理、地方当局享有一定立法自治权、私营与民间机构参与管理的协作共治立法模式。

上述几种立法模式是根据各自国家中央与地方的分权情况以及社会发育程度、国家公园的自然地理特征等因素综合做出的适应性选择。基于这些因素进行分析，首先，国家权力的分权规定以及国家公园管理体制的改革趋势要求中央统一立法与管理。国家公园体制改革的重要任务之一也是

---

[1] 高晓露、王文燕：《自然保护地体系视野下国家公园立法思考》，《自然保护地》2022年第2期。

[2] 侯宇、陈科睿：《国家公园立法基本问题新探》，《河南财经政法大学学报》2020年第5期。

建成统一、高效、规范的国家公园管理体制，管理层级更加扁平化，国家林业和草原局关于印发的《国家公园管理暂行办法》也明确了国家林业和草原局（国家公园管理局）负责全国国家公园的监督管理工作。其次，国家公园普遍跨行政区域且差异性巨大，与地方的利益关系复杂的客观现实，决定了地方应当拥有进行针对性、本土性、适应性立法的权力。国家公园有一半试点区跨越两个以上省份，且各国家公园的自然生态、社会经济、风土人情差异性巨大，国家公园又对地方资源开发利用、社会经济发展具有直接影响，中央与地方的博弈激烈，因此，除中央直管的国家公园外，应当授予地方进行针对性、本土性和适应性立法的权力，以此体现国家公园的差异性、精细化立法与管理，平衡中央与地方的利益博弈。从已有立法与政策来看，根据《总体方案》和各国家公园体制试点方案，针对各自公园出台相应条例是国家公园管理的通行做法，国家公园试点以来的地方立法实践也证明保有地方立法的空间可以有效发挥地方的积极性。

基于上述分析，我国国家公园的立法模式应当遵循中央集权下的授权立法模式，亦即国家公园法+一园一法模式。已有的国家公园地方立法虽然符合形式上的"一园一法"，但是这种自下而上的立法探索由于缺乏《国家公园法》对涉及国家公园概念、功能、目的、原则、管理体制、主要制度等方面的统一规定作为立法依据，在地方立法探索中基本没有超出《总体方案》的原则性规定，导致"一园一法"的差异性、特色性不足，没有实现国家公园差异化、适应性管理的实质效果，国家公园地方立法也存在合法性不足的困境。"形式上的'一园一法'模式具有地方性和分散化特征，这是国家公园体制改革阶段性的反映；未来必须经历从地方走向中央，从分散走向体系，从形式走向实质的变革。"[1] "一园一法"模式的核心功能在于实现国家公园的差异化管理，《国家公园法》出台后，将成为适用于所有国家公园的基础性、综合性立法，为国家公园的建设、管理、保护的重要、基本事项提供统一适用的法律依据与规范指引，在此基础上，各国家公园所在的省级人民代表大会可以根据《国家公园法》制定或修订"一园一法"，在统一规范下根据实际情况制定具有针对性、具体化的实施细则或修订现行条例。各国家公园管理机关可以依据《国家

---

[1] 秦天宝、刘彤彤：《国家公园立法中"一园一法"模式之迷思与化解》，《中国地质大学学报》（社会科学版）2019年第6期。

公园法》编制国家公园具体规划，为国家公园管理提供技术标准与保障。由此，可以形成以《国家公园法》为基础、以"一园一法"为主体、相关技术标准与具体规范性文件为支撑的统一化、多层级的国家公园立法体系。

## 二 自然保护地法体系中的《国家公园法》

自然保护地是生态建设的核心载体、美丽中国的重要象征，在维护国家生态安全中心居于首要地位，受到党和国家的高度重视。2019年，中央全面深化改革委员会第六次会议审议通过了《指导意见》，明确提出，我国要建立以国家公园为主体的自然保护地体系，形成以国家公园为主体、自然保护区为基础、各类自然公园为补充的自然保护地管理体系，并提出要在研究制定有关国家公园法律法规的基础上制定自然保护地法，构建中国自然保护地法律体系。《指导意见》擘画了我国自然保护地建设的整体架构，进一步阐明了以国家公园为主体的各类型自然保护地之间的层级关系，指明了自然保护地立法体系的构建目标与方向。为此，国家林业和草原局也确定了"两法+两条例+N办法"的自然保护地立法体系框架，提出要构建形成以《自然保护地法》为基本法律，《国家公园法》《自然保护区条例》《风景名胜区条例》等法律法规为支撑，地方性法规为补充的自然保护地法律法规体系，确定了《自然保护地法》与《国家公园法》同步推进的原则。①

从立法进程来看，2018年，十三届全国人大常委会将《国家公园法》列入立法计划，2022年8月19日《国家公园法（草案）（征求意见稿）》已经公开发布。《自然保护地法》虽未列入十三届全国人大常委会的立法计划，但国家林业和草原局也在积极组织开展《自然保护地法》制定工作，组织起草了《自然保护地法草案（初稿）》。显然，《自然保护地法》作为自然保护地体系的基本法，由于立法涉及的部门、利益、保护地类型过于复杂众多，立法难度明显大于《国家公园法》，《国家公园法》先于《自然保护地法》出台已成既定事实。此一现实，要求《国家公园法》立法工作"必须从整体性思维和系统论视角，在全面审视与

---

① 国家林业和草原局：《关于加快自然保护地立法的建议"复文（2021年第3017号）》，http://www.forestry.gov.cn/main/4861/20211122/121908720786415.html，2022年10月17日。

理顺国家公园这一新型自然保护地类型与既有的自然保护地体系之间的内在逻辑与应然关系的前提下，展开具体制度设计"①。申言之，应当依循法理对"以国家公园为主体的自然保护地体系"进行科学、合理、规范的法律回应，审慎考虑《国家公园法》与《自然保护地法》的关系以及在自然保护地法律体系中的位置，科学探寻将"以国家公园为主体的自然保护地体系"的政策目标转化为规范体系的立法路径。

随着生态文明理念、生命共同体理念的不断深入，生态系统整体性保护、系统性治理成为生态保护的科学要求。与之相应，环境法体系的内在价值正在逐步发生转向，优先保护生态系统整体性的价值追求日益清晰，自然保护地立法作为环境法体系的重要组成部分，只有融入环境法体系的整体价值转向，才能准确地找到自身的价值定位。②作为生态整体性保护与优先保护的最佳价值载体和环境立法从要素化立法走向综合性、整体性立法的趋势要求，《自然保护地法》无疑应当是自然保护地法律体系中的基本法、综合法，其主要任务是将宪法环境条款、《环境保护法》的基本条款、有关生态文明建设的抽象性政策理念在自然保护地领域进行适应性、创新性规定，从而确立自然保护地的立法理念、总体目标、法律概念、法律原则、基本标准，规定自然保护地所面临的基本制度问题。由此，作为自然保护地基本法为自然保护地立法的体系化贡献了双重价值：一是致力于自然保护地连贯性的概念、规则体系化（外部体系化）；二是增进了自然保护地融惯性的价值、原则体系化（内部体系化）。③

在综合性的《自然保护地法》的基础上，鉴于我国已有《自然保护区条例》《风景名胜区条例》等自然保护地专门立法，考虑到现行自然保护地体系中国家公园、自然保护区、各类自然公园的定位功能和保护目的的差异性，自然保护地立法模式应当采用"自然保护地基本法+专类自然保护地特别法+技术标准"的立法模式，增进自然保护地立法体系的内容全面性、逻辑自洽性、价值一致性、目标协调性等体系效益。④《国家公

---

① 刘超：《以国家公园为主体的自然保护地体系的法律表达》，《吉首大学学报》（社会科学版）2019 年第 5 期。

② 吴凯杰：《环境法体系中的自然保护地立法》，《法学研究》2020 年第 3 期。

③ 有关法律体系化的观点与论述，参见雷磊《法教义学的方法》，《中国法律评论》2022 年第 5 期。

④ 徐以祥：《论我国环境法律的体系化》，《现代法学》2019 年第 3 期。

园法》作为自然保护地的特别法，辨清《国家公园法》在自然保护地法律体系中的逻辑前提是找准国家公园在自然保护地体系中的"主体"地位，首要是厘清国家公园的"主体"地位和自然保护区的"基础"地位之间的内涵与关系。目前政策文件中对两者内涵没有进一步的说明，从词义来看，"基础"是指事物的根基与发展起点，"主体"是事物的主要部分，从我国自然保护地的发展历程来看，自然保护区是我国设立最早也是适用范围最广、保护面积最大的保护地形式，目前自然保护区的面积仍占各类保护地总面积的80%，而且全国几乎所有类型的保护地管理都适用《自然保护区条例》，因此，自然保护区的"基础"地位是对现状的描述。而国家公园是体现生态文明理念的全新保护地类型，其保护对象是自然生态系统中最重要、最精华、最具国家代表性的部分，在保护理念与要求上要实行保护自然生态系统原真性与完整性的最严格保护，在管理体制上改革过去自然保护区的碎片化管理并实行统一、规范、高效管理的体制，因此，通过国家公园体制改革彰显和确立国家公园在自然保护地体系中的实质性主体地位，是面向未来的改革要求和目标。这一点从《总体方案》中"国家公园建立后，在相关区域内一律不再保留或设立其他自然保护地类型"的国家公园设置的优先性规定可见一斑。

基于上述分析，《自然保护地法》是自然保护地法律体系的基本法，《国家公园法》则必然成为自然保护地法律体系的主体性立法。在《国家公园法》先于《自然保护地法》出台的情况下，《国家公园法》需要在一定程度上发挥自然保护地基本法的作用，[1] 在自然保护地的共通性制度问题上进行大胆探索，为《自然保护地法》的制定积累立法经验并预留空间、建立相应的衔接机制，为《自然保护区条例》《风景名胜区条例》的修订和其他自然公园管理规范的制定提供榜样参照。

---

[1] 吕忠梅：《以国家公园为主体的自然保护地体系立法思考》，《生物多样性》2019年第2期。

# 第十三章

# 国家公园立法的基本原则

法律原则是法律精神最集中的体现,在立法过程中,法律原则直接决定了法律的基本性质、内容和价值取向,同时法律原则也是保证立法价值融贯性的根本指引和保持法律规则内部逻辑一致性的重要保障。美国法学家博登海默认为,"法律过程有时还受到政策的指导,这些政策可以被定义为旨在实现某种明确的社会、经济或意识形态等方面的目标"[①]。党的十八大以来,党和国家高度重视生态文明建设并为此颁布了一系列创举性环境政策,直接影响着环境法治的理念与导向、环境法律制度的形成与演变,促成了《环境保护法》的修订、《长江保护法》《黄河保护法》《湿地保护法》的出台以及《国家公园法》《自然保护地法》的制定。

《国家公园法》作为国家公园建设的基本法、政策法,立法必然要体现《生态文明体制改革总体方案》《总体方案》《指导意见》等政策文件的重要价值、理念和制度内容,但是,在事实与规范、政策与法律之间必须通过立法技术予以筛选与转化。"环境政策法律化主要体现为对环境政策体系中的抽象性环境政策的法律化。通过环境政策法的形式对抽象性环境政策进行立法确认,从而使国家环境保护的基本价值理念和方向得到法律的正式宣示,这就是环境政策法律化的核心。"[②]《总体方案》是国家公园建设的总体蓝图,其中,有关国家公园建设的指导思想、基本原则和理念应当转化为《国家公园法》的基本原则。

---

① [美] E.博登海默:《法理学:法律哲学与法律方法》,邓正来译,中国政法大学出版社1998年版,第250页。
② 郭武、刘聪聪:《在环境政策与环境法律之间——反思中国环境保护的制度工具》,《兰州大学学报》(社会科学版) 2016年第2期。

## 第一节 国家代表性原则

《总体方案》指出,国家公园是指"由国家批准设立并主导管理,边界清晰,以保护具有国家代表性的大面积自然生态系统为主要目的,实现自然资源科学保护和合理利用的特定陆地或海洋区域"。《指导意见》也明确,国家公园是指"以保护具有国家代表性的自然生态系统为主要目的……是我国自然生态系统中最重要、自然景观最独特、自然遗产最精华、生物多样性最富集的部分……具有全球价值、国家象征,国民认同度高……以实现国家所有、全民共享、世代传承为目标"。

上述政策文件关于国家公园的定义,明确了国家公园在设立、管理、生态保护和资源所有上必须具有国家代表性,因此,国家代表性原则应当作为贯穿国家公园立法始终的基本原则。国家公园的国家代表性原则体现在以下方面:一是国家公园设立与管理应当体现国家主导性,国家公园由国家批准设立,国家建立统一的管理体制主导管理。二是国家公园保护的自然生态系统要具有国家代表性,国家公园保护的自然生态系统对外要具有国家象征,在全球生态保护中具有独特、重要价值,对内要在维护国家生态安全关键区域中居于首要地位。三是国家公园在资源所有上要实现国家所有,只有全民所有的自然资源在国家公园中占据绝对主导地位,统一部门管理和国家主导管理才能真正落到实处,国家公园的管理理念与目标才能自上而下得到统一贯彻执行,最终保障生态公共利益全民共享、世代传承。

## 第二节 保护第一原则

《生态文明体制改革总体方案》关于"建立国家公园体制"要求:"国家公园实行更严格保护,除不损害生态系统的原住民生活生产设施改造和自然观光科研教育旅游外,禁止其他开发建设,保护自然生态和自然文化遗产原真性、完整性。"《总体方案》明确提出,国家公园的理念是坚持生态保护第一,明确国家公园的定位是:"我国自然保护地最重要类型之一，属于全国主体功能区规划中的禁止开发区域，纳入全国生态保护红线区域管控范围，实行最严格的保护。"《指导意见》也提出，以国家公园为主体的自然保护地体系建设的首要基本原则是"坚持严格保护、世代传承"。对国家公园从实行"更严格保护"到"最严格的保护"的转变，"'最'字表现出生态保护的紧迫与重要，不再是比之前'更严格'，而是整个时代下实现'最严格'，要求我们对此要高度重视并彻底实行"[1]。

作为生态文明建设背景下引入的自然保护地新类型，国家公园担当着在维护国家生态安全关键区域中的首要地位，必然要坚持生态保护第一的原则。《国家公园法》确立"生态保护第一"的原则是《环境保护法》"保护优先原则"在国家公园建设领域中的具体体现。从学界研究来看，学者们对"保护优先原则"的基本共识是当经济利益与环境利益发生不可调和的冲突时环境利益优先，当环境资源的开发利用行为超出环境资源的承载能力时，保护行为优先于开发利用行为。[2] 具体在国家公园建设中，"生态保护第一"，首先意味着生态保护对掠夺性资源开发利用行为

---

[1] 黄德林、孙雨霖：《比较视野下国家公园最严格保护制度的特点》，《中国国土资源经济》2018年第8期。

[2] 王社坤、苗振华认为保护优先原则是指，为了人类社会的可持续发展，应当以环境利益优先，使主体对环境的保护行为优先于对环境的开发利用行为。当安全环境利益受损时，表现为绝对的环境利益优先，当舒适环境利益受损时，表现为利益衡量基础上的环境利益相对优先，保护优先是经济发展与环境保护相互协调的结果。参见王社坤、苗振华《环境保护优先原则内涵探析》，《中国矿业大学学报》（社会科学版）2018年第1期。竺效认为，保护优先原则的意涵是指当遇有科学不确定性的环境风险时，应当以环境保护为优先原则，以此区别于针对具有科学确定性的环境损害的预防为主原则。竺效所理解的保护优先原则本质是风险预防原则，风险预防与损害预防同归于预防原则项下较为适当。参见竺效《中国环境法基本原则的立法发展与再发展》，《华东政法大学学报》2013年第3期。唐绍均认为，只有当经济发展超过或可能超过环境承载能力，经济发展与环境资源承载力产生了不可调和的冲突时才存在保护优先的概念。参见唐绍均《环境优先原则的法律确立与制度回应研究》，法律出版社2015年版。王伟从环境是人类利用的对象角度，认为保护优先原则是指对环境的保护行为优先于对环境的开发利用行为，由此对人产生了两个义务性规范，即向环境排污不能超过环境的自净能力，开发利用自然资源不能超过环境的恢复能力。参见王伟《保护优先原则：一个亟待厘清的概念》，《法学杂志》2015年第12期。马允在研究美国国家公园保护优先原则的规范内涵后，认为不能简单地把保护优先理解为环境保护优先于经济发展并进行"政策化"处理，其规范内涵的析出需要以损害标准为工具，保护行为应优先于对那些对国家公园的资源与价值造成损害的行为，这些行为不仅限于与经济有关的一切行为，还可能包括公众享用行为与自然保育行为。参见马允《论国家公园"保护优先"理念的规范属性——兼论环境原则的法律化》，《中国地质大学学报》（社会科学版）2019年第1期。

的绝对优先；其次，意味着资源的合理利用是生态保护的应有之义。申言之，生态利益相对于掠夺性的资源利益绝对优先，生态利益与合理利用的资源利益应该协调均衡。国家公园内严格保护与合理利用是辩证统一的关系，保护的目的是利用，合理地利用可以促进保护。① 生态保护的本质内涵应是基于对生态系统的结构、功能、演化过程及规律以及社会—生态系统性认识的科学保护，其外延包括对生态系统的积极干预、对自然资源的用途管制（禁止利用）以及自然资源的合理利用。② 国家公园建设应当遵循社会—生态的系统性特征，尊重合理的人地关系，尤其是在原住居民人口稠密、人地关系历史悠久的园区内，应当认识到"传统生产系统也是生态系统原真性与完整性的组成部分"③，充分认识并维持原住民合理利用资源对生态保护的功能，在分区管控、特许经营和社区发展具体制度设计中合理平衡生态保护、资源利用和民生保障的关系。

## 第三节 整体保护原则

《生态文明体制改革总体方案》提出，生态文明体制改革的理念之一是"树立山水林田湖是一个生命共同体的理念，按照生态系统的整体性、系统性及其内在规律……进行整体保护、系统修复、综合治理"。"生命共同体"理念的提出是我国生态环境保护从传统的要素化、碎片化保护走向整体性保护、系统性治理的重要标志。随着生态文明建设的深入推进，从"山水林田湖是一个生命共同体"到"山水林田湖草是一个生命共同体"再到"人与自然是生命共同体"的理念深化，意味着党和国家对自然生态的系统性和社会—自然生态的系统性认识不断深入。"生态文明体制改革一定要符合生态的系统性，即人与自然是一个生命共同体的理念。"④

---

① 唐芳林：《科学划定功能分区 实现国家公园多目标管理》，中国林业网，http://www.forestry.gov.cn，2018年1月16日。
② 刘广宁、吴承照：《传统生计延续保障国家公园永续发展》，《园林》2017年第2期。
③ 刘金龙、赵佳程等：《中国国家公园治理体系研究》，中国环境出版社2018年版，第111页。
④ 《中共中央关于全面深化改革若干重大问题的决定》。

国家公园是生态文明体制改革中对重要自然生态系统进行整体性保护与系统性治理的先行试验区，在顶层设计中，生态整体主义理论与"生命共同体"理念贯穿始终。《总体方案》中明确指出，国家公园体制改革的基本原则之一是"科学定位、整体保护"，"坚持将山水林田湖草作为一个生命共同体"，"按照自然生态系统整体性、系统性及其内在规律，对国家公园实行整体保护、系统修复、综合治理"。同时，明确提出，在自然资源确权登记中，要将国家公园作为一个独立的自然生态空间进行统一确权登记。作为最重要的生态文明体制改革理念和国家公园体制改革的基本原则，整体保护原则必然要在《国家公园法》中得到法律确认，成为《国家公园法》的基本原则。

从现有政策文件和建设实践来看，整体保护原则包括三层内涵，一是对国家公园内的山水林田湖草以及野生动植物进行整体性保护；二是对国家公园内和毗邻地区的自然生态系统进行统筹考虑和系统性保护；三是对国家公园内的环境、资源、生态、景观、人文资源进行综合性保护。整体保护原则将对国家公园的管理体制、规划设立、生态保护、合理利用等各方面予以重要指引。在整体保护原则的指引下，意味着国家公园应建立自上而下的统一管理体制，对国家公园内及其毗邻地区的生态保护要进行整体性规划，国家公园设立后同一区域内不再保留其他保护地形式，在分区管控制度下注重生态整体性保护，社区发展、特许经营和公众服务等资源利用都要统筹在整体保护下合理规定。

## 第四节　社区协调发展原则

从世界范围内国家公园的建设与发展历程来看，国家公园与当地社区的关系问题始终是国家公园建设面临的核心问题，也是国家公园能否持续发展的关键问题。国家公园与社区从"排斥""冲突""权利限制"逐步走向了"开放""合作"，并且越来越重视社区的参与与支持、传统资源权利与文化权利的认可与保障。2016年，在夏威夷召开的 IUCN 世界保护地大会上提出，自然保护策略应当更多地关注原住居民与当地社区的权利及传统知识，从社会—生态系统的角度寻求可持续的自然保护策略，并且通过了一项关于支持与促进原住居民充分有效参与、事先知情同意、传统知识与习惯性可持续利用权利的决定。①

从我国国家公园体制试点建设的实践情况来看，国家公园建设普遍面临人地关系紧密且历史悠久、公园内社区居民人口基数大且社区发展诉求强烈的现实。妥善化解自然保护与社区发展之间的矛盾是国家公园建设与运营具有可持续性的关键，该问题不仅关系到国家公园建设所涉及的多元利益主体之间关系的协调，也直接决定了国家公园的治理结构和管理模式，关系到国家公园能否可持续地从保护及发展两个角度实现其建设目标。②《总体方案》为此专门从建立社区共管机制、健全生态保护补偿制度、完善社会参与机制三个方面提出促进社区协调发展。《指导意见》还首次明确提出，要探索社区治理，"依法界定各类自然资源资产产权主体的权利和义务，保护原住居民权益，实现各产权主体共建保护地、共享资源收益"。我国国家公园发展始终面临着平衡"人"和"地"关系的问题，③ 相较于自然保护区，国家公园功能的多元性决定了公园建设要科学、合理地处理生态保护与资源利用的关系、环境公共利益与社区发展利益之间的关系，要将社区发展作为贯穿国家公园建设始终的重要考量。因此，无论是从国际自然保护地保护理念与策略的转变，还是我国国家公园面临的现实挑战与政策文件的规定，社区协调发展原则都应当成为《国家公园法》的基本原则。

社区协调发展原则是衡平国家公园建设与社区在生态、经济、社会、文化方面的多元、多层次利益冲突，实现特定空间内生态正义、体现"人与自然是生命共同体"理念的根本价值要求。社区协调发展原则是指社区的生产生活方式、资源利用强度、经济发展方式要与国家公园的保护目标相一致，保障社区充分参与国家公园建设、管理并得以分享国家公园建设、发展的利益，实现自然保护与合理利用的科学平衡、人与自然的和谐共生。在社区协调发展原则的指引下，意味着国家公园应当建立包括

---

① "Key outcomes of IUCN's World Conservation Congress for Indigenous Peoples", http://www.forestpeoples.org/topics/iucn/news/2016/10/key-outcomes-iucn-s-world-conservation-congress-indigenous-peoples.

② 唐芳林、闫颜、刘文国：《我国国家公园体制建设进展》，《生物多样性》2019年第2期。

③ 朱冬芳、钟林生、虞虎：《国家公园社区发展研究进展与启示》，《资源科学》2021年第43期。

社区空间管控机制、社区经济发展协调机制、社区人居绿色化建设机制、社区共管机制、社区利益共享机制、生态补偿机制等在内的社区发展制度体系,实现生态保护、绿色发展、民生改善相统一。

## 第五节　全民共享原则

国家公园,顾名思义,是国家划定一定规模区域用以保护具有国家代表性的大尺度的自然生态系统,作为"公园"还必须为公众提供观光游憩、自然体验以及科研教育的机会。国家公园通过以保护为前提的适度利用,既实现了生态系统和生物多样性的有效保护,也为当代人与后代人欣赏自然美景、亲近自然提供公共服务,还能以自然资源可持续利用的方式带动地方旅游业和社会经济发展。从全世界范围内的规模、类型不一的国家公园来看,提供公众游憩休闲、自然教育等公益性服务是国家公园的主要功能和目的。

《总体方案》对国家公园"全民公益性"理念做出了最全面的表述:"坚持全民公益性。国家公园坚持全民共享,着眼于提升生态系统服务功能,开展自然环境教育,为公众提供亲近自然、体验自然、了解自然以及作为国民福利的游憩机会。鼓励公众参与,调动全民积极性,激发自然保护意识,增强民族自豪感。"因此,《国家公园法》应当将国家公园全民公益性理念以立法形式表达为全民共享原则,以法律确认国家公园的公共产品属性,保障全体国民能够共享国家公园生态保护福祉。国家公园全民共享原则包括三个方面的内涵:一是国家公园向全体国民提供公益性的游憩、科研、教育服务,每个国民都有权享用国家公园的自然美景和生态惠益;二是国家公园内的全民所有自然资源及其利益应由全体国民共享,全体社会成员都有权享有国家公园内合理开发利用带来的福利;三是全体社会成员都有权参与国家公园建设、保护与管理。国家公园全民共享原则的价值指引,应当体现在国家公园规划制度、分区管控制度以及完善的公众服务制度、全民所有自然资源资产所有权制度、特许经营制度和公众参与制度设计中,实现全体社会成员均衡分配环境公共利益、共享国家公园福利。

# 第十四章

# 国家公园的管理体制

实现国家公园目标与功能的关键在于构建符合生态保护规律的科学管理体制以及相应的保障机制。管理体制应该包括决策、执行、监督、协调和提供环境公共物品五大主要职责,体现为决策力、执行力、监督力、协调力和生产力"五力"。具体在国家公园领域,管理体制的重点集中表现为直接决定"权""钱"的管理机构设置及其职权划分、土地资源权属制度和资金保障机制。基于我国自然保护地长期以来存在的交叉重叠、多头管理的体制问题,结合国家公园的体制改革目标以及试点建设中不同管理体制呈现的优劣利弊,我国国家公园应当建立集中统一的垂直管理体制,并配套构建以中央财政投入为主的资金保障机制。

## 第一节 国家公园体制改革政策的目标导向

国家公园体制改革是生态文明体制改革的先行先试区,2013年,中共中央在《关于全面深化改革若干重大问题的决定》中首次提出建立国家公园体制,它是我国生态文明制度建设的一项重要内容。2015年,中共中央、国务院在《关于加快推进生态文明建设的意见》《生态文明体制改革总体方案》中明确提出,生态文明体制改革的主要目标是构建归属清晰、权责明确、监管有效的自然资源资产产权制度和全国统一、相互衔接、分级管理的空间规划体系以及监管统一、执法严明、多方参与的环境治理体系。

在生态文明体制改革的总体要求基础上,2017年《总体方案》首次明确提出建立国家公园统一事权、分级管理体制。主要制度安排一是要整合自然保护地的管理职能,确立集中部门进行统一管理;二是统筹生态系统功能重要程度、生态系统效应外溢性、是否跨省级行政区和管理效率等因素，全民所有自然资源资产所有权分级行使；三是对中央和地方事权进行划分，构建主体明确、责任清晰、相互配合的国家公园中央和地方协同管理机制；四是建立健全部门监管和社会监督机制。《总体方案》还提出要建立以财政投入为主的多元化资金保障机制。2019年《指导意见》将"坚持依法确权、分级管理"作为自然保护地建设的基本原则之一，并规定要"按照山水林田湖草是一个生命共同体的理念，改革以部门设置、以资源分类、以行政区划分设的旧体制，整合优化现有各类自然保护地，构建新型分类体系，实施自然保护地统一设置、分级管理、分区管控，实现依法有效保护"，到2020年，要实现"构建统一的自然保护地分类分级管理体制"的目标。

从《总体方案》《指导意见》等政策文件来看，"统一"是国家公园体制改革的主要目标，通过国家公园体制改革，实现重要自然生态系统的空间整合和体制整合，有效解决交叉重叠、多头管理的碎片化问题，国家重要自然生态系统原真性、完整性得到有效保护，形成自然生态系统保护的新体制新模式，促进生态环境治理体系和治理能力现代化，保障国家生态安全，实现人与自然和谐共生。

## 第二节 建立国家公园集中统一的垂直管理体制的合理性

国家公园体制改革的政策目标导向是建立国家公园体制的主观要求，但国家公园试点建设中体制整合的"权""钱"问题是国家公园体制建设必须考虑的客观因素，综合目标导向与客观现实，我国国家公园应当建立集中统一的垂直管理体制。

### 一 国家公园集中统一管理的合理性分析

国家公园的"集中统一"管理，意即由国家在中央和各国家公园层面设置统一的管理机构，集中行使国家公园内自然生态系统保护、自然资源资产管理、国土空间用途管制权力，统一行使国家公园内自然资源和生态环境综合监督管理职权。国家公园实行集中统一管理有其合理性与必要性。

第一，体现国家公园的国家代表性、宣示国家公园在自然保护地体系中的主体地位以及实现国家公园在保障国家生态安全中首要地位的需要。《总体方案》明确国家公园是由国家批准设立并主导管理，以保护具有国家代表性的大面积自然生态系统为主要目的，实现自然资源科学保护和合理利用的特定陆地或海洋区域，国家公园内极其重要的自然生态系统、独特的自然景观和丰富的科学内涵，既是世代传承的珍贵自然遗产，也是具有国家象征、代表国家形象、彰显中华文明的国家名片。在自然保护地体系设计中，《指导方案》也将国家公园唯一定义为以保护具有国家代表性的自然生态系统为主要目的，实现自然资源科学保护和合理利用的特定陆域或海域，在国家公园的定位中明确提出要"确立国家公园在维护国家生态安全关键区域中的首要地位，确保国家公园在保护最珍贵、最重要生物多样性集中分布区中的主导地位，确定国家公园保护价值和生态功能在全国自然保护地体系中的主体地位"。不论是从国家公园的定义、目标、功能还是从其在自然保护地体系中的地位，都可以明显看出国家公园与其他保护地类型最大的区别在于其保护的是具有国家代表性、国民认同度高、具有全球价值的重要自然生态系统。因此，国家公园的国家代表性和极其重要的生态安全保障功能，都决定了国家公园属于中央事权，应当由中央政府设置统一部门自上而下进行集中统一管理，以体现国家利益、贯彻中央意志、明确中央与地方的权责，实现国家公园统一、规范、高效管理。

第二，保护生态系统完整性的需要。生态系统完整性是指生态系统内所有组成要素的种类、数量、结构及其生态过程都保持完整，是生态系统健康和自我长期维持的基础与重要指标。很多物种（老虎、大熊猫、雪豹、藏羚羊、候鸟等）都需要很大的生存领域空间才能保证足够的食物或者迁徙需求，只有维持物种栖息地的完整性，才能维持整个生态系统中各类物种之间的相互作用和依存关系，从而维持整个生态系统的健康和自我长期维持。这是过去面积相对较小呈现碎片化、土地与资源权属结构复杂且交叉重叠、多头管理的自然保护区无法实现的。设立国家公园后同一区域不再保留其他类型保护地，在国家层面实行国家公园统一管理和保护，意味着对国家公园内的自然生态系统进行空间整合和体制整合，在空间上实现大范围自然生态系统的整体性保护，在体制上由一个部门集中对完整生态系统范围内的全民所有以及集体所有的自然资源实施统一管理和保护，打破传统行政区划和管理体制的束缚，才能真正实现对重要自然生态系统的原真性、完整性保护。

第三，统一保护目标要求、提高保护效率的需要。过去几十年的自然保护地实践表明，国家级的自然保护区、风景名胜区、森林公园、湿地公园等保护地普遍存在种类名目繁多、缺乏统一监管、保护水平低下等问题。究其原因，在于我国环境保护管理体制一直实行中央各部门间和中央与地方政府间"条块分割"的管理体制，各类自然保护地的建设工作分别是由国务院不同主管部门和地方政府按照"两级多类"的形式由主管部门和地方政府本着"先占先建""先报先建"的原则建立的。[①] 国家级自然保护地内全民所有自然资源所有权人虚置，中央财政投入和管理投入不足，地方政府实际负责保护地内的资源开发利用和财政支出，导致地方政府以开发利用、增加收入为主要目标，与国家的保护目标产生严重偏离。再加上一个保护地加挂多个牌子，各部门间的目标要求和利益诉求不统一，导致政出多门、开发无序，严重影响了保护效率。国家公园实行集中统一管理体制改革，就是为了解决过去存在的部门交叉重叠、多头管理且无法统一贯彻落实中央生态保护目标要求的困境。以国家公园为主体，建立一支国家统一管理的生态保护国家队伍，不仅能够极大地提高保护管理效率，同时对于维护国家生态安全来讲，犹如建立一支强大的国防部队之于国防安全一样重要。

第四，保障当代人与后代人平等享有生态公共利益、实现生态正义的需要。国家公园是典型的生态公共产品，园内极其重要的自然生态系统和独特的自然人文景观，是当代人和后代人共同的自然遗产，应当保证全民受益、世代传承，实现代内正义和代际正义。但传统上我国生态型自然资源资产国家所有权的行使，实行国家名义上统一行使所有权、国家与地方实际上分级行使管理权的体制。国务院是法定的国家所有的自然资源所有权的行使主体，实际上既没有行使所有权的职责也没有从中受益，国家所有的自然资源实际上由所在地的政府直接管理和开发利用，以管理权代行所有权，但地方政府又不是法律上的所有权主体，无须对自然资源的退化

---

① 汪劲：《中国国家公园统一管理体制研究》，《暨南大学学报》（哲学社会科学版）2020年第10期。

与耗损负责，导致全民所有的自然资源资产所有权的权益与责任落实不到位。这种权利与义务不对等的所有权行使体制不仅难以调动地方政府的管理积极性，而且刺激了资源所在地地方政府寻求地方利益最大化和短期利益最大化的本能冲动，导致自然生态遭受掠夺性开发利用，全民所有的自然资源资产所应实现的全民共享的普惠利益异化为地方的短期经济利益。因此，为了实现国家公园的生态公共产品全民受益、世代传承，必须优化全民所有自然资源资产所有权的行使机制，强化中央政府的管理和支配，对公园实行统一管理，落实所有权人权益，建立公平合理的惠益分享机制，切实实现国家所有、全民共享。

## 二　国家公园垂直管理的合理性分析

我国学术界对于央地关系的问题一直存在两种截然相反的观点，一种是主张加强中央权力、弱化地方权力，实行垂直管理，另一种则是主张限制中央权力、扩大地方权限，这两种观点因社会情势不同此消彼长、交替出现。[①] 2015年开展国家公园体制试点以来，各国家公园都先后设立了统一行使管理权的国家公园管理局，国家公园所在地人民政府行使国家公园范围的经济发展、社会管理、公共服务、防灾减灾、市场监管等职责的协作配合机制。基于我国自然保护地长期以来形成的分级管理、分级行使自然资源所有权的传统，国家公园体制改革试点中采取了"中央直管""央地共管"和"委托省管"三类管理模式，具体管理体制和权力配置如表14-1所示。

表14-1　　各国家公园管理体制和权力配置

| 试点国家公园名称 | 自然资源国家所有权与生态环境管理权行使 | 园内地方事务管理权 | 资源环境综合执法权 |
|---|---|---|---|
| 三江源国家公园 | 委托青海省政府代行，具体由三江源国家公园管理局行使，各有关部门依法行使自然资源监管权 | 县级政府 | 管委会执法机构 |

---

① 杨海坤、金亮新：《中央与地方关系法治化之基本问题研讨》，《现代法学》2007年第6期。

续表

| 试点国家公园名称 | 自然资源国家所有权与生态环境管理权行使 | 园内地方事务管理权 | 资源环境综合执法权 |
| --- | --- | --- | --- |
| 大熊猫国家公园 | 中央政府和三省政府共同行使。组建国家林草局和省政府双重领导的大熊猫国家公园管理局，以省政府为主领导的三省国家公园省级管理分局 | 所在地政府 | 管理局会同所在地环境资源执法机构 |
| 普达措国家公园 | 委托省政府行使。组建云南省林草局垂直管理的普达措国家公园管理局，国家公园内资产运营、特许经营、景区建设等工作交由普达措旅业分公司行使 | 州政府 | 管理局会同所在地环境资源执法机构 |
| 南山国家公园 | 委托省政府行使。成立省政府垂直管理的南山国家公园管理局（委托邵阳市人民政府代管） | 南山国家公园管理局 | 南山国家公园管理局 |
| 武夷山国家公园 | 委托省政府行使。组建武夷山国家公园管理局 | 所在地政府 | 武夷山国家公园管理局 |
| 钱江源国家公园 | 委托省政府行使。设立省政府垂直管理的钱江源国家公园管理局（委托浙江省林业局代管） | 县政府 | 钱江源国家公园管理局 |
| 神农架国家公园 | 委托省政府行使。设立委托神农架林区政府代管的神农架国家公园管理局 | 神农架林区政府 | 神农架林区政府 |
| 海南热带雨林国家公园 | 委托省政府行使。国家林草局和海南省委省政府联合成立国家公园建设工作推进领导小组 | 所在地政府 | 所在地政府 |
| 祁连山国家公园 | 中央政府直接行使由国家林草局代行。在甘肃、青海两省政府分别成立祁连山国家公园管理局 | 所在地政府 | 祁连山国家公园管理局 |
| 东北虎豹国家公园 | 中央政府直接行使，由国家林草局代行。组建东北虎豹国家公园管理局，管理局会同两省政府挂牌成立10个管理分局，下设保护站 | 所在地政府 | 东北虎豹国家公园管理局会同所在地环境资源执法机构 |

尽管各国家公园试点以来在管理体制上都建立了统一管理机构，并因地制宜进行管理体制的探索创新，但是，通过调研和梳理比较各国家公园管理体制的运行机制和具体内容，结合2020年国家公园试点评估结果，发现"中央直管""央地共管"和"委托省管"三类管理模式存在明显优劣，具体比较如表14-2所示：

表 14-2　　　　　中央直管、委托省管、央地共管比较

| 管理内容 | 中央直管 | 委托省管 | 央地共管 |
|---|---|---|---|
| 央地事权界限 | 央地事权界限清晰 | 央地事权界限不清 | 央地事权界限不清 |
| 职责划分 | 国家公园管理局、某国家公园管理局、管理站（保护站）三级管理，责任清晰（片区责任制） | 某国家公园管理局、省政府和国家公园管理局之间容易出现责任推诿 | 某国家公园管理局、管理分局、省政府和国家公园管理局之间责任不清、推诿严重 |
| 决策主体与效果 | 中央决策、管理高效 | 地方决策为主、高效 | 多头管理、低效 |
| 与所在地方的关系 | 统一标准、严格管理，能促进地方绿色发展，整体长期可持续 | 地方利益优先，可能破坏绿色发展基础，损害公共利益 | 中央与地方的意见与利益分歧导致决策效率低下 |
| 人员编制 | 国家统一编制与管理，人员稳定，能力发展动力高、工作积极性高 | 地方编制，管理人员频繁变动、责任不清、人心不稳，严重限制国家公园管理水平 | 地方编制，管理人员频繁变动，责任不清、人心不稳，严重限制国家公园管理水平 |
| 中央决策执行 | 能够高效、统一执行 | 不能全面执行到位 | 中央与地方意见与利益分歧导致执行效率低下 |
| 中央财政资金使用效率 | 中央直管，资金在保护管理上的使用效率高 | 转移支付给地方支配，存在多要经费、经费被挪用现象 | 财政资金主要依靠地方政府、资金效率无法保证，中央无法统筹 |
| 实现管理目标效果 | 管理目标、效果实现有保障 | 存在管理目标偏离、管理效果参差不齐 | 存在管理目标偏离、管理效果参差不齐 |

从以上比较分析来看，中央直管、委托省管、央地共管三种模式存在明显的优劣利弊，委托省管（特别是省级以下政府和部门代管）延续了传统自然保护地管理模式，不仅存在公园保护目标让位地方发展的风险，地方管理人员能力不足问题也导致管理水平参差不齐，严重限制国家公园管理目标的实现。过去的自然保护地历史教训证明，此模式与国家公园的重要定位和保护目标完全不符，无法满足国家公园作为国家生态安全保障体系首要主体的建设和保护需求。央地共管模式经过试点后发现无法解决多头管理这一核心难题，也违背了中央关于国家公园体制改革的政策目标导向。中央直管能够提高管理效率并保障国家公园保护与管理目标实现效果，从长远来看，对地方经济绿色发展将产生重要推动作用。因此，我国国家公园管理体制应当建立中央垂直管理的体制机制，目前试点中采取的委托省管和央地共管在过渡期满后应当及时转为中央直管。

## 第三节　国家公园集中统一的垂直管理体制的内容

国家公园建设属于全社会的公益性基本公共服务，国家公园管理体制以"保护优先、全民公益性优先"为根本要求，以完整配套的生态文明体制为制度基础，以空间整合、体制整合解决碎片化管理问题为基本目标，建立统一事权、分级管理和资金保障的集中统一的垂直管理体制。

### 一　中央与地方的事权划分

在确定国家公园由中央集中统一进行垂直管理的基础上，还应当明确中央与地方的事权划分，只有明确中央与地方的"责、权、利"，才能真正发挥集中统一垂直管理体制的效能，充分调动地方的积极性，最终建成高效、统一、规范的管理体制。

#### （一）国家公园管理的中央事权

国家公园属于全国性、战略性自然资源和生态保护基本公共服务，中央政府应直接行使国家公园范围内的全民所有自然资源所有权，中央事权应由配套的中央财政支出保障落实到位。

在中央层面，国家公园管理局的中央事权主要包括：一是提供并保障国家公园管理和发展条件，包括国家公园立法，协调中央各部委的支持等。二是分析保障国家生态安全的需求，确立国家公园自然资源所有权行使的具体管理机制。三是制定国家层面的国家公园政策、标准、技术规范。四是设立新的国家公园。五是对所有国家公园总体规划、专项规划、管理计划、年度计划和预算进行审批，对其管理成效实施指导、评估和监督，确保各个国家公园的生态功能、特许经营、社区发展等管理工作为实现国家目标服务。

在各具体国家公园层面，各个国家公园管理局集中、统一行使其管辖的国家公园内自然资源资产管理、自然生态系统保护、国土空间用途管制以及资源环境综合执法职责，主要包括：一是负责编制和实施国家公园总体规划、专项规划、管理计划、年度计划。二是负责审批和监管国家公园范围内与自然资源资产和国土空间管制相关的社区规划及实施。三是协调与当地政府及其他利益相关者的关系，争取多方支持。四是国家公园常规性保护管理工作,包括常规性开展的日常管理、科研监测、巡护执法、社区共管、宣教和特许监管方面的工作。五是非常规性的保护管理工作,包括保护性的基础设施建设、生态恢复、生态补偿(包括一次性补偿和长期性补偿)、外来入侵物种清理等。六是国家公园内特许经营活动的规划、审批和监督管理。七是国家公园内全民所有自然资产的保值增值、索赔追偿、权益落实。八是开展资源环境综合执法。

### (二)国家公园范围内的地方事权

国家公园内与自然资源资产不直接相关的涉及民生与发展的一般社会性事务,是地方政府的事权范围,应由地方政府进行管理,并接受具体国家公园管理局的监管,主要包括:一是园区内的民生事务,包括社区居民生产生活、教育、医疗卫生、就业等一般社会性事务,属于地方的基本公共服务,应由地方财政来支付,地方财政管理经费不足情况下,应由中央一般性转移支付来弥补民生管理方面存在的差额。二是特许经营活动的生产性监管和市场监管应由地方的工商、农业或者旅游等相关部门进行监管。三是国家公园范围内的自然灾害防治和防火灭火等工作属于地方事权,由地方统一调度、应急救援。四是国家公园周边社区的发展管理,包括特色小镇、入口社区、生态产品、文旅产业等发展事务的建设和管理属于地方事权,中央保留对园区周边社区发展的规划权和生态监管权,并应通过补贴、建设投资或者项目投资等激励手段协同地方政府推动周边社区绿色发展。

## 二 国家公园管理机构设置与职责划分

从目前各国家公园体制试点实践来看,普遍存在国家公园各管理层级目标、任务不清、事权混杂的问题,导致机构庞大、人员需求过高、管理成本极高。因此,基于政府职能精简高效的改革趋势和信息化技术日益先进的时代背景,国家公园管理系统内部的机构设置应当以履行好国家公园管理中央事权为核心,加强扁平化管理,尽量减少管理层级,同时加强基层管理机构的能力和权力建设特别是执法权的建设与保障,以基层管理机构的片区管理负责制保障国家公园内每块区域得到有效管理。

具体而言,国家公园管理系统内部的组织结构应当由三个核心管理层级组成:国家公园管理局—各具体国家公园管理局—各具体国家公园内片区管理分局。国家公园管理局的目标任务是构建国家生态安全保障体系的首要主体，具体职责前述已有详细论述。各具体国家公园管理局的目标任务是保护好、建设好、发展好具体国家公园，具体职责前述已有详细论述。各具体国家公园内片区管理分局是直接获得国家公园在地各类信息（生态、环境、资源、社会信息等）、开展各项实地保护工作（巡护执法、科研监测、社区协调、宣传教育、发展监督等），并直接面对各类矛盾和问题的前沿，是国家公园最基础和重要的组成部分。各具体国家公园内片区管理分局的目标任务是保护好、建设好、发展好具体片区，具体职责是：一是开展巡护、监测，对片区内所有与自然资源和生态保护相关的违法行为进行执法监督。二是对片区内特许经营活动进行监管。三是协调与当地社区的关系，减少矛盾、开展合作。四是监测和上报片区内生态、环境、资源和社会信息，监测和上报周边社区发展对国家公园的影响。五是开展片区资源环境综合执法。所辖片区面积广大的，具体片区管理分局可根据管理需要设置基层保护站，作为派出机构延伸执法管理半径。国家公园管理局既执行国务院的决定，又对全国国家公园管理作出统一部署、规划和决策，并直接领导各具体国家公园管理局，对各具体国家公园管理局进行工作指导和监督，片区管理分局直属各具体国家公园管理局统一领导，各具体国家公园管理局对片区管理分局进行工作指导和监督。

### 三 国家公园管理的协调协作机制

国家公园实行集中统一管理，但基于国家公园内社会—生态系统的复杂性、行政管理系统的分工复杂性和管理专业性，国家公园管理机构无法包揽影响国家公园建设、保护和管理的一切事务，除负责国家公园管理的专业性事务外，国家公园管理机构还必须与相关部门、地方政府、社区建立协作机制，以此构建完善的国家公园管理体制，保障国家公园集中统一的垂直管理体制的有效运行。

第一，在中央层面，国家公园管理局应与相关部委、相关省级政府以及其他群体代表建立协调机制。根据当前国家机构改革的职责分工，国务院林业草原局加挂国家公园管理局的牌子，主管全国国家公园工作，国务院自然资源、生态环境、水行政、农业农村、文化旅游等其他有关部门按照职责分工承担国家公园相关工作，省级政府负责本行政区域内国家公园的保护、管理和建设等相关工作。在部门分工明确、央地责权清晰的前提下，国家公园管理局必须与相关部委、相关省级政府建立长效、良好的协作机制，开展多元主体合作、及时化解利益冲突，才能使国家公园统一管理获得各方支持，真正实现管理的高效、统一和规范。

第二，在各国家公园管理局层面，各国家公园管理局应当根据所跨行政区划建立国家公园跨省管理协调机制。跨越不同行政区划是我国国家公园较为鲜明的一个特点，也是国家公园机制体制创新的重要尝试，按照国家公园生态系统完整性、原真性的保护要求，跨省区的国家公园应当建立跨省管理协调机制，"明确跨省国家公园的管理条例、三定方案等审批流程，推动跨省联动和整体保护"①，同时还应明确跨省执法联动与协作机制，实现统一保护标准、统一保护要求、统一监管执法。

第三，在各国家公园管理局与地方协作层面，各国家公园管理局都应建立园地协调委员会作为常规性的地方协调机制。园地协调委员会是协调国家公园与地方的利益冲突、获得地方政府支持的重要机制，园地协调委员会应该包括相关各级政府主管国家公园事务的负责人、相关职能部门的负责人与各国家公园管理局主要负责人及相关职能部门负责人，定期或不定期举行协调会议，协商理顺园地各类社会关系、经济关系，解决资源利用与生态保护问题、历史遗留问题，以及协商引导国家公园周边地区的协调发展。

第四，在基层国家公园管理机构层面，各具体国家公园管理分局应当建立社区共管委员会。社区共管委员会是促成当地各利益相关群体协商合作和共享利益的重要机制，也是多元主体参与国家公园治理的改革要求。社区共管委员会应当包括片区范围内的社区居民代表、企业代表，相关村、镇、县的有关方面负责人，定期或不定期与管理分局举行共管协调会议，协商解决各利益相关群体的诉求和问题，共同制定解决方案，缓解生态保护与民生发展之间的矛盾，积极争取当地社区及地方政府的支持和参与。

## 四 保障国家公园集中统一管理的资金机制

国家公园建设属于惠及全社会、泽备后代人的公益性基本公共服务，根据 2016 年 8 月国务院《关于推进中央与地方财政事权和支出责任划分

---

① 欧阳志云、徐卫华、臧振华：《完善国家公园管理体制的建议》，《生物多样性》2021 年第 3 期。

改革的指导意见》,受益范围覆盖全国的基本公共服务由中央负责,地区性基本公共服务由地方负责,因此,国家公园的管理与建设属于中央财政事权,地方政府对国家公园建设既无事权也无财政支出责任。在明确了国家公园建设属于中央事权和中央财政支出责任、清楚界定了央地的责权利边界的前提下,必须建立保障国家公园中央事权履行的资金保障机制。

国家公园的保护管理工作都为中央事权,所需经费来源应以中央财政为主,协调其他财政及多元化资金渠道予以统筹保障,建立以中央财政投入为主的多元化资金保障机制。中央财政应当保障以下经费需求:一是国家公园日常管理、科研监测、巡护、执法、宣教、培训、监管以及必要基础设施建设等一般性保护管理所需经费。二是相关保护基础设施建设、生态恢复与修复、一次性生态搬迁补偿、外来入侵物种清除、生态移民等特别保护管理经费。三是对国家公园内集体自然资源生态贡献的长期补偿。国家公园内特许经营以及资源利用方面的资金投入应以企业和地方政府为主,对当地社区的绿色转型发展的扶持和推动应由企业、地方政府和中央政府三方共同投资。此外,国家公园内的生态保护、生态修复、对外宣传、自然教育等可以积极吸引社会资本的捐助和捐赠。除国内资金投入外,我国还应积极争取国际组织的支持,争取国外无息贷款资金和长期低息贷款,将其优先用于生态建设,并争取参与全球环境基金会、世界自然基金会、国际合作扶贫项目与自然保护项目。

# 第十五章

# 国家公园立法的主要制度

"环境法的主要制度是指根据环境法的基本原则,由调整特定环境社会关系的一系列环境法律规范形成的相对完整的实施规则系统。"[①] 国家公园立法的主要制度是具有可操作性的实施规范,在国家公园立法体系中具有提纲挈领的作用,是国家公园建设、保护、管理、运行的主要依据。国家公园立法的主要制度应包括设立与准入制度、国家公园规划制度、自然资源管理制度、生态保护制度、社区发展制度、经营服务制度、综合执法制度等。

## 第一节 国家公园设立与准入制度

### 一 国家公园的设立与准入

《总体方案》明确"国家公园是指以保护具有国家代表性的自然生态系统为主要目的,实现自然资源科学保护和合理利用的特定陆域或海域,是我国自然生态系统中最重要、自然景观最独特、自然遗产最精华、生物多样性最富集的部分,保护范围大,生态过程完整,具有全球价值、国家象征,国民认同度高"。因此,国家公园必须符合"自然生态系统中最重要、自然景观最独特、自然遗产最精华、生物多样性最富集""具有国家代表性的自然生态系统""具有全球价值"等严格条件后方可设立,而国家公园的设立与准入制度就是通过确定的标准对某一自然生态区域进行筛选,从而确保拟设立为国家公园的区域符合《总体方案》中对于国家公

---

① 周珂等主编:《环境法》(第六版),中国人民大学出版社2021年版,第45页。

园的要求。目前，国际上确定国家公园设立条件的主流方式大致分为三种：一是制定专门标准规范确定设立条件；二是将规划与遴选标准结合起来确定设立条件；三是通过法律法规明确国家公园设立条件。[①]

## 二 国家公园设立与准入制度的政策目标导向

《总体方案》《指导意见》《管理办法》以及一些相关的标准中对于国家公园的设立与准入制度提出了以下明确要求：

### （一）制定国家公园的设立标准

设立标准是国家公园设立与准入制度的基石，明确的设立标准是国家公园设立与准入制度的基础与技术保障。《总体方案》提出应当制定国家公园设立标准，《指导意见》也明确提出："做好顶层设计，科学合理确定国家公园建设数量和规模，在总结国家公园体制试点经验基础上，制定设立标准和程序，划建国家公园。"同时，《管理办法》也规定："国家林业和草原局（国家公园管理局）依据国土空间规划和国家公园设立标准，编制国家公园空间布局方案，按程序报批。"2020年12月，国家林业和草原局发布《国家公园设立规范》这一国家标准，该标准将贯穿于国家公园设立的全过程。

### （二）明确国家公园的准入条件

准入条件是确定国家公园设立标准的重要依据，《总体方案》中提出："根据自然生态系统代表性、面积适宜性和管理可行性，明确国家公园准入条件，确保自然生态系统和自然遗产具有国家代表性、典型性，确保面积可以维持生态系统结构、过程、功能的完整性，确保全民所有的自然资源资产占主体地位，管理上具有可行性。"根据《总体方案》中的规定，国家公园准入条件的确定应当充分考虑到该区域内生态系统的特征以及管理需求。

基于《总体方案》的要求，2020年国家林业和草原局出台的《国家公园设立规范》明确将"国家代表性、生态重要性、管理可行性"作为国家公园的准入条件。根据《国家公园设立规范》，"国家代表性"要求区域内"具有国家代表意义的生态系统，或中国特有和重点保护野生动

---

[①] 唐小平、蒋亚芳、赵智聪、梁兵宽、马炜：《我国国家公园设立标准研究》，《林业资源管理》2020年第2期。

植物的集落区，且具有全国乃至全球意义的自然景观和自然文化遗产的区域"。"生态重要性"要求该区域"生态区位极为重要，能够维持大面积自然生态系统结构和大尺度生态过程的完整状态，地带性生物多样性极为富集，大部分区域保持原始自然风貌，或轻微受损经修复可恢复自然状态的区域，生态服务功能显著"。"管理可行性"要求该区域"在自然资源资产产权、保护管理基础、全民共享等方面具备良好的基础条件"。《国家公园设立标准》同时确立了九个指标对拟建国家公园是否符合"国家代表性、生态重要性、管理可行性"三项准入条件进行具体评价。

### （三）以国家公园的设立整合优化保护地体系

设立国家公园是我国开展自然保护地体系改革的主要抓手，为此，《总体方案》规定，"明确国家公园定位。国家公园是我国自然保护的最重要类型之一，属于全国主体功能区规划中的禁止开发区域，纳入全国生态保护红线区域管控范围，实行最严格的保护"，并明确要求"国家公园建立后，在相关区域内一律不再保留或设立其他自然保护地类型"。《指导意见》进一步提出自然保护地体系建设的总目标在于"建成中国特色的以国家公园为主体的自然保护地体系"，并且强调"国家公园建立后，在相同区域一律不再保留或设立其他自然保护地类型"。《暂行办法》也强调，"经批准设立的国家公园范围内不再保留或新设立其他类型的自然保护地"。上述政策文件明确了国家公园在自然保护地体系中定位，也明确了要通过国家公园的设立实现自然保护地体系的整合优化。

## 三 国家公园设立与准入制度的立法完善

### （一）强化立法与设立标准之间的衔接

技术标准依靠一套以《标准化法》为核心的独特制度发挥作用，它既不能与《立法法》中的"行政法规、部门规章和地方政府规章"一一对应，也不完全等同于普通的"规章以下规范性文件"。[①] 因此，《国家公园设立规范》作为技术标准，它不同于行政法规、部门规章和地方政府规章，不属于法的范畴，要使标准的法律效力得到承认，就需要通过法律法规的形式对于技术标准进行援引。

---

① 张圆：《论技术标准的法律效力——以〈立法法〉的法规范体系为参照》，《中国科技论坛》2018年第12期。

通过法律援引的方式使标准获得强制力是许多国家的普遍做法。在英国，社会成员是否适用标准完全出于自愿，但是，如果涉及安全、卫生或保护消费者利益的，标准则不适用自愿原则。这些标准一旦为政府法令或其他权力机构的法规所引用，则为强制性标准。[①] 在我国，《中国标准化法释义》也认可了法律援引标准的效力。目前，《国家公园设立规范》作为国家公园设立的技术标准已经出台，完善当前国家公园设立与准入制度关键在于加强标准与立法之间的衔接，从而使标准中的规定具有法律效力。因此，应当在《国家公园法》中对于国家公园设立标准进行援引，明确规定"国家公园的设立应当符合《国家公园设立规范》的要求"，通过援引对《国家公园设立规范》中的设立与准入条件的法律效力进行确认，使《国家公园设立规范》中的设立与准入条件成为获得国家公园法律资格统一遵守的标准，保障国家公园设立的规范性和标准的一致性。

**（二） 明确国家公园的设立程序**

国家公园的设立程序是有关国家公园设立的基本流程和工作机制，是高质量推动国家公园建设的程序性保障。国家公园统一立法应当明确具体的设立程序，对国家公园设立流程进行统一规范，具体设立程序应分三个阶段：空间布局方案编制阶段—国家公园创建阶段—国家公园设立阶段。

国家公园空间布局方案编制阶段从空间上擘画了国家公园建设蓝图，是国家公园后续设立工作开展的基础。因此，《国家公园法》应明确规定："国务院林业草原主管部门应当根据自然生态空间和生物多样性保护需要，会同国务院有关部门编制国家公园空间布局方案，确定国家公园候选区，并报国务院批准。" 国家公园的空间布局方案，涉及国家公园候选区的确定，需要对参与遴选国家公园候选区的自然生态区域进行科学评估、分区筛选和对标确认，应当由专门负责国家公园相关工作的国务院林业草原主管部门主导。编制过程中应当首先明确我国需要进行严格保护的自然生态空间，然后确定生态功能极为重要、生态系统极为脆弱、极为需要保护的生态空间，再按照国家公园设立规范提出的国家代表性、生态重要性、管理可行性三大准入条件和九项认定指标遴选出国家公园候选区。由于该项工作专业性强、涉及面广，国务院林业草原主管部门需要会同生态环境部、自然资源部、财政部等部门进行编制。国家公园创设阶段是国

---

① 任坤秀：《国际标准化简编》，上海财经大学出版社1996年版，第137页

家公园设立工作的准备阶段,在确定了具体的空间布局方案后,应当由国家公园所在的省级政府筹备国家公园的创建工作,条件成熟时向国务院林业草原主管部门提出创建申请,开启国家公园候选区进入国家公园设立的正式进程。为此,《国家公园法》应当规定:"省级人民政府应当依据国家公园空间布局方案,向国务院林业草原主管部门提出国家公园创建申请,经国务院林业草原主管部门会同国务院有关部门批准后,启动创建工作。"

国家公园设立阶段是正式开启国家公园设立工作的标志,国家公园候选区所在省级政府完成创建工作后,国务院林业草原主管部门应当对创建工作进行评估,通过评估省级政府才能向国务院提出设立国家公园的申请,正式启动国家公园的设立流程。因此,《国家公园法》中应当规定:"国务院林业草原主管部门负责组织开展国家公园创建工作评估。评估通过的,由相关省级人民政府向国务院提出设立申请,经国务院批准,设立国家公园。"

(三) 明确国家公园设立的主体地位

过去的自然保护地之间交叉重叠、碎片化严重,自然生态系统难以开展整体性保护与系统性治理,严重削弱了自然保护地的保护效能。新时期的自然保护地体系之所以将国家公园作为主体类型,在于其作为自然保护地体系的"新成员",可以借助"主体"意涵的嬗变,辐射自然保护地体系的分类划定标准,通过对自然保护地类型的重构和综合性立法的顶层设计,实现自然保护地体系的系统变革。[①] 党和国家的政策文件一再强调国家公园的主体地位,只有通过法律对国家公园的主体地位予以明确规定,才能明确国家公园在自然保护地体系中的法律地位,也才能发挥通过国家公园的设立优化整合以往碎片化保护地的作用,同时通过国家公园的设立带动其他自然保护地的归并整合,最终达到整个自然保护地体系科学化、系统化的改革目的。因此,《国家公园法》应当规定:"国家公园设立后,国家公园范围内不再保留其他类型的自然保护地。"

---

[①] 董正爱、胡泽弘:《自然保护地体系中"以国家公园为主体"的规范内涵与立法进路——兼论自然保护地体系构造问题》,《南京工业大学学报》(社会科学版) 2020 年第 3 期。

## 第二节 国家公园规划制度

### 一 国家公园的规划

国家公园规划,是国家公园内一切活动的综合部署和基本依据。[1] 国家公园规划是现代国家公园管理的重要手段,从域外比较研究来看,域外国家公园规划普遍形成了严谨、科学、多层级的规划体系。我国的规划制度起步比较晚,特别是过去自然保护地的管理实践中规划的层级偏低、效力不高,规划的约束性不强,各自规划且规划之间重叠、矛盾严重,难以为自然保护地的整体性保护提供宏观设计与刚性约束。因此,在国家公园统一立法中应当确立国家公园规划制度作为国家公园建设与管理的基础性制度,建立科学的国家公园规划体系,加强规划的指导与约束效力,为国家公园区域内整体性的建设、管理、保护和运营提供蓝图与方向。

### 二 国家公园规划制度的政策导向

《总体方案》《指导意见》《暂行办法》对国家公园规划制度主要做出了以下两个方面的要求。

#### (一) 以国土空间规划为基础编制国家公园规划

国土空间规划在国家公园规划体系中发挥着基础性的指导与约束作用,《指导意见》要求:"落实国家发展规划提出的国土空间开发保护要求,依据国土空间规划,编制自然保护地规划,明确自然保护地发展目标、规模和划定区域,将生态功能重要、生态系统脆弱、自然生态保护空缺的区域规划为重要的自然生态空间,纳入自然保护地体系。"同时,在《关于建立国土空间规划体系并监督实施的若干意见》(以下简称《若干意见》)中要求"强化对专项规划的指导约束作用。海岸带、自然保护地等专项规划及跨行政区域或流域的国土空间规划,由所在区域或上一级自然资源主管部门牵头组织编制,报同级政府审批"。《若干意见》同时强调:"以国土空间规划为依据,对所有国土空间分区分类实施用途管

---

[1] 李如生、李振鹏:《美国国家公园规划体系概述》,《风景园林》2005年第2期。

制……对以国家公园为主体的自然保护地、重要海域和海岛、重要水源地、文物等实行特殊保护制度……国土空间规划作为国家层面的基本规划,充分体现着国家在国土空间之中的规划战略,其他各项规划都必须围绕国土空间规划展开,规划内容受到国土空间规划的严格约束。"《若干意见》规定表明,国土空间规划是战略性、基础性、约束性的规划,是各类开发保护建设活动的基本依据,国家公园规划必须紧紧围绕国土空间规划展开。

**(二) 积极开展总体规划以及专项规划的编制工作**

总体规划和专项规划是国家公园建设与管理的主要依据,《总体方案》要求:"编制国家公园总体规划及专项规划,合理确定国家公园空间布局,明确发展目标和任务,做好与相关规划的衔接。"《管理办法》中进一步细化了总体规划以及专项规划编制要求。"国家公园总体规划应当自批准设立之日起一年内编制完成。国家公园管理机构可以根据国家公园总体规划,编制生态保护修复、生态旅游、自然教育等专项规划或实施方案,并按程序报批后组织实施。国家林业和草原局(国家公园管理局)定期组织对国家公园总体规划和专项规划的实施情况开展评估。确需调整总体规划和专项规划的,应当报原审批机关批准。"总体规划是国家公园建设的基础性规划,明确了国家公园的建设与管理各项工作的目标,专项规划是总体规划在具体领域的细化和落实,积极开展两类规划文件的编制,是国家公园建设管理工作科学化的必然要求。

### 三 构建多层级的国家公园规划制度体系

构建完善的国家公园规划制度体系,是《国家公园法》的重要任务。国家公园的规划体系由国土空间规划、国家公园总体规划以及各类专项规划构成,《国家公园法》应当对三类规划的相互关系、各自作用、编制程序作出明确规定,建立规范、科学的国家公园规划制度体系。

**(一) 明确国土空间规划的核心地位**

《若干意见》指出,国土空间规划是国家空间发展的指南、可持续发展的空间蓝图,是各类开发保护建设活动的基本依据。国土空间规划主要对国土空间进行全局性的规划部署,国土空间规划中与国家公园联系最紧密的内容是生态保护红线划定问题。《关于在国土空间规划中统筹划定落实三条控制线的指导意见》明确提出,要按照生态功能划定生态保护红线,并对生态保护红线的划定作出了基本规定,列举了应当被划入生态保护红线内的区域,明确了生态保护红线内的行为准则。国家公园总体规划属于国土空间专项规划,是在国土空间总体规划指导约束下,针对特定区域在国土空间开发保护利用上做出的专门安排。因此,《国家公园法》应当明确国土空间规划对于国家公园规划体系的指导、约束作用,规定"国家公园总体规划应当围绕国土空间规划展开"。

### (二) 强化总体规划与国土空间规划的衔接

国家公园总体规划是国家公园建设与管理的规范性文件,以国家公园个体为对象,在对国家公园内资源、环境、社会经济、管理经营等调查、评价与综合分析的基础上,明确界定国家公园范围和管控分区,确定国家公园的发展思路、方向和目标,根据主体功能要求与建设原则,对国家公园资源的科学保护与合理利用在空间、时间上做出总体安排与布局。[①]

国家公园总体规划是国土空间规划中关于自然保护地相关内容的专项规划,是对国土空间规划的进一步细化和落实,总体规划的内容不能偏离国土空间规划关于自然保护地的目标要求,总体规划中的保护目标、分区管控、生态修复、社区发展、公众服务等内容,都要和国土空间的规划要求保持一致。为了明确国家公园规划的作用,确保国家公园总体规划与国土空间规划的有效衔接,《国家公园法》应当明确规定:"国家公园规划是国家公园保护、管理和建设的基本依据,包括总体规划和各类专项规划。国家公园总体规划应当与国土空间规划相衔接,明确国家公园保护管理目标任务、分区管控要求、监测监管要求、保护修复目标、社区发展和公众服务等内容。"国家公园总体规划中的管理目标任务、监测监管、保护修复方面要体现国土空间规划对于生态保护红线区域的保护要求,分区管控、社区发展、公众服务等内容要体现国土空间规划对于生态红线区域内的行为要求,落实好相关的控制指标,据此制定各国家公园的总体规划。

除了在立法中明确规定总体规划与国土空间规划相衔接,还应明确总体规划的编制主体,总体规划的编制主体直接决定了规划的效力层级和规划的内容全面性、科学性。总体规划涉及国家公园建设与管理的各个方面,内容综合性强、涉及面广,应当由国家公园所在地省级人民政府组织

---

① 参见《国家公园总体规划技术规范》。

编制，由于专业性较强，需要由国务院林业草原主管部门指导编制，完成编制后须经国务院授权后由国家林业草原主管部门批准实施，以对省级政府编制的总体规划的内容是否具备科学性、专业性、可行性进行审查与监督。因此，《国家公园法》应明确规定："总体规划由国务院林业草原主管部门指导，国家公园所在地省级人民政府组织编制，经国务院授权后国务院林业草原主管部门批准实施。"

**（三）加强总体规划对专项规划的控制**

国家公园专项规划是基于总体规划提出的生态保护修复、生态旅游、自然教育、产业发展和特许经营、社区发展和基础设施建设等领域的要求，作出进一步细化和落实。一般来说，专项规划的编制应满足三项基本要求：①符合战略规划或总体规划，②编制深度应满足立项要求，③具有可操作性。[①] 专项规划作为总体规划的细化和落实，是针对专门领域保护与管理的具体要求，要强化总体规划对于专项规划的约束和指导作用，而且专项规划的针对性、专业性、可操作性强，因此应当由专门负责国家公园保护与管理的各国家公园管理机构进行编制，完成编制后由国家林业草原主管部门批准实施，既能体现国家公园集中、统一、垂直管理的体制要求，也能对国家公园管理机构的编制工作进行监督。因此《国家公园法》应明确规定："生态保护、生态修复、公众服务等专项规划由国家公园管理机构编制，经国务院林业草原主管部门批准实施，专项规划编制的具体办法由国务院林业草原主管部门制定。"

## 第三节　自然资源统一管理制度

### 一　国家公园与自然资源管理

国家公园是特定区域内由诸多类型的自然资源依据自然生态规律有机组合而成的生态系统整体，其既是一种自然生态系统，也是诸多自然资源的集合，从自然资源的经济价值性、存在稀缺性和产生天然性的角度来

---

① 唐小平、张云毅、梁兵宽、宋天宇、陈君帜：《中国国家公园规划体系构建研究》，《北京林业大学学报》（社会科学版）2019 年第 18 期。

看，国家公园本身也是一种独立存在、高度稀缺、需要专门保护的特殊资源和财富。"理论上，国家公园是一类具有重要生态功能价值和国家代表性的自然资源。"① 根据《总体方案》的要求，国家公园以实现具有国家代表性的自然生态系统的保护为主要目的，同时要实现自然资源科学保护和合理利用。实际上，生态保护与资源利用是一体两面、辩证统一的关系，国家公园自然资源管理的核心任务在于使自然资源的保护与利用服从于国家公园生态系统整体性保护的目的，服务于国家公园管理价值目标最大化的需要。

国家公园与自然资源是整体与部分的关系，自然资源组成国家公园生态系统整体的具体要素，自然资源管理直接关系到国家公园生态系统原真性、完整性保护目标和全民共享、世代传承目标的实现，因此，国家公园管理很大程度上可以说是对自然资源的管理。尽管目前科学意义上的自然资源种类繁多，但是进入法律规范的自然资源主要有土地、水、矿产、草原、森林、野生动物、海域和海岛八类，因海域、海岛属于海洋公园，因此，法律层面上国家公园的自然资源包括土地、水、矿产、草原、森林、野生动物以及"国家公园"本身这一具有独特、重要价值的生态空间区域。自然资源管理，是国家公园管理机关对国家公园范围内及其毗邻地区的自然资源开发、利用、分配、取得、经营、流转、收益、处分、保护与恢复等活动依法进行规划与组织、指导与协调、扶持与指导、监督与管控、许可与禁限等一系列工作的总称。国家公园自然资源管理制度设计的出发点与落脚点在于如何基于生态系统整体性保护的要求管好和用好自然资源，实现生态保护与明智利用的协调统一。

## 二 国家公园自然资源管理的政策目标导向

《总体方案》和《指导意见》对国家公园自然资源管理制度设计提出了以下明确的改革目标和清晰的导向要求。

### （一）自然资源全民所有占产权结构的主体

《总体方案》明确了国家公园是由国家批准设立并主导管理，以实现国家所有、全民共享、世代传承为目标，为此，必须实现全民所有自然资

---

① 苏扬等主编：《中国国家公园体制建设报告（2019—2020）》，社会科学文献出版社2019年版，第96页。

源占主体地位。《总体方案》提出:"整合相关自然保护地管理职能,结合生态环境保护管理体制、自然资源资产管理体制、自然资源监管体制改革,由一个部门统一行使国家公园自然保护地管理职责。"国家公园统一管理的基础是全民所有自然资源占主体地位,这意味着全民所有自然资源资产所有权占比不高的国家公园应当通过赎买、置换、征收、征用等方式确保全民所有占主体地位,以使国家统一管理能顺利推行、全面落实。

### (二) 以国家公园为独立登记单元进行统一确权登记

确权登记是开展自然资源精细化管理、明确产权归属、落实权益责任的前提。《总体方案》明确提出:"国家公园可作为独立自然资源登记单元,依法对区域内水流、森林、山岭、草原、荒地、滩涂等所有自然生态空间统一进行确权登记。划清全民所有和集体所有之间的边界,划清不同集体所有者的边界,实现归属清晰、权责明确。"《指导意见》进一步要求:"清晰界定区域内各类自然资源资产的产权主体,划清各类自然资源资产所有权、使用权的边界,明确各类自然资源资产的种类、面积和权属性质,逐步落实自然保护地内全民所有自然资源资产代行主体与权利内容,非全民所有自然资源资产实行协议管理。"根据上述规定,国家公园作为独立空间进行整体确权登记,确权登记应当反映国家公园的整体构成状况,体现其系统性与完整性,国家公园作为独立的、有极其重要生态价值的自然空间区域,整体属于公共财产,由国家所有,这里的国家所有是一种基于控制权的"公共所有",区别于民法上私人所有权。因此,国家公园的国家所有并不排斥国家公园内自然资源权属的多样性,具体的自然资源应当通过确权登记反映其自然状况和权属状况,为自然资源明确权属、落实权责的管理制度设计提供抓手。

### (三) 统一行使全民所有自然资源资产所有权为目标、分级行使所有权为过渡

自然资源资产国家所有权的统一行使是我国自然资源资产产权制度改革的要求,也是生态文明体制改革的趋势。《生态文明体制改革总体方案》规定:"建立国家公园体制。加强对重要生态系统的保护和永续利用,改革各部门分头设置自然保护区、风景名胜区、文化自然遗产、地质公园、森林公园等的体制,对上述保护地进行功能重组。"《总体方案》进一步明确,要"建立统一管理机构。整合相关自然保护地管理职能,结合生态环境保护管理体制、自然资源资产管理体制、自然资源监管体制

改革，由一个部门统一行使国家公园自然保护地管理职责"。《指导意见》也提出："按照山水林田湖草是一个生命共同体的理念，改革以部门设置、以资源分类、以行政区划分设的旧体制，整合优化现有各类自然保护地，构建新型分类体系，实施自然保护地统一设置。"同时，《总体方案》也提出了过渡阶段的国家公园"分级行使所有权"的思路，"部分国家公园的全民所有自然资源资产所有权由中央政府直接行使，其他的委托省级政府代理行使"，"条件成熟时，逐步过渡到国家公园内全民所有自然资源资产所有权由中央政府直接行使"才是最终目标。统一行使全民所有自然资源资产所有权，意味着在纵向上由中央统一集中行使全民所有自然资源资产所有权，在横向上由一个部门统一代行全民所有自然资源资产所有权，如此才是国家公园体现国家主导、具有国家代表性的应有之义，也是国家公园体制改革的根本方向与目标。

### （四）严格保护与合理利用统筹考虑

国家公园既要严格保护，也要对资源进行合理利用，从生态系统整体性保护、综合性治理的角度统筹考虑严格保护与合理利用。《总体方案》要求："健全严格保护管理制度。加强自然生态系统原真性、完整性保护，做好自然资源本底情况调查和生态系统监测，统筹制定各类资源的保护管理目标，着力维持生态服务功能，提高生态产品供给能力。"同时，《总体方案》也提出："按照自然资源特征和管理目标，合理划定功能分区，实行差别化保护管理。"《指导意见》明确提出了"生态为民，科学利用"的原则，要求"践行绿水青山就是金山银山理念，探索自然保护和资源利用新模式，发展以生态产业化和产业生态化为主体的生态经济体系，不断满足人民群众对优美生态环境、优良生态产品、优质生态服务的需要"。作为实现该目标的手段，《指导意见》明确提出要"创新自然资源使用制度"，"依法界定各类自然资源资产产权主体的权利和义务，保护原住居民权益，实现各产权主体共建保护地、共享资源收益"，"明确自然保护地内自然资源利用方式，规范利用行为，全面实行自然资源有偿使用制度"，"对划入各类自然保护地内的集体所有土地及其附属资源，按照依法、自愿、有偿的原则，探索通过租赁、置换、赎买、合作等方式维护产权人权益，实现多元化保护"。

## 三 自然资源统一管理制度的立法完善

根据前述研究的基本理论、问题分析和政策导向，我国国家公园的自然资源管理制度立法完善应着重从以下几个方面入手。

### (一) 明确国家公园的国有公共财产法律地位

国家公园是我国自然生态系统最重要、自然景观最独特、自然遗产最精华、生物多样性最富集的特定自然生态空间，在维护国家生态安全中居于首要地位。因其极端重要的生态价值，国家公园作为整体的、独立的自然资源登记单元，《国家公园法》应当明确宣示国家公园作为重要的自然文化遗产和重要的国土空间区域属于国家所有的公共财产，规定："国家公园是国家所有、世代传承、全民共享的自然文化遗产和重要国土空间区域。"明确国家公园整体的国家所有公共财产的法律地位，是国家进行国家公园设立、规划和建设、管理的权力正当性来源，也是对各类产权主体的自然资源进行统一管理，特别是对集体所有的自然资源和个人利用行为施加禁限措施的法律依据。

更为重要的是，国家公园的国有公共财产法律地位对国家所有权行使的功能与目的施加了公共福祉的限制。美国学者克里斯特曼从所有权的基本功能控制和基本收入要求两个方面将所有权区分为"控制所有权"和"收入所有权"，控制所有权与决定何人接近财产的自主控制相联系，收入所有权与财产的交易和获利相联系。[①] 国家公园国家所有的主要目的在于由国家对国家公园进行"控制"，以保障全民共享、世代传承，而不是排他性的国家所有和交易获利；主要功能在于确认国家的管理、维护和维持公共使用的义务以及公众共享国家公园的权利，而不是国家对公园行使排他性的私法所有权。由此，《国家公园法》应当明确规定自然资源的管理目标是"保护国家公园自然生态系统的原真性、完整性，促进国家公园自然资源的合理利用，保障全民共享国家公园的生态价值与文化价值，提升生态系统服务功能，为公众提供获得美好自然体验和科学环境教育的公共服务，实现生态保护、绿色发展、民生改善相统一"。公众直接享用"国家公园"是国家公园的应有之义，也是其公共财产价值的直接实现，

---

① [美]克里斯特曼：《财产的神话——走向平等主义的所有权理论》，张绍宗译，广西师范大学出版社2004年版，第222—225页。

保持并提升生态服务功能、为公众提供公益性的游憩和自然教育服务、促进自然资源的合理利用并推动绿色发展,是建立完善国家公园自然资源管理制度的根本遵循。

### (二) 建立自然资源国有为主体的多元化、开放性产权结构框架

国家公园整体属于国家所有、全民共享的公共财富,但是,具体构成又包括不同种类、不同权属的自然资源,由于人地关系历史悠久,形成了"户、村集体与国家各层面交错复杂的土地、资源权属关系"[1]。试点的10个国家公园无论是在公园面积、资源种类还是权属结构、发展水平上都存在巨大差异,相关资料显示,三江源国家公园国有土地占100%,祁连山国家公园国有与集体土地占比分别为99.51%和0.47%,东北虎豹国家公园国有与集体土地占比分别为91.37%和8.63%,大熊猫国家公园、海南热带雨林国家公园、神农架国家公园和普达措国家公园国有土地占比都超70%以上,钱江源国家公园国有土地和集体土地占比分别为19.3%和80.7%,南山国家公园国有土地和集体土地占比分别为35.84%和64.16%,武夷山国家公园国有土地和集体土地占比分别为33.4%和66.6%。在国有土地占比高的国家公园,大量资源存在各种私人用益物权,主要包括林权和草原承包经营权,集体土地上更是存在多种私人用益物权。试点中,国有土地占比地的国家公园通过征收和赎买实现自然资源国有化所带来的巨大社会成本与资金成本,导致相关工作进展困难。

经济学理论认为,私人物品被私人拥有、公共物品被公共拥有是最有效的,选择私人所有权还是公共所有权应该取决于私人的执行和交易成本是否高于公共管理和决策的成本。[2] 环境保护中的选择是在各种具体情形下选择适用何种基于财产权的方法,多种财产权体制下环境保护可能会更有效。[3] 鉴于此,《国家公园法》应当建立自然资源国有为主体的多元化、开放性产权结构框架。立法对资源权属结构中国家所有占主体地位作出原则性规定,《国家公园法》只需原则性规定"国家公园由国家批准设立并

---

[1] 李文军:《协调好国家公园内原住居民生存发展与和自然保护的关系》,《青海日报》2019年12月9日第10版。

[2] [美]罗伯特·考特、托马斯·尤伦:《法和经济学》(第六版),史晋川、董雪兵等译,格致出版社、上海三联书店、上海人民出版社2012年版,第94—95页。

[3] [美]丹尼尔·H. 科尔:《污染与财产权——环境保护的所有权制度比较研究》,严厚福、王社坤译,北京大学出版社2009年版,第2—3页。

主导管理,以保护具有国家代表性的自然生态系统、珍稀濒危物种、自然遗迹和人文遗迹为主要目的,依法划定的特定陆域或者海域"。国家公园只要符合自然资源国家所有的基本比例要求,具有国家象征性、惠益全民性和管理可行性,在自然资源国家所有的具体指标上无须进行硬性统一规定,允许各国家公园在"一园一法"中根据实际情况探索适当的产权形式与结构比例。

**(三)建立全民所有自然资源资产所有权统一行使与委托代理行使相结合的基本机制**

国家公园范围内全民所有自然资源资产所有权统一行使,是生态文明体制改革构建归属清晰、权责明确、监管有效的自然资源资产产权制度的必然要求,也是配套国家公园集中统一管理体制改革的必然选择。全民所有自然资源资产所有权,是国家代表全民为特定自然资源的资产的所有权人,对自然资源支配、利用、收益、处分的权利。现有制度下,全民所有自然资源既是资源,也是资产,两者范围是重合的,不需要刻意强调两者的转换。① 全民所有自然资源资产所有权绝非强调该权利在功能定位、行使方式和利益归属等方面的私有化,而是实现自然资源有效利用,确保其按照市场经济规则运行的重要方法,其本质是权利、权力与义务的统一体。

2022年3月,中共中央办公厅、国务院办公厅印发《全民所有自然资源资产所有权委托代理机制试点方案》,提出,建立统一行使、分类实施、分级代理、权责对等的所有权委托代理机制,以保障产权主体全面落实,管理权责更加明晰,资源保护更加有力,资产配置更加高效,所有者权益得到有效维护。同时,该试点方案明确提出,对包括国家公园在内的八类自然资源资产开展所有权委托代理试点,明确所有权行使模式是国务院代表国家行使全民所有自然资源所有权,授权自然资源部统一履行全民所有自然资源资产所有者职责,部分职能由地方各级政府代理履行。全民所有自然资源资产所有权委托代理机制,具体而言,是指全民所有自然资源所有权主体为全民,国务院是所有权代表主体,由于国家自身具有虚拟性和抽象性,需要由具体执行主体来代表,自然资源部经授权可以成为具

---

① 乌日娜:《统一行使全民所有自然资源资产所有者职责的几个问题》,《中国土地》2019年第11期。

体所有权代表行使主体；在具体行使所有权方式上，分中央直接行使和委托代理行使，委托代理行使主体包括横向上的相关部委和纵向上的地方人民政府。

具体到国家公园领域内全民所有自然资源资产所有权的行使机制上，考虑到国家公园的全民公益性和利益复杂性，改革政策文件规定国家公园应主要由中央政府直接行使所有权，但由于目前国家公园全面实现中央直管还存在人财物保障和责权利划分上的困难，中央政府直接行使所有权的条件尚不成熟，部分国家公园的全民所有自然资源资产所有权可委托省级政府代理行使，待条件成熟再过渡到中央政府直接行使。因此，《国家公园法》应该对全民所有自然资源资产所有权的统一行使与委托代理机制及部门职责作出基本规定，规定"国家公园范围内全民所有自然资源资产所有权由国务院直接行使或者委托省级人民政府代理行使"。按照所有权与监管权分开、落实所有者职责的改革要求，《国家公园法》应明确规定"国家公园管理机构负责管理国家公园范围内全民所有自然资源，开展自然资源资产调查、监测、评估等工作"，并明确国家公园管理机构与地方政府的责权划分。生态保护和自然资源监管权由国家公园管理机构专门行使，并建立资源环境综合执法机制，全民所有自然资源资产所有权由自然资源部统一代表履行或省级政府代理行使，并配套考核评价制度。

**（四）围绕生态保护制度建设对国家公园及其范围内的自然资源进行统一确权登记**

基于国家公园的在维护国家生态安全中的主体地位和生态价值的全民公益性，国家公园应当始终坚持生态保护第一，围绕生态保护制度建设对国家公园及其范围内的自然资源进行统一确权登记。

根据现行政策规定，国家公园作为多种自然资源共同组成的自然生态空间，是独立的自然资源登记单元。但应认识到，自然资源资产管理和国家公园是两种相对独立且存在相当差异的制度，自然资源资产管理的目的是自然资源资产的精细化利用和针对性监管，以市场配置最大化发挥自然资源的经济效益，国家公园建立的目的在于保护生态系统的原真性和完整性，原则上禁止或限制资产的开发利用，二者在价值目标与管理手段上区别明显。在国家公园管理中直接套用资产化管理手段，虽可实现厘清边界、厘定权责等部分效果，但会伴生割裂生态整体性、增加管理成本、引起央地利益冲突等"副作用"，不利于实现国家公园最严格、整体性保护。应当明确，国家公园作为具有维护国家生态安全功能的自然地理单元，其自然资源登记与以开发利用为目标的自然资源登记不同；国家公园内的不动产登记，表现为自然资源物权的私法属性和权利面向，为自然资源权利人的生存性利用权益和获取生态保护补偿的发展权益提供法治基础；国家公园内的自然资源统一确权登记，则对剩余的、无法直接受私法管控的自然本底和环境进行登记，强调公法管护责任，表现为义务面向，为生态保护权益、生态调节类生态产品的价值实现提供产权基础和法律保障。[①]

因此，《国家公园法》应当明确规定："国务院自然资源主管部门应当将国家公园作为独立自然资源登记单元，按照国家自然资源确权登记有关规定，对国家公园范围内自然资源所有权和所有自然生态空间统一进行确权登记。"自然资源统一确权登记的主要功能在于划清边界、落实所有者权责，通过摸清自然资源家底，明晰自然资源产权，为自然资源有效管理和有偿使用提供基础。具体包括划清全民所有和集体所有、不同集体所有者之间的边界，并勘界立碑；载明公园内全民所有自然资源资产的所有权人、代表行使者、代理行使者、使用者或管理者；合理设置确权登记项目、细化登记内容，全面反映自然资源构成状况，有效服务于生态监管。

## 第四节 生态保护制度

国家公园属于全国主体功能区规划中的禁止开发区域，纳入全国生态保护红线区域管控范围，实行最严格的保护，其首要功能是重要自然生态系统的原真性、完整性保护，国家公园的生态保护制度是对于有关生态保护与修复制度体系的抽象概括，具体应包括由整体保护制度、分区管控制度、生态修复制度、巡护巡查制度、生态保护补偿制度等组成的制度体系。

---

[①] 张琪静：《国家公园自然资源统一确权登记的功能及其实现》，《环境保护》2021年第9期。

## 一 整体保护制度

国家公园体制改革是生态整体主义自然观的贯彻实践，设立国家公园的主要目的就是保护自然生态系统的原真性与完整性，因此，国家公园应当统筹推进山水林田湖草沙一体化保护和系统治理。

第一，对国家公园范围内的国有自然资源和非国有自然资源进行统一管理。生态保护的本质内涵是基于对生态系统的结构、功能、演化过程及规律以及社会—生态系统性认识的科学保护，其外延包括对生态系统的积极干预[1]、对自然资源的用途管制（禁止利用）以及自然资源的合理利用。[2] 国家公园生态保护成功的关键在于对自然资源的科学有效管理，自然生态系统的整体保护关键在于对国有和非国有的自然资源基于国家公园生态保护的目标和要求进行统一管理，其中的核心在于对非国有自然资源开展统一管理。因此，《国家公园法》应对国家公园实现非国有自然资源统一管理作出明确规定，作为国家公园管理机构进行自然资源统一管理的法律依据，可一般性规定"国家公园范围内集体所有土地及其附属资源，按照依法、自愿、有偿的原则，通过租赁、置换、赎买、协议保护、保护地役权等方式，由国家公园管理机构实施统一管理"。具体如何选择自然资源统一管理的行使机制和具体制度，应由各国家公园在"一园一法"中作出适应性规定。

第二，对国家公园与周边地区的生态系统进行协同保护。根据研究或保护的需要，生态系统可以在不同的空间尺度上定义，生态系统管理与保护可以是针对具体的个体、种群、群落，也可以是宏观意义上的生态系统。尽管我们可以依据主观需要对生态系统进行定义与划分，但从生态整体主义视角看，构成整体生态系统本身的各个部分是相互作用、相互影响的，生态系统必须进行整体性保护与系统性治理。国家公园与周边地区本身都属于区域生态系统的组成部分，国家公园是为保护具有国家代表性的、原真性与完整性的大面积自然生态系统而专门划定的特定空间单元，周边地区的生态保护、资源利用以及发展方式对国家公园生态保护的成效

---

[1] 例如在野生动物保护区创造或者维护物种栖息地、提供食物，或者为维护种群数量平衡对特定物种的扑杀，或根据森林、湿地或草地生态系统的演化规律及保护需求开展计划火烧项目。

[2] 刘广宁、吴承照：《传统生计延续保障国家公园永续发展》，《园林》2017年第2期。

有重要影响,因此,必须对国家公园与周边地区的生态系统进行协同保护,实现生态整体性与系统性保护目标。《国家公园法》应明确规定:"国家公园毗邻地区的地方人民政府应当对本地区的生态保护、资源利用、产业发展以及社区建设进行合理规划,以符合国家公园的生态保护目标。国家公园毗邻地区的地方人民政府应当对本地区对生态有影响的人为活动加强监督管理,确保国家公园毗邻地区的发展与国家公园保护目标相协调。"

第三,对国家公园范围内的自然生态和社会经济状况进行整体性调查监测。对国家公园范围内的自然资源、自然生态系统和特定保护对象进行实时监测,对园内自然资源、人文资源以及社会经济发展情况进行统一调查,形成本底数据,开展生态风险评估和人类活动影响分析,及时采取或调整保护措施,是国家公园进行科学化、信息化生态保护的重要抓手。对此,《国家公园法》应明确规定:"各国家公园管理机构应当对国家公园范围内的自然资源、自然生态系统和特定保护对象进行监测,开展生态风险评估预警和人类活动影响分析,及时采取或调整保护措施,并定期发布监测评估报告。国家公园管理局应当会同国务院有关部门建立全国国家公园天空地一体化监测体系,开展国家公园综合监测评价,实现国家公园生态保护的动态性、整体性监测。各国家公园管理机构应当会同地方人民政府对国家公园范围内的自然资源、人文资源以及社会经济发展情况进行统一调查,实现数据共享与整合,形成本底数据。"

## 二 分区管控制度

国家公园分区管控是国家公园管理的通行做法,分区管控制度是合理平衡国家公园严格保护与合理利用两大目的,统筹实现国家公园保护、科研、教育、游憩和社区发展五大功能的根本制度,是国家公园进行行为管制和差别化管理的根本依据。

### (一) 国家公园分区管控的政策导向与实践样态

《总体方案》要求:国家公园按照自然资源特征和管理目标,合理划定功能分区,实行差别化保护管理。《指导意见》进一步明确提出,国家公园和自然保护区实行分区管控和差别化管控,"根据各类自然保护地功能定位,既严格保护又便于基层操作,合理分区,实行差别化管控。国家公园和自然保护区实行分区管控,原则上核心保护区内禁止人为活动,一般控制区内限制人为活动"。《暂行办法》中同样也明确指出,国家公园应当根据功能定位进行合理分区,划分为核心保护区和一般控制区,实行分区管控。总体来看,国家的政策文件对于分区管控制度主要是对国家公园区分为核心保护区以及一般控制区,并且要求不同分区实施差别化管理作出了一般性的规定,分区标准虽然较为原则和粗略,但基本上遵循了行为控制的思路。

功能分区规定了国家公园保护和利用的空间划分和管控要求,是国家公园规划与管理必不可少的组成部分。[①] 各国家公园在试点实践中,都根据国家政策文件的分区管控要求进行了各具特色的分区管控实践,具体分区依据、分区标准、与功能分区如表15-1所示。

表15-1　　分区管控比较

| 国家公园 | 划分依据 | 划分类型 | 划分标准 |
| --- | --- | --- | --- |
| 三江源国家公园 | 《三江源国家公园条例(试行)》 | 核心保育区、生态保育修复区、游憩展示区、传统利用区 | 生态功能和保护目标 |
| 武夷山国家公园 | 《武夷山国家公园条例(试行)》 | 特别保护区、严格控制区、生态修复区、传统利用区 | 生态功能和保护目标 |
| 神农架国家公园 | 《神农架国家公园保护条例》 | 严格保护区、生态保育区、游憩展示区、传统利用区 | 生态功能和保护目标 |
| 普达措国家公园 | 《云南香格里拉普达措国家公园保护管理条例》 | 严格保护区、生态保育区、游憩展示区、传统利用区 | 生态功能和保护目标 |
| 东北虎豹国家公园 | 《东北虎豹国家公园总体规划》 | 核心保护区、特别保护区、恢复扩散区、镇域安全保障区 | 生态功能和保护目标 |
| 大熊猫国家公园 | 《大熊猫国家公园管理办法》 | 核心保护区和一般控制区 | 人类行为控制 |
| 海南热带雨林国家公园 | 《海南热带雨林国家公园条例(试行)》 | 核心保护区和一般控制区 | 人类行为控制 |
| 祁连山国家公园 | 《祁连山国家公园总体规划》 | 核心保护区和一般控制区 | 人类行为控制 |
| 钱江源国家公园 | 《钱江源——百山祖国家公园管理办法》 | 核心保护区和一般控制区 | 人类行为控制 |
| 南山国家公园 | 《南山国家公园总体规划》 | 核心保护区和一般控制区 | 人类行为控制 |

---

① 付梦娣、田俊量、朱彦鹏等:《三江源国家公园功能分区与目标管理》,《生物多样性》2017年第1期。

从表 15-1 可见，各国家公园的分区管控在共性基础上具有较大的差异性，共性表现在都规定了核心保护区与传统利用区（虽然名称各异），体现了国家政策文件对国家公园严格保护与合理利用辩证统一的要求，但根本性的差异在于分区标准不同导致了功能分区的数量、类型、名称、管控措施都存在实质性差异。一类以人的行为控制作为功能分区依据，在核心区域与一般控制区域进行不同的行为管控，以达到严格生态保护的前提下实现合理利用，最大限度减少人类活动对自然生态的损害。另一类则以生态功能和保护目标作为分区依据，以不同区域的生态功能重要性和生态保护目标的要求进行管控要求从强到弱的功能分区，但采取该分区标准的国家公园在分区的管控标准和用途管制上规定各异，如《神农架国家公园保护条例》虽然划分了传统利用区，但对利用行为的限制过多，而《武夷山国家公园条例（试行）》划分的传统利用区规定相对宽松，详细列举了传统利用区允许开展自然观光、科研教育、生态体验以及经批准可以新建、改建构筑物、建筑物等活动。造成各国家公园试点中分区管控各行其是、标准各异的直接原因在于，试点经验缺乏且对政策理解不一，根本原因在于缺乏上位法的统一指导和规范。因此，《国家公园法》应当将国家政策文件中关于分区管控的规定进行法治化，并在试点经验的基础上对分区管控制度作出一般性、科学性规定。

### （二）国家公园分区管控制度的立法完善

科学的分区管控制度是协调国家公园各种利益关系的重要手段，作为国家公园管理的基本制度，应当由《国家公园法》对国家公园功能分区的标准、管控目标和用途管制作出基础规定，为各国家公园因地制宜作出更细致、更具适应性的功能分区提供法律依据和基本框架。

法治视域下国家公园的分区管控制度建构应当对《国家公园法》的立法功能定位、立法价值等主观因素，以及自然生态原真性与完整性保护要求、人为活动状况等客观因素进行综合考量。《国家公园法》是国家层面的统一立法，是国家公园的基础性、综合性立法，需要对分区管控制度作出统一的一般性规定，以统摄国家公园试点地方的"一园一法"中对分区管控的差异性规定。国家公园的价值与功能的多元性决定了《国家公园法》立法目的的多元性，"国家公园分区管控制度是一项基本的国家公园法律制度，具体的方向选择和制度设计取决于其立法目的与价值"①。这要求"分区管控的制度设计应充分考虑国家公园多元化功能的协调,明确保护优先的基本价值取向"②,通过不同功能区内禁止人为活动与限制人为活动实现差别化管控,综合实现国家公园的多元功能。

基于上述分析,《国家公园法》的分区管控制度应当以国家政策文件中的基于行为控制进行分区管控的思路为主线,按照主要保护对象的分布、原真性要求、人为活动状况、管理的严格程度、主导功能等因子综合考虑,确立基于生态功能进行行为管控的二阶层分区标准,将国家公园划分为核心保护区和一般控制区,并对各分区的禁止、限制要求与允许的人为活动予以明确规定。"国家公园范围内自然生态系统保存完整、代表性强,核心资源集中分布,或者生态脆弱需要休养生息的区域应当划为核心保护区。国家公园核心保护区以外的区域划为一般控制区。"③ 核心保护区主要承担保护功能,最大限度限制人为活动,以下情形除外:(1)必要的保护、管理、监测、救援、防灾减灾、修复活动;(2)经批准的科学研究活动;(3)已有的民生基础设施的运行维护;(4)无法避让且必要的线路管道基础设施修筑;(5)原住民和其他合法权益主体为了生产生活需要,在不扩大现有规模和利用强度的前提下,开展必要的种植、放牧、采集、捕捞、养殖、取水等生产生活活动,修缮生产生活设施;(6)法律规定的其他情形。一般控制区在承担保护功能的基础上,兼顾科研、游憩、教育和社区发展功能,禁止开发性人为活动,以下情形除外:(1)核心保护区允许的活动;(2)必要的防火、巡护道路、游憩步道、观光路线、管理和服务站点等基础保障设施建设;(3)适度的自然教育、游憩体验活动;(4)为提升生态功能进行必要的病害动植物清理、更新活动和森林经营活动;(5)法律规定的其他情形。

### 三 生态修复制度

实施重大生态修复工程、健全生态修复制度,是生态文明和美丽中国

---

① 刘超:《国家公园分区管控制度析论》,《南京工业大学学报》(社会科学版)2020年第3期。

② 廖华、宁泽群:《国家公园分区管控的实践总结与制度进阶》,《中国环境管理》2021年第4期。

③ 《国家公园管理暂行办法》第16条。

的重要抓手，也是国家公园开展生态保护的重要制度保障。

**（一）国家公园与生态修复**

生态修复是保护与改善生态环境的重要活动，在生态学领域，生态修复一般是指基于生态学原理，借助生态自我恢复能力，结合必要的人工修复活动，实现生态系统恢复、重建或改善的科学方法。生态修复是着眼于整个生态系统，借助生态系统的自我调节能力，以人工修复措施为辅助，实现生态系统结构与功能整体上的恢复和改善，其内涵可以理解为通过生态自我调节能力和外界力量使生态系统得以恢复、重建或改善，其外延包括污染环境的修复、开发建设项目的生态修复、生态建设工程以及退化生态系统的自我修复。[①] 生态恢复是对受损生态系统停止人为活动干扰，依靠生态系统的自我调节能力与自我组织能力，必要时辅以人工措施，使受损生态系统逐步恢复。[②] 由此可见，生态修复是生态恢复的上位概念，生态修复的对象包括受污染环境和退化生态系统，更偏重以积极人工干预恢复、重建或改善生态环境。生态恢复的外延较小，主要对象是受人为活动或自然因素影响的退化生态系统，更强调依靠生态系统的自我调节能力与自组织能力（自然恢复），使生态系统恢复到未受损以前的完整状态。

设立国家公园的首要目的是保护自然生态的原真性与完整性，国家公园内退化生态系统的恢复、物种栖息地的恢复和生态廊道的连通，必须以保持自然生态系统的原真性和完整性为前提，以自然恢复为主，尽可能减少人工干预，但必要时可以借助人工措施进行生态修复，以恢复自然生态系统的原真性与完整性。国家公园开展生态修复，必须遵循自然生态演化规律和生态保护整体性要求，正确处理人工修复与自然恢复的关系。国家公园开展生态修复活动，应当坚持自然恢复为主、人工修复为辅的方针，科学选择修复方案。"生态修复的目的在于通过协助已退化、损害或破坏的自然生态系统获得改善、恢复或重建，进而增强其自我调节、自我修复功能，维护生态平衡。"[③] 对于生态系统受损程度没有超过负荷、通过生态自我恢复可逆转的情况，主要是移除和防止人为干扰，在自然过程中恢

---

[①] 朱丽：《关于生态恢复与生态修复的几点思考》，《阴山学刊》2007年第1期。

[②] 《环境科学大辞典》编委会编：《环境科学大辞典》（修订版），中国环境科学出版社2008年版，第378页。

[③] 侯军亮：《如何理解"自然恢复为主"的生态修复方针》，《中国自然资源报》2021年1月4日。

复健康生态系统。对于生态系统严重受损、无法通过自然恢复逆转的，应当积极采取人工修复措施。国家公园生态修复方案的选择，还要从国家公园生态整体性保护和系统性治理的视角出发，统筹考虑山水林田湖草的系统修复。

**（二）生态修复制度的政策目标导向及立法完善**

生态文明建设的基本方针是坚持节约优先、保护优先、自然恢复为主。《总体方案》提出，要按照自然生态系统整体性、系统性及其内在规律，对国家公园实行整体保护、系统修复、综合治理。《指导意见》进一步明确提出，自然保护地"以自然恢复为主，辅以必要的人工措施，分区分类开展受损自然生态系统修复。建设生态廊道、开展重要栖息地恢复和废弃地修复"。《暂行办法》第22条明确规定："国家公园内退化自然生态系统修复、生态廊道连通、重要栖息地恢复等生态修复活动应当坚持自然恢复为主，确有必要开展人工修复活动的，应当经科学论证。"可见，从《总体方案》到《指导意见》再到《暂行办法》，政策文件关于国家公园生态修复应当坚持自然恢复为主的思路方针更加明确和科学，对自然恢复和人工修复方案选择的要求也更加规范、具体。

基于上述分析，《国家公园法》应当对政策文件中国家公园生态修复的规定予以法律化表达，明确规定："国家公园管理机构负责生态保护修复。国家公园内退化自然生态系统修复、生态廊道连通、重要栖息地恢复等生态修复活动应当坚持自然恢复为主，确有必要开展人工修复活动的，应当经科学论证。""按照最大限度保留和维持原有生态系统自我调节、修复、平衡的原则，最小限度匹配人工修复措施，设计具体修复方案。"[①] 国家公园内开展生态修复的，修复方案应当由国家公园管理机构组织专家进行论证。

**四 巡护巡查制度**

国家公园的巡护是指，巡护人员在国家公园范围内，定期或不定期沿着一定路线，对自然资源、自然环境和干扰活动进行观察、记录、上报，并及时制止违法行为的活动。巡护是国家公园管理机构进行生态保护、资源管理、设施维护的基本手段，也是及时获取国家公园内物种、栖息地、

---

① 张金萍：《人与自然共生　珍爱地球家园》，《中国自然资源报》2020年4月22日。

生态系统信息动态变化的重要途径。《总体方案》提出，要制定巡护管理的技术规程，《指导意见》进一步提出，要加强巡护路网建设，利用高科技手段和现代化设备促进巡护的信息化、智能化，配置管理队伍的技术装备，逐步实现规范化和标准化。《暂行办法》第23条明确规定，国家公园管理机构应当建立巡护巡查制度，组织专业巡护队伍，开展日常巡查工作，及时掌握人类活动和资源动态变化情况。作为国家公园开展日常管理的重要制度，《国家公园法》应当对巡护人员、巡护设备设施、巡护对象和巡查内容等主要内容作出明确规定，将巡护巡查制度作为国家公园管理的基本制度予以法律规范。《国家公园法》应当明确规定："国家公园管理机构应当建立巡护巡查制度，组织巡护人员开展日常巡查，配备必要的巡护设备，加强巡护路网和巡护站点设施建设。巡护人员应当对自然资源、自然环境和干扰活动进行观察、记录、上报，维护国家公园内的设施、设备，并对破坏自然资源的违法行为及时制止与上报。"

### 五 生态保护补偿制度

#### （一）生态保护补偿制度是实现国家公园空间正义的主要途径

生态保护补偿，是指由政府、生态保护受益的地区、单位和个人向生态保护做出贡献的地区、单位和个人，以财政转移支付、协商谈判、市场交易等形式进行合理补偿的行为。[①] 经济学视野中，生态保护补偿是指因保护生态环境而产生的正外部性行为，应当由相关的受益方给予补偿，强调"生态环境保护的外部性的内部化"。生态保护补偿是生态补偿中针对生态保护行为产生的正外部性效应进行补偿的方式。原国家环保总局2007年发布的《关于开展生态补偿试点工作的指导意见》明确提出："生态补偿机制，是以保护生态环境、促进人与自然和谐为目的，根据生态系统服务价值、生态保护成本、发展机会成本，综合运用行政和市场手段，调整生态环境保护和建设相关各方之间的利益关系的环境经济政策。"可见，国家层面的生态补偿实际是指生态保护补偿，为了更加明确补偿的性质、范围和对象，笔者认为，应该统一使用生态保护补偿的概念。

生态保护补偿制度是指调整生态保护补偿法律关系、规范生态保护补

---

① 史玉成：《生态扶贫：精准扶贫与生态保护的结合路径》，《甘肃社会科学》2018年第6期。

偿实践的一系列法律规范的总称。从法学的角度看，法律上某种的权利或利益受损是产生"补偿"的前提，生态补偿正是对生态保护与建设行为所产生的新的利益类型——"生态利益"进行保护与衡平的制度安排。① 在法学语境下，生态补偿的本质属性是实现利益平衡的制度安排，是法的正义价值的体现。② 寻求不同利益之间的均衡与协调应当是正义的本质要求，生态保护补偿制度是在国家公园空间范围内协调了环境权与生存权、发展权之间的冲突，平衡受益者与保护者利益，实现空间范围内的生态正义的基本途径。空间不仅是法律存在和实现的场所，也可以被看作法律内容的一部分，从环境法的视角去理解空间正义，更多的是正义的立体表征，旨在追求社会空间和生态正义的综合效应，它的这种多重属性意味着，人们不仅应该从社会空间视角去把握不同利益群体空间利益上的责任和义务问题，还要从生态空间视角去理解人与其他生命乃至整个自然界的关系。③ 国家公园是依据生态系统自然规律界定的特定领域空间，实现空间正义是国家公园设立的基本价值，生态保护补偿制度通过实现国家公园空间范围内人与人之间的正义，促进了人与自然之间的生态正义实现。

**（二）生态保护补偿制度的政策目标导向**

生态保护补偿制度是生态文明制度建设的主要内容之一，《生态文明体制改革总体方案》明确提出，生态文明体制改革的目标之一是"构建反映市场供求和资源稀缺程度、体现自然价值和代际补偿的资源有偿使用和生态补偿制度，着力解决自然资源及其产品价格偏低、生产开发成本低于社会成本、保护生态得不到合理回报等问题"。《总体方案》对健全生态保护补偿制度提出了具体要求，即"加大重点生态功能区转移支付力度，健全国家公园生态保护补偿政策。鼓励受益地区与国家公园所在地区通过资金补偿等方式建立横向补偿关系。加强生态保护补偿效益评估，完善生态保护成效与资金分配挂钩的激励约束机制，加强对生态保护补偿资金使用的监督管理。"《指导意见》也提出，"健全生态保护补偿制度，将

---

① 史玉成：《生态补偿制度建设与立法供给——以生态利益保护与衡平为视角》，《法学评论》2013年第4期。

② 傅晓华：《基于生态正义的流域治理区际补偿理论辩解与实践探索》，《湖南社会科学》2021年第3期。

③ 秦天宝：《以空间正义引领国土空间用途管制法治化》，《中国社会科学报》2022年8月18日。

自然保护地内的林木按规定纳入公益林管理，对集体和个人所有的商品林，地方可依法自主优先赎买；按自然保护地规模和管护成效加大财政转移支付力度，加大对生态移民的补偿扶持投入。建立完善野生动物肇事损害赔偿制度和野生动物伤害保险制度"。《关于深化生态保护补偿制度改革的意见》明确提出，建立健全以国家公园为主体的自然保护地体系生态保护补偿机制，根据自然保护地规模和管护成效加大保护补偿力度。

从政策文件关于生态保护补偿制度的目标导向可见，国家公园范围内的生态保护补偿制度包括以中央财政转移支付为基础的纵向生态保护补偿和受益地区与国家公园所在地区通过资金补偿等方式建立的横向补偿，应加大财政转移支付力度，按保护规模和管护成效分配补偿资金以激励生态保护成效。

### （三）生态保护补偿制度的立法完善

生态保护补偿制度是作为环境资源法律体系基本法的《环境保护法》确立的基本制度，《国家公园法》作为环境资源法律体系中生态保护领域的重要立法，必须贯彻环境基本法的生态保护补偿制度要求，并作出具体化、适应性规定，以平衡国家公园建设、保护中的多元主体的利益冲突，实现空间正义。《国家公园法》作为国家公园法律体系的基础性、综合性立法，应当明确确立生态保护补偿制度，对生态保护补偿的补偿主体与受益主体、补偿类型、补偿方式作出一般规定，按照生态空间功能，实施纵横结合的综合补偿制度，为"一园一法"具体构建生态保护补偿机制和制定实施细则提供法律依据，促进生态受益地区与保护地区利益共享。因此，《国家公园法》应明确规定："国家建立国家公园生态保护补偿机制，按照管控难度、保护成效和保护规模实行差异化补偿，激励生态保护成效。国家加大财政转移支付力度，加强国家公园生态保护。"国家公园属于国土空间规划中的生态功能区和生态红线区域，国家公园建设属于中央事权，因此，必须坚持生态保护补偿力度与财政事权、财政能力相匹配，与推进基本公共服务均等化相衔接，明确国家应加大财政转移支付力度，按照管控难度、保护成效和保护规模实行差异化补偿，建立完善的纵向生态补偿机制。《国家公园法》还应健全横向补偿机制，明确规定："国家鼓励受益地区与国家公园所在地区通过资金补偿、购买生态产品和服务等方式开展横向补偿，支持并推动建立市场化多元补偿机制。"通过明确规定横向生态补偿的主体、补偿方式，按照受益者付费的原则，鼓励通过市场化、多元化的方式，促进生态保护者利益得到有效补偿，激发全社会参与生态保护的积极性。

## 第五节 社区发展制度

国家公园体制建设作为生态文明建设的重要举措，是生态保护和合理利用的有机统一，是人与自然和谐共生的示范区域。国家公园建设与经营的成功与否取决于能否得到当地社区的支持。根本而言，社区发展制度是生态正义与利益衡平的价值理念在国家公园这一空间单元的本质要求，社区协调发展即是空间正义的体现。

### 一 国家公园与社区发展

从世界范围内国家公园的建设与发展历程来看，国家公园与当地社区的关系问题始终是国家公园建设面临的核心问题，也是国家公园能否持续发展的关键问题。从我国国家公园体制试点建设的实践情况来看，人与自然形成了一定的共生关系且社区具有人文自然价值，资源依赖性强且利用方式简单，原住居民人口基数大且受教育程度低，当地社区经济发展水平低且发展诉求强烈的现实。妥善化解自然保护与当地社会经济发展之间的矛盾是国家公园建设与成功运营需要解决的最关键问题，该问题不仅关系到国家公园建设所涉及的多元利益主体之间关系的协调，也直接决定了国家公园的治理结构和管理模式，关系到国家公园能否可持续地从保护及发展两个角度实现其建设目标。[1] 我国国家公园发展始终面临着平衡"人"和"地"关系的问题，[2] 国家公园建设与社区存在生态、经济、社会、文化的多元、多层次利益冲突，由此决定了国家公园建设需要走出一条实现生态保护与社区发展协同、自然遗产与文化遗产保护共进的中国特色之路，为世界保护地建设贡献中国智慧，而建立科学合理的国家公园与社区协调发展制度则是实现这一目标的关键所在。

---

[1] 唐芳林、闫颜、刘文国：《我国国家公园体制建设进展》，《生物多样性》2019年第2期。

[2] 朱冬芳、钟林生、虞虎：《国家公园社区发展研究进展与启示》，《资源科学》2021第9期。

社区发展制度中的"社区",包括国家公园内以自然村为主的居民点及其附属土地,还包括国家公园周边的自然村及其附属土地,其中国家公园内的社区是国家公园社区发展制度的主体与关键,国家公园周边社区需要通过合作保护、引导规划建设与监督管理确保社区发展与国家公园保护目标相一致。从国家公园建设的理论研究与实践情况来看,社区发展制度是指社区的生产生活方式、资源利用强度、经济发展方式要与国家公园的保护目标相一致,保障当地社区充分参与国家公园建设、管理并得以分享国家公园建设、发展的利益,实现自然保护与合理利用的科学平衡、人与自然的和谐共生。具体而言,社区发展制度包括社区空间管控机制、社区经济发展协调机制、社区人居特色化与绿色化建设机制、参与式共管机制、社区利益共享机制等涉及生态保护、经济社会发展、多元主体参与管理、文化保护传承等多个方面的内容。

## 二 建立完善社区发展制度的正当性

国家公园社区发展制度既是贯彻人与自然是生命共同体理念的需要,也是协调国家公园建设与社区发展矛盾、实现社区促进国家公园发展的需要。

### (一) 贯彻人与自然是生命共同体理念的需要

生态文明是建立在人类对自然社会深刻认识基础上的新的文化观和文明观,其核心要义是树立尊重自然、顺应自然、人与自然和谐发展的观念。[1] 人与自然是生命共同体是对人与自然关系在生态文明时代的全新解读,是对中国传统文化中"天人合一"自然伦理思想的继承,也是国家公园建设应当秉持的价值理念。人以自然为基础,因此必须与自然界其他生物相互依赖、相互作用,在合理限度内相互竞争,才能形成地球生态系统的共生共荣、协同进化的和谐共生关系。党的十九大报告将"坚持人与自然和谐共生"作为建设生态文明社会的基本方略。人与自然是生命共同体的理念既强调人对自然的依存关系,也强调人对自然的良性作用,人与自然共生共存、共同繁荣是人与自然是生命共同体理念的逻辑必然。

在人与自然是生命共同体理念的视域下,国家公园与社区不是孤立、

---

[1] 雷光春、曾晴:《世界自然保护的发展趋势对我国国家公园体制建设的启示》,《生物多样性》2014年第4期。

对立的存在，而是相互依存、相互作用、合理竞争、互惠共生的共生关系。从世界自然保护地的发展历程来看，过去基于机械性、线性思维的"圈地式"保护，仅强调对自然的单一、严格保护，忽视了生态系统各要素的相互关系以及社会系统与自然生态系统之间的相互关系。随着生态学研究的深入和自然保护地管理经验的累积，这种保护方式已被基于社会—生态的系统性认识而发展起来的适应性、整体性保护逐渐取代，以兼顾自然保护与人类福祉为目标，重视自然保护与资源利用的动态关系以及当地社区的参与与利益分享，维持和促进当地社区在长期的生产生活中与自然生态形成的共生关系。

**（二）协调国家公园建设与社区发展之间矛盾的需要**

我国国家公园体制建设面临原住居民多、对自然资源依赖度高且人地关系历史悠久、人文资源丰富的特殊国情。国家公园为了严格保护生态系统的原真性和完整性，一些限制性的生态保护措施如禁止伐木、禁止放牧等方式限制了当地社区的资源利用与经济发展，而且还会减少社区原有的生产生活空间。但是，当前国家公园建设存在忽视生态保护与合理利用的辩证关系、重自然资源保护轻文化资源保护的情况，原住居民基于资源利用、利益分享和文化传承的生存发展权益与国家公园生态保护、游憩利用的利益冲突凸显。

2016年在夏威夷召开的IUCN世界保护地大会上也提出自然保护策略应当更多地关注原住居民与当地社区的权利及其传统知识，从社会—生态系统的角度寻求可持续的自然保护策略。目前，各试点区制定的国家公园规划方案、社区发展规划等文件虽规定了社区发展支持政策，但是还存在同质化严重、地区因素考虑不足、方式单一、制度设计系统性不足等问题，需要通过《国家公园法》对国家公园社区发展制度进行整体设计，确定社区在国家公园建设、发展中的权、责、利，最大限度地保障国家公园社区及其原住民的合法权益，凸显社区及其原住民在国家公园体制建设中"主人翁"的地位，提升社区居民对国家公园的认同感，最终消解国家公园建设与社区发展之间存在的矛盾，实现国家公园建设与社区发展"双赢"。

**（三）发挥社区促进国家公园建设功能的需要**

通过建构行之有效的国家公园社区发展制度，保障社区居民的发展利益诉求得以实现，构建良性互动的参与式"公园—社区"关系，在提升社区居民对于国家公园的支持力度、强化生态保护重要性认识的同时,社区发展也能对国家公园的建设和管理起到反哺作用,积极推进国家公园的建设以及使国家公园得到高效管理。我国国家公园普遍具有的人地关系紧密且历史悠久、人文资源丰富的特点对国家公园建设既是挑战也是机遇,如果能发挥当地社区促进国家公园建设的强大的功能,国家公园必将成为一张具有中国特色的"世界名片"。

一方面,在人地关系历史悠久的国家公园,原住居民在长期的生产生活中与自然协同演化,形成了具有适应性的资源利用方式和生活方式,创造了丰富多样的民间传统文化,形成了生态保护习惯法和保护生物多样性的传统知识,原住居民已经成为生态系统的重要一环,"传统生产系统也是生态系统原真性与完整性的组成部分"①,而且,当地社区的有效参与可以极大地降低国家公园的管护成本。因此,国家公园建设应充分认识并通过社区发展制度维持当地社区对生态保护的功能。

另一方面,社区居民的首要利益诉求是获取更多经济利益,这与国家公园建设在严格保护的前提下适度发展,在长远来看,具有一致性,但从短期来看具有差异性与冲突性。实际上,国家公园与原住居民之间既相互合作又相互竞争,处于不断博弈的过程中,二者的关系能否持续向互惠共生的理想状态演化,取决于能否促成双方之间的合作关系。而社区发展制度是对双方之间合作关系的制度化表达,通过科学社区发展制度可以有效引导原住居民的资源利用与文化保护需求趋同于国家公园生态保护目标,从而使原住居民与国家公园形成利益与情感共同体。

### 三 建立社区发展制度的现实基础

国际自然保护地建设管理理念与制度的演变趋势,以及近年来我国发布的有关国家公园体制建设的政策文件,还有已有的十个国家公园试点区的实践经验,都为我国建立国家公园社区发展制度提供了坚实支持。

#### (一) 符合国际自然保护地建设的最新理念与通行做法

从世界自然保护地的发展历史看,"保护"的内涵经历了从一般意义的保护(Protection),到强调尽可能减少人类影响的自然原真性保存(Preser-

---

① 刘金龙、赵佳程等:《中国国家公园治理体系研究》,中国环境出版社2018年版,第111页。

vation),再到倡导积极保护与合理利用的自然保育(Conservation)的转变,自然保护的目标也由单一的自然保护演化为兼顾自然保护与人类福祉。IUCN 于 1980 年发布的关于生物资源保护的第一份国际性文件 *The Word Conservation Strategy: Living Resource Conservation for Sustainable Development* (WCS),提出"自然保护的核心宗旨是保护生态过程与生命支持系统、保护遗传多样性以及物种和生态的可持续利用,并倡导各国政府促进政府部门、非政府组织、自然保护专家、原住民、工商业者等结成利益共同体、形成自然保护合力"[①]。

与国际自然保护地建设理念演变相随,国外在国家公园建设中提出了促进社区发展与国家公园建设"双赢"的发展策略,即国家公园不被视为"孤岛",而是将社区发展作为国家公园可持续发展的重要组成部分。[②] 基于社区发展的合作共管被许多国家认为是解决社区发展与国家公园建设矛盾的重要途径。国外国家公园建设中保障社区发展的主要途径包括:一是收益共享,如提供就业机会、引入相关的扶贫项目等;二是建立缓冲区,合理利用土地资源,为社区发展提供相应的发展机会;三是建立资金与技术扶持机制比如设立保护基金、债务—自然资源转换、特殊区域生态服务费用等;四是建立合理的生态保护补偿机制,国家公园建设资金需以中央拨款为主,多元化生态补偿资金为补充以及建立合理利益分配机制相结合等途径来帮助国家公园社区发展。可以看出,国家公园的建设发展需要同社区发展共同推进,通过建构国家公园社区发展制度,结合各国各地区的实际情况和特点相应地制定促进社区发展的多元化举措和路径,保障国家公园建设进程与社区发展相辅相成,相互促进。

### (二) 促进社区发展具有明确的政策导向

"以人民为中心"是党和国家的一贯执政理念,我国国家公园建设既要保护好自然生态系统,为人民群众提供高质量生态产品;又要坚持以人民为中心的发展思想,保障好当地社区居民的生产生活,实现生态保护与民生改善相统一。《总体方案》要求:国家公园体制试点建设区域要建立

---

① http://www.environment and society.org/mml/iucn-ed-world-conservation-strategy-living-resource-conservation-sustainable-development.

② 王瑞、齐媛媛、求什吉卓么:《民族地区国家公园建设对当地居民的生计影响探究——以祁连山国家公园为例》,《区域治理》2019 年第 35 期。

社区共管机制与社区参与制度。《总体方案》将社区分为周边社区和区内社区，对于国家公园的周边社区要求合作保护和引导规划建设，以保障周边社区建设与国家公园协调发展。如签订合作保护协议等方式，推进国家公园周边社区能够共同保护国家公园周边自然资源，同时引导周边社区合理建设特色小镇，使周边社区在生态保护中谋求发展新路径。对于国家公园内的社区，要求建立社区管理、社区资源集体管理、居民点调控以及社区协调发展制度。具体而言，一是采取差别化保护管理方式，对于重点保护区域的集体土地通过租赁、置换等方式进行规范化流转，实现对国家公园统一管理。其他区域的集体土地可以通过合作协议等方式进行统一有效的管理，明确需要探索协议保护等多元保护模式，在保护生态的同时促进社区发展。二是采取"生态移民搬迁"策略对居民点进行调控，根据国家公园区域内的实际情况实行相对集中居住，科学合理地建立入口社区，促进国家公园社区生态新型城镇化转型。三是建立社区协调发展制度，具体包括健全生态保护补偿制度（如鼓励设立生态管护公益岗位、直接经济补偿）以及完善社区参与机制（在国家公园设立、建设、运行、管理、监督等各环节，以及生态保护、自然教育、科学研究等各领域，引导当地居民积极参与，鼓励当地居民或其举办的企业参与国家公园内特许经营项目）。

《指导意见》也提出，要探索全民共享机制，并将社区发展作为全民共享机制的重要内容之一，明确提出要"扶持和规范原住居民从事环境友好型经营活动，践行公民生态环境行为规范，支持和传承传统文化及人地和谐的生态产业模式。推行参与式社区管理，按照生态保护需求设立生态管护岗位并优先安排原住居民"。《暂行办法》第34条明确规定，国家公园管理机构应当引导和规范原住居民从事环境友好型经营活动，完善生态管护岗位选聘机制，周边社区建设应当与国家公园保护目标相协调等要求。[①]

通过建立科学合理的社区发展制度加以合理规范、引导，可以将国家

---

① 《国家公园管理暂行办法》第34条：国家公园管理机构应当引导和规范原住居民从事环境友好型经营活动，践行公民生态环境行为规范，支持和传承传统文化及人地和谐的生态产业模式。完善生态管护岗位选聘机制，优先安排国家公园内及其周边社区原住居民参与生态管护、生态监测等工作。国家公园周边社区建设应当与国家公园保护目标相协调。国家公园毗邻地区县级以上地方人民政府可以与国家公园管理机构签订合作协议，合理规划建设入口社区。

公园建成生物多样性与文化多样性共存、人与自然和谐共生的样本。

### （三）国家公园试点区积累了实践经验

从现实情况来看，我国国家公园大面积位于偏僻的乡村地区，这里人地关系紧密，农耕、放牧、采集历史悠久，原住民在长期的生产生活中形成的传统生产系统、传统乡村聚落、民族民间文化、生态智慧等本身就是我国国家公园建设得天独厚的人文资源，对国家公园维持健康生态系统、维护生物多样性、维持乡土文化风貌、传承传统文化具有极其重要的支持作用。2015—2020年，各国家公园试点区在国家公园的建设实践中普遍认识到社区发展的重要性，将社区发展作为国家公园试点建设的重要内容之一，进行了因地制宜的社区发展机制探索，为建立国家公园社区发展制度提供了许多有益经验。

从十个国家公园试点情况来看，促进社区协调发展的主要措施包括：一是设置生态管护公益岗位，吸纳社区居民参与国家公园生态保护，增加居民收入。二是通过赎买、置换、租赁、场乡共管、签订合作保护协议等方式对集体所有的土地和自然资源进行统一管理，引导社区居民的生产生活方式和资源利用方式符合国家公园的生态保护要求。三是通过产业扶持、生态产品认证、国家公园品牌授权，引导当地社区开展生态旅游、生态体验、绿色农业、生态林业等复合型绿色产业。四是通过特许经营机制，引导社区居民参与乡村旅游、访客接待、环境教育等特许经营项目，促进社区居民增收。五是通过生态补偿机制，以直接经济补偿、资源管控补偿、景观补偿等多种形式对当地社区开展生态补偿，使得社区得以公平分享国家公园建设红利。六是通过配套工程、公共服务设施建设，有效改善社区民生环境和生活水平。七是通过入口社区规划建设，引导周边社区发展符合国家公园的整体保护要求。此外，还有一些国家公园试点区对社区发展进行了大胆尝试，出台了专门的社区发展政策文件、探索社区协调发展机制，如普达措国家公园制定《普达措国家公园旅游反哺社区实施办法》，海南热带雨林国家公园制定《海南热带雨林国家公园特许经营管理办法》，祁连山国家公园甘肃省管理局印发《国家公园甘肃省片区社会参与机制实施方案（试行）》《甘肃省国家公园社区共管共建方案（试行）》，大熊猫国家公园编制《大熊猫国家公园社区建设典型案例汇编》《大熊猫国家公园社区发展指南》等。

## 四 社区发展制度的立法完善

我国国家公园建设面临的人地关系紧密、社区发展水平不高的特殊国情,决定了国家公园建设必须走社区参与式发展之路,将国家公园的生态保护目标与社区发展利益有机结合,实现社区与国家公园协调、持续发展。国家公园与社区共建机制包括与周边社区的共建和区内社区共建两个方面,两者共建的内容因区位关系存在较大差异,此处分别论述。

### (一) 根据国家公园功能分区对国家公园内社区进行分类调控

基于前述去管控制度的论述,国家公园实行核心保护区和一般控制区的分区管控,核心保护区主要承担保护功能,最大限度限制人为活动,一般控制区内限制人为活动,除承担保护功能外,还承担科研、游憩、教育和社区发展功能。虽然《总体方案》提出要构建社区协调发展制度,《指导意见》进一步提出,"保护原住居民权益,实现各产权主体共建保护地、共享资源收益",但在生态保护居于压倒性优势地位且"生态保护第一"的规范内涵付之阙如的情况下,一些地方政府、国家公园管理机构与督察人员将"国家公园实行最严格的保护"理解为国家公园就是保护禁区,对一切利用行为严格禁止,在国家公园管理中依照《自然保护区管理条例》的"隔离式"管理理念与十项禁止性要求[①]对资源利用严防死守,实施"一刀切"的生态移民。"这些'一刀切'的规定既不合理也难以操作,忽视了诸多野生动植物需要根据其保护需求人为调整栖息地,以及某些保护对象已经与原住居民适当的生产生活形成了近似'共生'的关系。"[②]《国家公园法》立法中必须对生态保护与原住居民的资源合理利用进行明确规定,在分区管控规定中正视原住居民的合理利用与生态保护之间的辩证关系,以及原住居民与自然生态在长期的协同演化中形成的共生关系,明确确认原住居民在核心保护区与一般控制区的允许利用行为。为此,《国家公园法》应当明确规定,在核心保护区,原住居民和其他合法权益主体,在不扩大现有规模和利用强度的前提下,可以开展必要的种

---

① 《自然保护区条例》第 26 条:禁止在自然保护区内进行砍伐、放牧、狩猎、捕捞、采药、开垦、烧荒、开矿、采石、挖沙等活动;但是,法律、行政法规另有规定的除外。

② 苏红巧、罗敏、苏杨:《"最严格的保护"是最严格地按照科学来保护——解读"国家公园实行最严格的保护"》,《北京林业大学学报》(社会科学版) 2019 年第 1 期。

植、放牧、采集、捕捞、养殖、取水等生产生活活动，修缮生产生活设施；在一般控制区，除核心保护区允许开展的情形外，原住居民可以根据国家公园统一管理的要求，从事特许经营活动，对集体或个人所有的人工商品林符合管控要求的抚育、树种更替等森林经营活动。

国家公园分区管理是社区分类调控、协调发展的基本依据，社区分类调控需要各国家公园在具体实践中根据社区文化资源价值、常住人口规模、居民点性质、土地权属分布、与保护地管控分区的位置关系等进行分类调控。各国家公园"一园一法"可以根据国家公园提出的"两区"范围，在总体规划中进行适应性的精细划分，对位于不同功能区的社区分别定位，对社区空间、资源利用、发展方式进行分类调控，以符合国家公园建设的整体目标。如《武夷山国家公园总体规划》在分区管理中将社区空间分为文化展示型、传统利用型、访客服务型。《钱江源国家公园总体规划》则将社区分为区外安置型、优先整理型、控制发展型、特色农业型、游憩发展型。《海南热带雨林国家公园总体规划》在综合分析评价社区的资源禀赋、社会经济发展水平、交通情况以及发展潜力等的基础上，根据社区发展模式的不同将国家公园内社区规划为搬迁型社区、服务型社区和旅游型社区。搬迁型社区主要位于国家公园核心保护区及其他生态敏感区域，出于国家公园保护管理需要开展生态搬迁、向其他区域转移安置，其他类型的社区位于一般控制区。在满足生态保护要求的基础上，根据资源禀赋、社区人口规模发展水平、交通情况与传统文化保存情况等因素对社区进行总体规划、定位，对社区规模、发展方式进行分别调控，可以有效地平衡保护与发展之间的矛盾，实现社区的特色化发展。

### （二）引导社区居民生产生活方式向"生态友好型"转变

社区协调发展是社区发展制度的核心内容，只有引导社区居民生产生活转型，使当地社区在国家公园建设中获得实实在在的发展利益，才是国家公园与社区实现共建、共享、共治的关键。为此，《国家公园法》应明确规定："国家公园管理机构会同国家公园所在地人民政府，指导和扶持社区居民生产生活转型，提供与国家公园保护目标相一致的生态产品、公众服务，促进社区协调发展。"通过这一规定，首先明确了对社区居民生产生活转型负有指导与扶持职责的主体是国家公园管理机构会和国家公园所在地人民政府，因为国家公园内的社区在行政管辖上仍属于地方人民政府，但社区的生产生活方式却因国家公园的保护要求受到了限制，因此，生产生活转型的指导与帮扶应当由这两个主体共同负责,在各自职责范围内开展分工合作,在帮扶资金上各自承担应有份额。指导和扶持社区居民生产生活转型的工作内容是帮助社区居民提供与国家公园保护目标相一致的生态产品、公众服务,目的是"促进社区协调发展"。《国家公园法》对社区生产生活转型作出一般性规定,明确主体、内容与目的即可,具体可由各国家公园"一园一法"因地制宜进行细化规定。此外,《国家公园法》还应规定:"国家公园管理机构鼓励原住居民或者其主办的企业参与国家公园范围内特许经营项目。在同等条件下,原住居民享有获取特许经营项目的优先权。"原住居民无论是资金、知识还是经验上,确实与旅游服务企业存在差距,立法以此明确的优先权规定,能够有力扶持原住居民发展替代生计,实现生产生活转型,真正享受到国家公园发展带来的利益。

各国家公园可在"一园一法"中根据《国家公园法》的一般规定,结合当地社区的人口、资源利用、发展水平、文化特色等作出细化规定。从各国家公园试点情况来看,国家公园所在地人民政府会同国家公园管理机构指导和扶持社区居民生产生活转型主要有如下规定:

第一,适度保留传统生计,并引导传统生计绿色发展。传统生计蕴含着人们在长期生产实践中积累的生态智慧,也是国家公园的重要文化资源,不具备生态移民条件或可行性的,应当尊重已有的土地与自然资源产权关系,通过建立传统生计的绿色化机制,引导原住居民将传统生计与生态保护结合起来。如《大熊猫国家公园总体规划》积极引导社区转型优化传统资源利用方式,减轻对自然资源的直接依赖。《祁连山国家公园总体规划》允许在一般控制区内开展对环境影响较小的传统利用,但必须遵守草畜平衡、禁止开发建设。《钱江源国家公园集体林地地役权改革实施方案》在80%的林地属于集体所有的人的约束下,通过在集体林地上设定保护地役权,保留并引导传统生计绿色发展,取得了生态保护与传统利用的合理平衡。

第二,扶持发展替代生计,实现产业融合、绿色、特色发展。为了进一步减轻对社区的资源依赖、减少对自然的干扰,实现社区居民增收,发展替代生计、推动绿色产业复合型发展是必然选择。从各国家公园的实践来看,一是通过为社区贫困人口、脱贫人口安置生态管护岗位、社会服务岗位使其参与生态保护,分享保护红利,逐步由自然资源利用者转变为自然生态守护者。二是通过引导、扶持社区开展生态旅游、生态康养、有机农业、生态体验等推动产业融合发展，减小传统产业对自然资源的压力，促进社区绿色发展。三是鼓励当地居民或企业参与特许经营项目，从事旅游服务、农特产品和手工产品经营等。《东北虎豹国家公园总体规划》专门规定了扶持发展替代生计部分，提出以东北虎豹保护为核心，通过扶持替代生计、特许经营和品牌授权，引导社区健康、稳定发展。扶持社区居民发展替代生计。《海南热带雨林国家公园总体规划》规定在符合国家公园特许经营条件的前提下，国家公园在经营者选择上给予原住民和土地所有者适当的优先权，在特许经营资金回馈、特许经营项目工作人员聘用上给予当地社区、企业一定倾斜，鼓励当地社区、企业以个人、企业、联合体等多种形式参与特许经营项目。《神农架国家公园条例》第48条[①]、《武夷山国家公园条例（试行）》第51条[②]、《普达措国家公园管理办法》《普达措国家特许经营实施方案》等都对扶持社区生产生活转型作出了具体规定。国家公园试点区有些将社区生产生活转型在总体规划中规定，有些在条例中予以规定，为了明确责任主体、突出重要性，应当在条例中对组织、引导主体予以明确规定并明确其责任分工，在条例中明确社区产业转型发展定位与方向，总体规划中对条例规定予以具体细化，如此既强调了法定性也便于落地实践。

第三，通过人居环境与生活方式绿色化转型，实现社区生活与国家公园生态保护目标相协调。国家公园社区人居环境建设应结合乡村振兴，建设美丽宜居的村庄，社区人居特色化与绿色化建设要求社区的构筑物与建筑物建设必须遵循绿色环保和最小干扰原则，社区景观风貌规划与建设既要维持传统村落文化风貌，还要以农村厕所革命、生活垃圾处理、污水治理和村容村貌提升、传统能源替代为主攻方向，建设绿色宜居村庄。如三江源国家公园以"草原综合体"的理念，强调聚落景观、生产景观与乡

---

[①] 《神农架国家公园条例》第48条规定：林区人民政府、国家公园管理机构应当规范、引导园区居民在传统利用区开展与生态保护相适应的观光休闲、民俗体验等服务，发展绿色低碳产业，增加居民收入。

[②] 《武夷山国家公园条例（试行）》第51条规定：武夷山国家公园内林地、耕地的利用，应当符合保护生态环境和国家公园规划要求，创新生产经营模式，提升发展生态产业能力。武夷山国家公园管理机构应当会同所在地地方人民政府组织和引导原住民按照国家公园规划要求发展旅游服务业和茶产业等特色产业，开发具有当地特色的绿色产品，增加居民收入。

土社会之间的良性关系营造。《海南热带雨林国家公园总体规划》专门规定了人居环境建设的要求重点从社区环卫设施建设、村容村貌提升、建立健全整治长效机制等方面，构建生产生活生态融合的美丽宜居乡村。《大熊猫国家公园总体规划》第三节规定了园区居民与社区共管共治，要求完善社区基础设施和公共服务设施，建设生产生活方便、人居环境优美的新型社区和村落，保护和保持具有地方特色与重要价值的村落景观、村落布局、空间形态、建筑形式及赖以生存的自然、文化、社会环境。

**（三）通过多方参与、社区共管实现国家公园共建共治**

让原住居民及其社区充分参与国家公园生态保护、规则制定，实现参与式发展，吸纳多方力量参与国家公园建设是现代自然保护地建设具有持续性的成功经验。"'参与'反映的是一种基层群众被赋权的过程，而参与式发展则被广泛地理解为在影响人民生活状况的发展过程中或者发展计划项目的有关决策过程中的发展主体积极的、全面地介入的一种发展方式。"[①] 我国国家公园建设中，国家公园生态保护和社区发展权益保障之间的第一层级冲突，国家公园与社会公众、专家学者、企业单位之间第二层级的冲突，是当前各国家公园治理中的普遍困境。而国家公园建设多方参与、社区共管作为一种体现沟通协商、化解冲突和共享利益的治理方式，是化解冲突、提高国家公园保护成效的最佳途径。

为此，《国家公园法》应明确规定，一是国家公园管理机构应当建立健全生态管护制度，设立生态管护岗位，优先聘用国家公园范围内的原住居民为生态管护员。让原住居民担任生态管护员，是我国国家公园试点探索出的重要经验做法，这不仅降低了国家公园管护的人力成本，让更熟悉当地自然地理情况的原住居民参与保护，生态保护可以取得事半功倍的效果，而且社区居民也实现了就业安置和增收脱贫。二是国家公园管理机构应当积极吸纳社区居民、专家学者、社会组织等参与国家公园的设立、建设、规划、管理、运行等环节以及生态保护、自然教育、科学研究等领域，建立国家公园共管委员会，并接受社会监督。在国家公园运行的各个环节吸纳包括社区居民在内的多方主体参与，是国家公园治理体系现代化与治理能力现代化的必然要求，也是社区居民有效表达利益诉求、与国家公园进行沟通协商、开展合作的基本途径。IUCN 于 1980 年发布的关于生

---

① 李小云主编：《参与式发展概论》，中国农业大学出版社 2001 年版，第 21 页。

物资源保护的第一份国际性文件 The Word Conservation Strategy: Living Resource Conservation for Sustainable Development（WCS），提出"自然保护的核心宗旨是保护生态过程与生命支持系统、保护遗传多样性以及物种和生态的可持续利用，并倡导各国政府促进政府部门、非政府组织、自然保护专家、原住民、工商业者等结成利益共同体、形成自然保护合力"[①]。三是国家公园所在地人民政府应当建立国家公园社区治理体系，国家公园管理机构应当配合做好社区治理工作。社区治理是指在集体权属的土地与资源上，应当探索原住居民社区内部自治，即《指导意见》提出的"社区治理"，依托现有村民自治机构就有关资源利用、生态保护、文化传承、利益分配，首先开展内部协商、决策与管理，由公园管理机关予以引导与监督。

国家公园多方参与、社区共管是指为了实现国家公园生态保护与利益相关主体的权益合理平衡、协调统一，在国家公园保护、决策、规划、计划、实施、收益与分配等方面多方参与、协同共治的过程。国家公园多方参与是指专家学者、公益组织、企业单位、新闻媒体等市场、社会力量参与国家公园建设、保护、经营、管理与宣传。社区共管包括共同保护、共同决策、共同规划、共同利用四个方面的内容。[②] 共同保护主要是让原住居民担任生态管护员共同参与国家公园生态保护；共同决策是通过成立社区共管委员会，对国家公园设立、建设、管理、运行等涉及社区权益的事项进行共同决策；共同规划是社区对国家公园规划中涉及生产生活边界划定、集体自然资源管理、社区产业发展规划等内容有权知悉规划内容并参与规划制定；共同利用是对社区内集体所有的自然资源，社区与国家公园通过签订绿色管护协议、设定地役权、特许经营、遗传资源惠益分享等方式有权共同利用生态、资源、公平分享惠益。

社区共管机制要求各国家公园根据社区不同的区域特征、土地权属、资源条件和管理任务，采用不同的社区参与方式，让原住居民及其社区充分参与国家公园保护与管理。但从目前各国家公园的规定和实践来看，对

---

① The Word Conservation Strategy: Living Resource Conservation for Sustainable Development, http://www.environment and society.org/mml/iucn-ed-world-conservation-strategy-living-resource-conservation-sustainable-development.

② 李锋:《国家公园社区共管的体系建构与模式选择——基于多维价值之考量》,《海南师范大学学报》（社会科学版）2021年第5期。

社区共管的内涵认识不清、规定比较粗糙且差别较大，只有为数不多的几个国家公园对社区共管机制做了制度设计，其他国家公园仅仅是将社区共管理解为设置生态管护岗位、签订管护协议，原住居民及其社区实际是被动地、低层次地参与国家公园生态保护，缺乏相应的组织、机制规定，以及原住居民和社区的权利确认与救济保障的规定。社区共管的核心是"赋权"，而赋权的核心是增加社区在国家公园设立、建设、管理、保护等活动中的发言权与决策权。《国家公园法》对此应明确规定国家公园建立共管委员会，明确共管委员会的主体、权利内容，明确原住居民及其社区参与共管的权利及其保障救济。各国家公园在条例中对此应在不违反上位法的前提下，因地制宜作出具体规定，在总体规划中对社区共管机制的形式、体系、主体、内容、权利作出细化规定。

**（四）建立国家公园与周边社区的协同保护与发展机制**

如前文所述，国家公园内的社区是国家公园与社区共建的关键主体，国家公园周边社区则需要通过合作保护、引导规划建设与监督管理确保社区发展与国家公园保护目标相一致。为此，《国家公园法》应明确规定，国家公园毗邻地区县级以上地方人民政府可以与国家公园管理机构合作，规划建设与国家公园保护目标相协调的入口社区。国家公园所在地方人民政府及其有关部门应当加强国家公园毗邻社区的监督管理，防范人为活动对国家公园产生不利影响，确保国家公园毗邻社区发展与国家公园保护目标相协调。

国家公园周边社区的发展事关国家公园生态保护系统性目标、游憩功能的实现和国家公园的整体景观协调性。结合乡村振兴战略实施，需在国家公园周边选择一些基础设施较为完善、文化遗产丰富、特色突出的城镇和村落建设一批入口社区。通过保护和保持传统城镇与村落布局、环境和历史风貌，提升和完善服务接待设施，使其成为国家公园访客接待的主体和集散节点，尽可能减少人为活动对公园自然资源和自然生态系统的干扰和影响，并安置生态搬迁人口。《武夷山国家公园条例（试行）》第17条规定，周边社区建设应当与国家公园整体保护目标相协调，国家公园管理机构可以与周边社区通过签订合作保护协议等方式，共同保护国家公园周边自然资源。《祁连山国家公园总体规划》第五节专门规定了入口社区建设，就入口社区分类、功能、建设与管理作了明确规定。

建立国家公园与周边社区的协同保护机制，首先，需要各国家公园在

"一园一法"中进行一般规定,在总体规划中细化规定。其次,具体实施需要国家公园管理机关和地方政府合作,将入口社区的发展、控制纳入地方经济社区发展规划和城乡发展规划,由地方政府进行后续监督管理,通过与周边社区签订合作保护协议的方式,落实与周边社区生态景观合作保护、对周边社区的营建进行统一规划、引导周边社区以符合国家公园生态保护目标的方式发展产业。

**(五) 建立公平、可持续的利益分享机制**

建立公平、可持续的利益分配机制是实现社区发展的重要内容,让原住居民及其社区始终作为国家公园发展的直接受益者,能够有效提高原住居民参与国家公园建设的积极性与责任心。我国台湾地区"原住民基本法"第21条第1项就规定,"政府或私人于原住民族土地内进行土地开发、资源利用、生态保育、学术研究,应咨询并取得原住居民同意或参与,原住民获得分享相关利益"。目前,只有《云南香格里拉普达措国家公园保护管理条例》第19条规定:自治州人民政府应当建立健全利益分配机制,兼顾各方利益,促进公园和周边社区和谐发展。出台了《普达措国家公园旅游反哺社区发展实施方案》,建立了旅游收益反哺社区发展机制,每年从运营收入中拿出1500余万元资金,专项用于近3700名社区居民的直接经济补偿和教育资助。建议《国家公园法》应明确规定特许经营收益应当根据土地与资源权属、原住居民生产生活受影响程度等因素,在国家公园、特许经营者以及当地社区、原住居民之间合理分配,以使原住居民公平分享国家公园发展带来的经济收益。依据《生物多样性公约》关于遗传资源与传统知识获取的利益相关者原则与公平分享原则,《国家公园法》应当确认原住居民及其社区提供遗传资源与相关传统知识的,享有事先知情同意权与惠益分享权,并规定利用遗传资源与传统知识所产生的利益应当在获取者、管理者、当地社区与原住居民之间通过协商建立公平的惠益分享机制,促进原住居民保护生物多样性的积极性。[①]

**(六) 保护与传承地方传统文化**

国家公园依存于特定的自然生态系统与社会系统,是自然、社会、文化、宗教、法律等系统构成的有机综合体。但我国的保护地一直采取重自

---

① 薛达元:《遗传资源获取与惠益分享:背景、进展与挑战》,《生物多样性》2007年第5期。

然资源保护轻文化资源保护、重生态功能的静态维持轻原住居民对自然生态的良性作用的保护理念与措施，导致保护地在文化传承、社区发展、社群维系等方面功能缺失。目前，只有《海南热带雨林国家公园总体规划》专门规定了文化传承，明确传承以生态文化和黎苗少数民族文化为代表的雨林文化是海南热带雨林国家公园文化保护的核心和重要内容。文化不仅通过语言、文字、艺术、习俗等外在表达延续，更是依附于特定的自然环境与生产生活方式，在实践中薪火相传、获得生命滋养。文化与传统生计是原住居民与自然进行内在与外在交往的桥梁，文化与生态不是两个孤立的存在，而是处于相互作用、相互反馈的协同演化历史进程中。可以说，生物多样性的保护促进文化的多样性，文化多样性贡献的生态智慧反过来又可以促进生物多样性保护，文化多样性与生物多样性是共生共荣的关系。

　　法律实际上是特定文化表达其秩序观念的形式，可以说，"法律是由文化构成的"①。对特定地区或民族而言，文化是生态习惯法赖以生成的外部环境，自然环境则是生态习惯法产生的"母体"。② 原住居民的生态习惯法不仅是传统文化的重要组成部分，而且对修复工业革命以来被严重破坏的人的内在精神中人与自然的深刻联系具有无可替代的地位。以三江源国家公园与祁连山国家公园为例，以宗教文化为精神基础的藏族生态习惯法，对神山、圣湖的自然崇拜及其衍生的自然禁忌，对草原、森林、河湖、动植物起到了重要的保护作用。③ 联合国原住民问题常设论坛的乌干达卡玛莫亚族原住民罗卡乌阿认为："原住民中99%的人生活依赖于他们多年来对自然界规律所掌握的知识。如果能够保护和利用这些知识，那么原住民就有了未来发展的机会。这些经验对于世界的持续发展也大有裨益。"④ 我国国家公园治理应当跳出文化静态保存与展示的层面，充分尊

---

① ［美］劳伦斯·罗森：《法律与文化：一位法律人类学家的邀请》，彭艳崇译，法律出版社2010年版，第2页。

② 郭武：《环境习惯法现代价值研究——以西部民族地区为主要场景的展开》，中国社会科学出版社2016年版，第45—51页。

③ 常丽霞、崔明德：《藏族牧区生态习惯法文化的当代变迁与走向——基于拉卜楞地区的个案分析》，《兰州大学学报》（社会科学版）2015年第3期。

④ 《〈联合国原住民权利宣言〉的背景资料：中国国际移民研究网》，http：//www.ims.sdu.edu.cn/info/1014/8875.htm。

重并积极吸纳原住居民的生态智慧与传统文化，实现生态保护与文化保护共生。

国家公园应当是人地综合体，生态保护与经济社会发展、文化保护的有机统一，社区发展也应当是社会、经济、文化的有机统一。《国家公园法》应明确对传统文化保护与传承的一般规定，明确由国家公园所在地县级以上人民政府加强国家公园范围内的历史文化和遗产保护工作，弘扬国家公园优秀传统文化；国家公园管理机构应当支持单位和个人提供反映国家公园特色、体现文化内涵的国家公园文化服务。《国家公园法》在明确地方政府与国家公园管理机构在传统文化保护与传承的职责分工基础上，由各国家公园在条例与总体规划中规定传统村落保护、传统文化保存以及生态习惯法作为社区自我治理规则的价值确认，各国家公园在规划、管理措施的制定及生态保育、修复方案的制定与实施中应充分尊重与吸收原住居民的生态智慧。

## 第六节 经营服务制度

国家公园的经营服务制度包括国家公园的特许经营制度和公众服务制度，是在严格保护国家公园自然生态的前提下实现国家公园游憩、娱乐、教育等综合功能的法律保障。

### 一 国家公园的特许经营

国家公园特许经营是指根据国家公园的管理目标，为提高公众游憩体验质量，由政府经过竞争程序优选受许人，依法授权其在政府管控下开展规定期限、性质、范围和数量的非资源消耗性经营活动，并向政府缴纳特许经营费的过程。[①] 国家公园的特许经营区别于商业上的特许经营，商业特许经营属于私法领域且目的是实现个人利益的最大化，国家公园的特许经营制度旨在通过特许经营控制国家公园的利用方式和强度、提高公众的游憩体验，实现国家公园的公益性。国家公园特许经营采取管理机构通过竞选程序选取受许人的模式，由管理机构赋予其他主体在国家公园内部经

---

① 张海霞：《中国国家公园特许经营机制研究》，中国环境出版集团 2018 年版，第 6 页。

营的权利,同时也应当承担起对于经营者的监督和管理义务,形成由市场主体行使经营权、管理机构行使管理权的特许经营模式,实现管理权与经营权的分离。

**(一) 特许经营制度的政策导向**

《总体方案》《指导意见》《暂行办法》中对于国家公园的特许经营制度提出了以下两个方面的要求:

1. 推进特许经营制度的实施

特许经营作为一种委托经营模式,能推动自然资源和设施管理权与经营权的分离,保证国家公园的全民公益性,实现对资源的优化利用。[1] 因此《总体方案》中强调,"研究制定国家公园特许经营等配套法规,做好现行法律法规的衔接修订工作"。《指导意见》也强调,"制定自然保护地控制区经营性项目特许经营管理办法,建立健全特许经营制度,鼓励原住居民参与特许经营活动,探索自然资源所有者参与特许经营收益分配机制"。《暂行办法》进一步提出"国家公园管理机构应当引导和规范原住居民从事环境友好型经营活动,践行公民生态环境行为规范,支持和传承传统文化及人地和谐的生态产业模式"。上述政策文件明确了国家公园实行特许经营且必须保障社区的优先受益权和优先经营权的基本导向,为特许经营制度的立法完善提供了方向指引。

2. 明确国家公园管理机构的职责

国家公园是实现最严格保护的自然保护地,特许经营是在国家公园内开展商业服务,必须由国家公园管理机构进行严格监管以确保特许经营活动符合国家公园的保护与管理目标。《总体方案》提出,"国家公园设立后整合组建统一的管理机构,履行国家公园范围内的生态保护、自然资源资产管理、特许经营管理、社会参与管理、宣传推介等职责""鼓励当地居民或其举办的企业参与国家公园内特许经营项目"。《指导意见》也明确提出,"自然保护地管理机构会同有关部门承担生态保护、自然资源资产管理、特许经营、社会参与和科研宣教等职责"。上述政策文件明确对特许经营的管理属于国家公园管理机构的职责,明确了就特许经营活动的监管主体,为特许经营制度的立法完善奠定了基础。

---

[1] 钟林生、肖练练:《中国国家公园体制试点建设路径选择与研究议题》,《资源科学》2017年第39期。

### (二) 国家公园特许经营制度的立法完善

#### 1. 明确特许经营的基本规定

目前，各试点国家公园都对国家公园特许经营作出了积极尝试，一些国家公园还制定了专门的特许经营法律文件，但由于缺乏高位阶法律的统一规定，导致特许经营制度在各国家公园试点之中规定不一、效果各异。《国家公园法》应当对在国家公园范围内实行特许经营提供基本的制度规范，明确规定"国家公园范围内经营服务类活动实行特许经营，特许经营项目应当体现公益性"。以此为各国家公园具体适用特许经营制度提供上位法基础。

从试点情况来看，一些试点国家公园管理机构出台的特许经营法律文件对特许经营的范围作出了原则性规定，但原则性规定给予管理机构过大的自由裁量空间，对于经营项目是否符合国家公园公益性要求的审查标准不一，影响国家公园公益性的实现。对于特许经营的范围由国家统一制定规范性文件予以明确，各公园管理机构审查特许经营项目时必须以国家制定的特许经营目录为参照严格审批。特许经营者的选择方式也应当在立法中作出明确规定，确保公平竞争，保障国家公园运营的公益性与规范性。同时，立法还应明确规定社区的优先受益权和优先经营权，通过立法确认和保障社区公平享有经济权益。因此，《国家公园法》应当明确规定："国家公园管理机构应当制定特许经营目录，并向社会公布。国家公园管理机构应当以招标、竞争性谈判等市场竞争机制选择特许经营者，因特殊情况不适宜通过市场竞争机制确定特许经营者的情形除外。国家公园管理机构和地方政府应当鼓励和支持国家公园范围内原住居民参与国家公园特许经营项目。国家公园范围内的自然资源所有者有权参与特许经营收益分配。"

#### 2. 明确对特许经营的监管要求

国家公园特许经营是生态保护市场化融资的主要手段，资本的逐利性导致缺乏监管的经营活动必将偏离原有轨道。有必要通过一定的程序机制，将国家公园内的特许经营项目交由市场主体经营，并明确其权利义务关系，保证特许经营行为符合国家公园的保护和发展目标。[①] 此外，特许经营会使受许者在协议所规定的经营项目范围内形成垄断地位，在缺乏竞

---

① 张平华、侯圣贺：《国家公园特许经营权的性质》，《山东社会科学》2021年第2期。

争的情况下，特许经营者会本能地追求自身经济利益的最大化，这与国家公园公益性的要求相违背，为了避免受许人利用其垄断地位，以损害国家公益性的方式获取经济利益，必须对特许经营者提供经营服务的质量、价格进行必要的监管。因此，《国家公园法》应当明确规定："国家公园管理机构应当与特许经营者签订特许经营协议，并对特许经营活动进行监督。"通过特许经营协议，明确特许经营者与国家公园管理机构之间的权利义务，特许经营者在特许经营协议规定的范围内自主经营，国家公园管理机构根据特许经营协议的内容对特许经营者的经营活动进行监督，最终形成一整套人与自然和谐共生的有效路径。

## 二 公众服务制度

### (一) 国家公园的公众服务

国家公园的公益性，意味着让广大公众，不分年龄、民族、种族、性别、职业、家庭出身、宗教信仰、受教育程度、收入水平，都享有生态系统服务功能，获得自然环境教育和亲近自然、体验自然、了解自然以及作为国民福利的游憩机会。[1] 因此，国家公园向公众提供公共服务是其公益性的必然要求。为全社会提供感受自然风光、获取自然知识、亲近自然的条件，是国家公园管理机构应尽职责，也是公众从保护中受益、全民共享生态福利的权利。[2] 国家公园所提供的公众服务围绕国家公园科研、教育、游憩等综合功能展开，依靠国家财政投入，以普惠性的价格为公众提供公益性服务。在科研方面，国家公园管理机构应当积极地建立科研平台，为高等院校、科研单位以及社会组织科研活动提供便利的条件；在教育方面，国家公园管理机构应当积极推进国家公园的交流活动，建立专门的教育基地，培养自然教育人才队伍，积极组织开展科普宣传教育工作；在公众游憩方面，国家公园管理机构应当加强公共服务设施的建设，建成完备的生态旅游服务体系，在国家公园内部设置合理的旅游线路并科学确定访客容量，在确保公众服务进行的同时兼顾对生态环境的保护。

---

[1] 蔡华杰：《国家公园全民公益性：基于公有制的实现理路解析》，《福建师范大学学报》2022年第1期。

[2] 唐小平：《高质量建设国家公园的实现路径》，《林业资源管理》2022年第3期。

## (二) 公众服务制度的政策导向

《总体方案》《指导意见》《暂行办法》对国家公园的公众服务制度提出了以下要求：

### 1. 明确公众服务的范围

《总体方案》要求国家公园建设要"坚持全民公益性。国家公园坚持全民共享，着眼于提升生态系统服务功能，开展自然环境教育，为公众提供亲近自然、体验自然、了解自然以及作为国民福利的游憩机会"。《指导意见》也提出："在保护的前提下，在自然保护地控制区内划定适当区域开展生态教育、自然体验、生态旅游等活动，构建高品质、多样化的生态产品体系。完善公共服务设施，提升公共服务功能。"《暂行办法》中明确规定："国家公园管理机构应当立足于全民公益性的国家公园理念，为全社会提供科研、教育、文化、生态旅游等公众服务。"上述政策文件明确国家公园公众服务的范围包括科研、文化、生态教育、自然体验、生态旅游、游憩等，目的是全体公众提供国民福利。

### 2. 建立完善公众服务配套机制

《总体方案》强调"建立健全志愿服务机制和社会监督机制。依托高等学校和企事业单位等建立一批国家公园人才教育培训基地"。《指导意见》也要求"建立志愿者服务体系，健全自然保护地社会捐赠制度，激励企业、社会组织和个人参与自然保护地生态保护、建设与发展"。《暂行办法》进一步提出："国家公园管理机构应当为访客提供必要的救助服务，建设无障碍服务设施，并制定访客安全保障制度，配合所在地人民政府开展突发事件应对工作。""国家公园管理机构应当建立志愿服务机制，制定志愿者招募、培训、管理和激励的具体办法，鼓励和支持志愿者、志愿服务组织参与国家公园的保护、服务、宣传等工作。"上述政策文件要求建立的国家公园志愿服务机制、社会监督机制、人才培养机制、访客救助制度等，为确保公众服务制度有效运行提供了完善的配套保障。

## (三) 公众服务制度的立法完善

国家公园的公益性，是在保障公民游憩权、尊重自然权利和认可环境资源公共物品性质的基础上，通过公益性的多个行为主体、从多个层面体现国家政府为社会谋求福利的价值取向。① 因此,立法需要从多个层次、多个方面体现出国家公园公众服务制度的公益性。

1. 明确公众服务的内容范围

公众服务是国家公园公益性的体现,国家公园公众服务制度的核心在于对国家公园的公益性予以法律化表达与保障,国家公园统一立法规定公众服务的具体内容是对国家公园公益性予以法律确认与保障的重要方式,具体内容应当符合《指导意见》《总体方案》所涉及的科研、教育、文化、生态旅游等方面。《国家公园法》应当明确规定:"国家公园管理机构应当为科学研究、教学实习、人才培养等提供必要的平台支持。国家公园管理机构应当划定适当区域,设置宣教场所,建设解说与展示系统,开展科普宣教、游憩体验活动,促进公众了解国家公园、亲近自然。"

2. 实行公益性门票机制

国家公园的门票机制是体现国家公园公益性的风向标,其定价直接影响公众游憩体验的公平可得性。国家公园设立之初即是让公众能够平等地享受自然旅游资源,低廉的门票价格才能真正让国家公园的公益性成为各个社会成员公平享有的惠益。为了避免以往的景区门票经济模式严重影响国家公园的公益性,因此,国家公园应当实行公益门票机制,这也是现代国家公园管理的普遍做法。《国家公园法》应明确国家公园门票的公益性质,规定:"国家公园门票以及国家公园范围内利用公共资源建设的公共服务项目,实行政府定价或者政府指导价。政府定价或者政府指导价应当体现全民公益性。"

3. 建立志愿服务机制

志愿服务作为公众服务制度的配套机制,是实现国家公园公益性的重要保障,通过选拔、培训志愿者,由志愿者提供国家公园范围内解说、导览、保护、宣传等服务,分担国家公园的服务功能。

志愿服务机制在美国非常成熟,美国国家公园管理局将国家公园的志愿者工作详细划分,志愿者项目根据国家公园的需要设立,志愿可依个人服务动机,选择不同项目参与。同一志愿项目根据参与者不同的服务动机,国家公园管理局会为其设计不同板块,以满足不同群体需求,同时能

---

① 陈耀华、陈康琳:《国家公园的公益性内涵及中国风景名胜区的公益性提升对策研究》,《中国园林》2018 年 34 期。

更好地为国家公园管理局服务。[①] 引入志愿服务机制一方面能够拓展国家公园公众服务的多样性，通过划分不同志愿者的类型，针对不同类型的志愿者分配不同种类工作，从而满足国家公园内不同游客群体的需求；另一方面也能够在一定程度上缓解国家公园管理机构的服务负担。《国家公园法》应当确立志愿服务机制的基本运行规范，明确规定："国家公园管理机构应当建立志愿服务机制，制定志愿者招募、选拔、培训、管理和激励的具体办法，鼓励和支持志愿者、公益组织参与国家公园的保护、服务、宣传等工作。"以此为志愿者和公益组织加入国家公园公共服务、国家公园管理机构对志愿服务机制的运行管理职责提供法律依据。

## 第七节 综合执法制度

国家公园是一个相对独立的生态空间，是各种自然因素和人工因素组成的综合体，国家公园内的环境违法行为涉及环境污染、资源破坏、生态损害等各方面。国家公园管理机构，只有统一行使国家公园内自然资源和生态环境综合监督管理职权，才能使集中统一管理体制真正"长出牙齿"，提高管理效能。

资源环境综合执法，是指国家公园管理机构统一履行国家公园范围内的资源管理、生态保护、林业草原等领域范围内的行政执法职责，即统一履行行政处罚权、行政检查权、行政强制权等执法职能。

### 一 建立国家公园综合执法制度的现实需要

国家公园管理机构作为国家公园自然生态系统保护的统一机构，开展资源环境综合执法具有必要性和可行性。过去自然保护地管理的经验教训表明，要保护好这一自然保护地范围内的山水林田湖草沙这一"生命共同体"，必须及时、有效、全面地查处相关的资源环境损害行为。虽然国家公园体制改革试点中国家公园管理机构开展综合执法探索取得了一定的进展，但总的来看，还存在执法主体"两张皮"、执法内容有真空、执法

---

[①] 王辉、刘小宇、郭建科、孙才志：《美国国家公园志愿者服务及机制——以海峡群岛国家公园为例》，《地理研究》2016 年 35 期。

机制效率低、执法成本高等问题。如大熊猫国家公园的执法仍以联合执法、专项执法为主,虽然在雅安成立了第一个资源环境综合执法支队,但实际上职权职责、编制保障等仍未到位,具体实施中仍然是国家公园管理机构与自然资源、生态环境、林业、水利、农业农村等其他资源环境管理部门联合执法,联合开展专项行动,执法权力过度分散,极大地限制了执法管理效能、增加了执法成本,影响了执法效果。在祁连山国家公园(甘肃片区),张掖国家公园管理局设立了森林综合执法局,负责林政案件,国家公园内的治安和刑事案件(包括自然资源和生态环境类的治安管理和刑事案件)由森林公安及其下属的林区派出所管辖,由于森林综合执法局无法在基层开展直接执法,各保护站也无执法授权,保护站只能调查取证并上报森林综合执法局作出执法决定。如此烦琐的执法程序和"两张皮"的执法机关,使森林公安和祁连山国家公园管理机关在执法上形成了真空地带,导致祁连山国家公园的综合执法效率和效果受到极大影响。目前,《三江源国家公园条例(试行)》[1]《神农架国家公园保护条例》[2]《武夷山国家公园条例(试行)》[3]明确规定,由国家公园管理机构实行相对集中行使行政处罚权,履行国家公园范围内资源环境综合执法职责。国家公园体制试点改革中暴露出的问题以及各不相同的执法管理,都显示有必要由《国家公园法》统一规定国家公园管理机关开展资源环境综合执法。

国家公园是山水林田湖草沙的"生命共同体",作为一个独立的、大面积的生态空间,经常是跨行政区域的存在,资源环境综合执法需要自成体系,对信息来源、执法深度和专业性、现场处置的及时性都有较高的要求,需要专业监测网和专业执法队伍。为了构建统一规范高效的国家公园管理体制,国家公园管理机关需要被授予这类生态空间范围内的资源环境综合执法权。而且,我国行政执法体制改革以及一些国家公园试点地方开展的综合执法改革从不同层面体现了国家公园开展综合执法的可行性。

---

[1] 《三江源国家公园条例(试行)》第19条规定:三江源国家公园设立资源环境综合执法机构,履行资源环境综合执法职责。

[2] 《神农架国家公园保护条例》第8条第2款规定:国家公园管理机构在神农架国家公园范围内履行资源环境综合执法职责,依法集中行使行政处罚权。

[3] 《武夷山国家公园条例(试行)》第15条第1款规定:武夷山国家公园管理机构实行相对集中行使行政处罚权,履行国家公园范围内资源环境综合执法职责。

## 二 建立国家公园综合执法制度的政策目标导向

党的十八大以来,深化行政体制改革的导向是精简执法队伍,统筹配置执法资源。党的十八届四中全会通过的《中共中央关于全面推进依法治国若干重大问题的决定》指出,推进包括资源环境在内的十项重点领域的综合执法工作,"有条件的领域可以推行跨部门综合执法",对国家公园资源环境综合执法改革提出了更加明确的指向。《深化党和国家机构改革方案》中进一步明确,要深化行政执法体制改革,统筹配置行政处罚职能和执法资源,相对集中行政处罚权,是深化机构改革的重要任务。《中共中央关于坚持和完善中国特色社会主义制度推进国家治理体系和治理能力现代化若干重大问题的决定》,进一步强调,要"进一步整合行政执法队伍,继续探索实行跨领域跨部门综合执法,推动执法重心下移,提高行政执法能力水平"。《关于统一规范国家公园管理机构设置的指导意见》明确提出,"国家公园管理机构依法履行自然资源、林业草原等领域相关执法职责;园区内生态环境综合执法可实行属地综合执法,或根据属地政府授权由国家公园管理机构承担,并相应接受生态环境部门指导和监督"。

《总体方案》提出,国家公园设立后整合组建统一的管理机构,履行国家公园范围内的生态保护、自然资源资产管理、特许经营管理、社会参与管理、宣传推介等职责,负责协调与当地政府及周边社区关系;可根据实际需要,授权国家公园管理机构履行国家公园范围内必要的资源环境综合执法职责。《指导意见》中也进一步指出,"建立包括相关部门在内的统一执法机制,在自然保护地范围内实行生态环境保护综合执法,制定自然保护地生态环境保护综合执法指导意见"。上述政策文件中的行政体制改革方向以及国家公园执法体制的顶层设计,确立了国家公园立法中执法权配置的目标导向,即必须通过《国家公园法》确认国家公园统一管理机构的综合执法权责。

## 三 国家公园综合执法制度的立法完善

根据国家公园的政策目标导向以及各试点区在改革过程中的实际问题,《国家公园法》应当对国家公园范围内的资源环境行政执法、刑事司法和治安管理等执法主体、执法内容和范围、执法机制等作出统一规定。

建立国家公园综合执法制度。第一，设置执法主体，明确执法权限，保障执法工作有法可依。试点中，不论是作为国家林草局还是省级政府的派出机构，国家公园管理机构的行政职权都需要有法律的明确授权，以确定统一的执法主体、执法权限、执法程序，以及与此相配套的人员编制和经费保障。为此，《国家公园法》应当明确规定："国家公园内的资源环境综合执法权由国家公园管理机构行使，对国家公园范围内自然资源、生态环境、林草、农牧等领域，实行统一执法。"此规定一是授权国家公园管理机构统一行使资源环境综合执法权，明确了执法主体，解决了专业化的执法队伍设置问题；二是明确将执法权限扩展至国家公园范围内自然资源、生态环境、林草、农牧等领域，确定了执法内容，解决了国家公园管理机构开展生态整体性保护执法权限不足的问题，提高了综合执法的效能与效率。

第二，在执法机制上，《国家公园法》应当建立上下联动的执法机制，明确规定："国家公园管理机构根据国家公园管理工作需要，可以将资源环境综合行政执法权交由各国家公园管理分局、各保护站行使，并定期开展监督检查。"建立三级联动的执法机制，将执法权下沉，可以有效解决试点过程中基层保护站没有执法权限导致不能及时、有效对违法活动进行处罚，执法成本高、效率低下的问题。

第三，在部门协作上，要在资源环境综合执法事项以外的其他国家公园管理事项上（如市场监管、社会治安等），加强国家公园管理机关与其他相关部门和地方政府的执法协作，为这些部门进入国家公园执法提供协助。《国家公园法》应明确规定："国务院生态环境主管部门和国家公园所在地人民政府有关部门应当依照职责分工，对国家公园范围内资源环境综合执法事项以外的其他活动进行监督检查，依法查处违法行为。"

第四，建立资源环境综合执法与刑事司法的协作机制。按照生态系统整体性保护、系统性治理的理念优化环境司法管辖，在国家公园内设立专门的法院、检察院、公安机关集中管辖环境资源案件，并建立资源环境综合执法与刑事司法的衔接机制，共同推动国家公园的生态整体性保护。一是建立资源环境综合执法与刑事司法的衔接机制，国家公园内的社会治安案件和刑事案件属于公安机关管辖，国家公园管理机构在对生态保护、资源管理、环境污染进行执法监督的过程中发现的涉及环境资源犯罪的线索，应当及时移交公安机关在国家公园内设置的派出机构。为此，国家公园法应明确规定:"公安机关可以根据需要在国家公园设置派出机构,行使国家公园范围内治安管理、刑事司法等职责。国家公园管理机构在资源环境综合执法过程中发现的环境资源犯罪的线索,应当及时移交公安机关在国家公园内设置的派出机构。"二是实现司法机关对国家公园内环境资源案件的集中管辖,建立国家公园管理机关与司法机关的协作机制。《国家公园法》应明确规定:"人民法院可以在国家公园设立环境资源专门审判机构,实行对国家公园范围内环境资源案件的集中管辖。人民检察院依法对国家公园生态环境和资源保护行使监督权,履行检察公益诉讼职责。国家公园管理机关资源环境综合执法部门在案件线索移送、证据移交、评估鉴定等相关事项上与人民法院、人民检察院开展合作。"

第五,建立对国家公园管理机关综合执法的监督机制。国家公园管理机关在开展日常管理和综合执法工作中,应当接受国务院生态环境主管部门、国家林草局(国家公园管理局)、检察机关和社会公众的监督。国家林草局(国家公园管理局)是中央层面的国家公园行政管理主体,是各国家公园管理机构的上级主管部门,应当对各国家公园的管理情况进行业务指导、开展定期考核监督。《国家公园法》应明确规定:"国务院林业草原主管部门应当定期对国家公园保护、管理和建设等工作情况进行考核评价,对保护不力、问题突出的国家公园,可以要求其采取措施及时整改。"根据最高人民检察院公布的《人民检察院公益诉讼办案规则》,检察机关可以对行政机关在环境资源领域不作为或违法作为提起检察行政公益诉讼进行监督,为此,《国家公园法》应明确规定:"人民检察院依法对国家公园生态环境和资源保护行使监督权,履行检察公益诉讼职责。"广泛的社会参与和全民行动体系是全面推进环境治理体系和治理能力现代化的本质要求,公众的知情参与与社会监督也是国家公园全民公益性的重要体现,为此,《国家公园法》应明确规定:"国家公园管理机构应当建立健全社会监督机制,自觉接受社会监督,保障公众的知情权、参与权、监督权。社会公众有权获取相关信息,参与国家公园设立、规划、管理与运行,并有权依法对国家公园范围内的违法违规行为进行举报和控告。"

## 第八节 法律责任制度

法律责任是由违法行为所引起的强制履行或接受处罚的特殊义务,即由于违反第一性义务而引起的第二性义务，法律责任是法律强制性的体现，是立法必不可少的组成部分。法律责任是国家公园法律规定获得有效实施和遵守的根本保障。

《国家公园法》中的法律责任是指违反国家公园保护、利用和管理规定而必须承担的特殊义务，主要属于环境行政法律责任，是"环境行政法律关系的主体违反环境行政法律规范或不履行环境行政法律义务所应承担的否定性的法律后果"[1]。环境行政责任，是以当事人违法或不履行环境行政法律义务、主观上存在故意或过失为前提。[2] 环境行政责任的主体包括责任承担主体和责任追究主体，环境行政责任的承担主体包括行政主体及其直接负责的行政管理人员，也包括行政相对人。国家公园管理中行政责任的追究主体，是指依法履行执法管理职责的行政主体，即国家公园管理机关。根据行为的类型，国家公园立法的法律责任包括不履行法定义务的责任和违反禁止性规定的责任，除行政主体不依法履行法定职责所应承担的责任以外，其他都是行为人以积极行为违反禁止性规定所应承担的责任，包括违反分区管控的禁止性规定的责任，非法引进、释放和丢弃外来物种的责任，违法排放污染物和有毒有害废弃物的责任，违反国家公园界标管理规定的责任以及破坏国家公园保护、监测设施的责任等。

第一，行政主体的法律责任。根据前述国家公园管理体制中部门职责分工的论述，负有国家公园管理、保护的行政主体包括国家公园管理机关和县级以上人民政府及其有关部门，如果不依法履行《国家公园法》规定的行政职责，应当对其直接负责的主管人员和其他直接责任人员依法给予行政处分，具体处分规定依据《公职人员政务处分法》，构成犯罪的应当追究刑事责任。

第二，违反分区管控禁止性规定的责任。分区管控是国家公园管理最重要的制度工具，是落实国土空间用途管制和生态红线制度的根本保障，违反分区管控禁止性规定的责任是国家公园立法中最主要的法律责任。《国家公园法》应当对实施核心保护区和一般控制区允许开展活动以外的其他行为，由国家公园管理机构责令停止违法行为，没收违法所得和非法财物，并视是否造成破坏性后果处以数额不等的罚款；对已经建成的违法

---

[1] 周珂等主编：《环境法》（第六版），中国人民大学出版社2021年版，第93页。
[2] 解振华主编：《中国环境执法全书》，红旗出版社1997年版，第189页。

设施和工程建设,由国家公园管理机构责令限期拆除,并视破坏性后果的严重性处以数额不等的罚款,逾期未拆除的,由国家公园管理机构申请人民法院强制执行;对上述行为造成生态环境损害的,国家公园管理机构有权依法请求违法行为人承担修复责任、赔偿损失和有关费用。基于核心保护区和一般控制区的功能差异和各自保护的自然生态的重要性级别不同,在核心保护区实施违法行为的法律责任规定应当重于一般控制区,主要应体现在罚款数额的差异性规定,以体现行政处罚的过罚相当原则。

第三,非法引进、释放和丢弃外来物种的责任。近年来,随着经济社会发展进程不断加快,我国面临的生物安全风险也在不断增加。仅2013年确认的外来入侵物种已多达500余种,国际自然保护同盟公布的全球100种最具威胁的外来物种中,入侵中国的就有50余种。2020年通过的《生物安全法》就将"防范外来物种入侵与保护生物多样性"作为规制目的,完善了防范外来物种入侵的法律规定。外来入侵物种会严重损害生物多样性,对国家公园的生态系统安全会产生巨大威胁,《国家公园法》对非法引进外来物种的行为,应当参照《生物安全法》的规定,没收引进的外来物种,并处5万元以上25万元以下的罚款。对非法释放和丢弃外来物种的行为,应当参照《生物安全法》的规定,由国家公园管理机关给予责令限期捕回、找回释放或者丢弃的外来物种,处1万元以上5万元以下的罚款。

第四,违法排放污染物和有毒有害废弃物的责任。国家公园实行最严格的保护,禁止排放、倾倒或者处置污染物和有放射性的废物、含传染病病原体的废物、有毒物质或者其他有害物质,违法排污的,应当按照相关污染防治类立法的规定予以处罚。

第五,违反国家公园界标管理和破坏国家公园保护、监测设施的责任。国家公园界标和保护、监测设备,属于国家公园管理的重要工具和设施,受到法律保护,损毁或者擅自设置、拆除、移动、涂改、遮挡国家公园界限标志的以及毁损、移动国家公园保护、监测设施的,应由国家公园管理机关给予警告并责令停止违法行为,视情节严重性处以罚款。

《国家公园法》应通过周延、合理、公正的法律责任规定,为实现"用最严格的法律、最严密的法治"保护、建设、管理国家公园提供终极保障,推动生态文明制度体系更加完善。

# 参考文献

## 一 中文文献

### (一) 中文著作

蔡守秋:《调整论——对主流法理学的反思与补充》,高等教育出版社2003年版。

蔡守秋:《基于生态文明的法理学》,中国法制出版社2013年版。

蔡震荣:《行政法理论与基本人权之保障》,五南图书出版公司1999年版。

陈慈阳:《环境法总论》,中国政法大学出版社2003年版。

陈慈阳:《人权保障与权力制衡》(第二版),翰芦图书出版有限公司2007年版。

陈德敏:《资源法原理专论》,法律出版社2011年版。

陈新民:《公法学札记》,中国政法大学出版社2001年版。

杜群等:《环境法融合论:环境、资源、生态法律保护一体化》,科学出版社2003年版。

杜群:《中国国家公园立法研究》,中国环境出版社2018年版。

郭武:《环境习惯法现代价值研究——以西部民族地区为主要场景的展开》,中国社会科学出版社2016年版。

韩立新:《环境价值论》,云南人民出版社2005年版。

侯宇:《行政法视野里的公物利用研究》,清华大学出版社2012年版。

《环境科学大辞典》编委会主编:《环境科学大辞典》(修订版),中国环境科学出版社2008年版。

李丹:《环境立法的利益分析:以废旧电子电器管理立法为例》,知识产权出版社2009年版。

李俊生等：《国家公园体制研究与实践》，中国环境出版集团 2018 年版。

李如生：《美国国家公园管理体制》，中国建筑工业出版社 2005 年版。

李小云主编：《参与式发展概论》，中国农业大学出版社 2001 年版。

李震山：《多元、宽容与人权保障——以宪法未列举权之保障为中心》，元照出版有限公司 2005 年版。

梁上上：《利益衡量论》，法律出版社 2016 年版。

刘长兴：《公平的环境法——以环境资源配置为中心》，法律出版社 2009 年版。

刘金龙、赵佳程等：《中国国家公园治理体系研究》，中国环境出版社 2018 年版。

卢现祥：《西方新制度经济学》，中国发展出版社 1996 年版。

任坤秀：《国际标准化简编》，上海财经大学出版社 1996 年版。

苏扬等主编：《中国国家公园体制建设报告（2019—2020）》，社会科学文献出版社 2019 年版。

唐芳林：《国家公园理论与实践》，中国林业出版社 2017 年版。

唐绍均：《环境优先原则的法律确立与制度回应研究》，法律出版社 2015 年版。

汪劲：《环境法律的理念与价值追求》，法律出版社 2000 年版。

王维正、胡春姿、刘俊昌：《国家公园》，北京林业出版社 2000 年版。

王伟光：《利益论》，人民出版社 2001 年版。

吴卫星：《环境权研究——公法学的视角》，法律出版社 2007 年版。

夏勇主编：《走向权利的时代》，中国政法大学出版社 1995 年版。

解振华主编：《中国环境执法全书》，红旗出版社 1997 年版。

张海霞：《中国国家公园特许经营机制研究》，中国环境出版集团 2018 年版。

张希武、唐芳林：《中国国家公园的探索与实践》，中国林业出版社 2014 年版。

周珂等主编：《环境法》（第六版），中国人民大学出版社 2021 年版。

## （二）中文论文

安超：《美国国家公园的特许经营制度及其对中国风景名胜区转让经营的借鉴意义》，《中国园林》2015 年第 2 期。

白洋、杨春晓：《论环境法生态整体主义意蕴及其实现进路》，《太原理工大学学报》（社会科学版）2019 年第 1 期。

别涛：《关于〈环境保护法〉的修改方向》，载王树义主编《可持续发展与中国环境法治》科学出版社 2005 年版。

蔡华杰：《国家公园全民公益性：基于公有制的实现理路解析》，《福建师范大学学报》2022 年第 1 期。

蔡守秋：《环境公平与环境民主》，《河海大学学报》2005 年第 3 期。

蔡守秋：《析 2014 年〈环境保护法〉的立法目的》，《中国政法大学学报》2014 年第 6 期。

常丽霞、崔明德：《藏族牧区生态习惯法文化的当代变迁与走向——基于拉卜楞地区的个案分析》，《兰州大学学报》（社会科学版）2015 年第 3 期。

陈保禄、沈丹凤、禹莎、洪莹、简单、干靓：《德国自然保护地立法体系述评及其对中国的启示》，《国际城市规划》2022 年第 1 期。

陈莉、Wu Wanli、Wang Guangyu：《加拿大国家公园与原住居民互动演变历程和经验启示》，《世界林业研究》2021 年第 6 期。

陈朋、张朝枝：《国家公园门票定价：国际比较与分析》，《资源科学》2018 年第 12 期。

陈叙图、金筱霆、苏杨：《法国国家公园体制改革的动因、经验及启示》，《环境保护》2017 年第 19 期。

陈耀华、陈康琳：《国家公园的公益性内涵及中国风景名胜区的公益性提升对策研究》，《中国园林》2018 年第 7 期。

陈耀华、黄丹、颜思琦：《论国家公园的公益性、国家主导性和科学性》，《地理科学》2014 年第 3 期。

陈耀华、张丽娜：《论国家公园的国家意识培养》，《中国园林》2016 年第 7 期。

陈真亮、诸瑞琦：《钱江源国家公园体制试点现状、问题与对策建议》，《时代法学》2019 年第 2 期。

陈忠：《以人为中心的多极主体化对人类中心主义与非人类中心主义

的一点思考》,《哲学动态》1995年第6期。

程多威:《环境法利益衡平的基本原则初探》,《中国政法大学学报》2015年第6期。

戴小俊、温作民:《差异与演化:正义论域下的环境正义与生态正义》,《社会科学家》2020年第8期。

丁红卫、李莲莲:《日本国家公园的管理与发展机制》,《环境保护》2020年第21期。

董正爱、胡泽弘:《自然保护地体系中"以国家公园为主体"的规范内涵与立法进路——兼论自然保护地体系构造问题》,《南京工业大学学报》(社会科学版) 2020年第3期。

窦亚权、何江、何友均:《国外国家公园公众参与机制建设实践及启示》,《环境保护》2022年第15期。

杜国强:《公共政策法治化初探》,《行政论坛》2006年第3期。

杜茹、纪明:《马克思主义自然观视域下的生命共同体》,《东北师范大学学报》(哲学社会科学版) 2021年第1期。

杜文武、吴伟、李可欣:《日本自然公园的体系与历程研究》,《中国园林》2018年第5期。

方言、吴静:《中国国家公园的土地权属与人地关系研究》,《旅游科学》2017年第3期。

付梦娣、田俊量、朱彦鹏等:《三江源国家公园功能分区与目标管理》,《生物多样性》2017年第1期。

傅晓华:《基于生态正义的流域治理区际补偿理论辩解与实践探索》,《湖南社会科学》2021年第3期。

高科:《公益性、制度化与科学管理:美国国家公园管理的历史经验》,《旅游学刊》2015年第5期。

高晓露、王文燕:《自然保护地体系视野下国家公园立法思考》,《自然保护地》2022年第10期。

高媛、彭蓉、赵明等:《国家公园社区协调发展机制研究——以拟设立的内蒙古呼伦贝尔国家公园为例》,《北京林业大学学报》(社会科学版) 2021年第2期。

高智艳:《环境史视域下美国国家公园体系生态保护实践及其对我国的启示》,《理论月刊》2022年第5期。

郭武、刘聪聪：《在环境政策与环境法律之间——反思中国环境保护的制度工具》，《兰州大学学报》（社会科学版）2016年第2期。

哈秀芳、徐宁：《欧美国家公园管理模式对中国西藏公园体制建设的思考》，《西藏科技》2018年第7期。

何思源、苏杨、罗慧男等：《基于细化保护需求的保护地空间管制技术研究——以中国国家公园体制建设为目标》，《环境保护》2017年第1期。

何思源、苏杨、闵庆文：《中国国家公园的边界、分区和土地利用管理——来自自然保护区和风景名胜区的启示》，《生态学报》2019年第4期。

何自荣：《论法律中的利益衡平》，《昆明理工大学学报》（社会科学版）2008年第10期。

侯宇、陈科睿：《国家公园立法基本问题新探》，《河南财经政法大学学报》2020年第5期。

黄德林、孙雨霖：《比较视野下国家公园最严格保护制度的特点》，《中国国土资源经济》2018年第8期。

黄国勤：《国家公园的内涵与基本特征》，《生态科学》2021年第3期。

黄向、周常春：《中国与加拿大保护区旅游发展比较研究》，《环境保护》2014年第4期。

金荣、苏岩：《以国家公园为主体的日本自然公园建设均衡性研究》，《中国园林》2021年第11期。

金云峰、陶楠：《国家公园为主体"自然保护地体系规划"编制研究——基于国土空间规划体系传导》，《园林》2020年第10期。

寇梦茜、吴承照：《欧洲国家公园管理分区模式研究》，《风景园林》2020年第6期。

雷光春、曾晴：《世界自然保护的发展趋势对我国国家公园体制建设的启示》，《生物多样性》2014年第4期。

雷磊：《法教义学的方法》，《中国法律评论》2022年第5期。

李爱年、肖和龙：《英国国家公园法律制度及其对我国国家公园立法的启示》，《时代法学》2019年第4期。

李博炎、李俊生、蔚东英、朱彦鹏：《国际经验对我国国家公园立法的启示》,《环境与可持续发展》2017年第5期。

李朝阳:《我国自然保护地土地权属管理中存在的问题及对策》,《国土与自然资源研究》2021年第1期。

李春良:《深入贯彻落实习近平生态文明思想 建立具有中国特色的自然保护地体系》,《旗帜》2019年第8期。

李锋:《国家公园社区共管的体系建构与模式选择——基于多维价值之考量》,《海南师范大学学报》(社会科学版)2021年第5期。

李启家:《环境法领域利益冲突的识别与衡平》,《法学评论》2015年第6期。

李如生、李振鹏:《美国国家公园规划体系概述》,《风景园林》2005年第2期。

李如生:《美国国家公园的法律基础》,《中国园林》2002年第5期。

李寿平:《自由探测和利用外空自然资源及其法律限制以美国、卢森堡两国有关空间资源立法为视角》,《中外法学》2017年第6期。

李文军:《协调好国家公园内原住居民的生存发展和自然保护的关系》,《青海日报》2019年12月9日第10版。

李秀英:《日本国立公园的利用方式对我国国家公园建设利用的启示》,《林业勘查设计》2020年第4期。

李亚萍、唐军、吴韵、侯艺珍:《历史与自然双重视角下的加拿大国家公园准入与分布》,《世界园林》2021年第10期。

李一丁:《整体系统观视域下自然保护地原住居民权利表达》,《东岳论丛》2020年第10期。

李祗辉:《韩国国立公园管理探析》,《世界林业研究》2014年第5期。

廖华、宁泽群:《国家公园分区管控的实践总结与制度进阶》,《中国环境管理》2021年第4期。

廖凌云、杨锐:《美国国家公园与原住民的关系发展脉络》,《园林》2017年第2期。

刘超:《国家公园分区管控制度析论》,《南京工业大学学报》(社会科学版)2020年第3期。

刘超:《以国家公园为主体的自然保护地体系的法律表达》,《吉首大学学报》(社会科学版)2019年第5期。

刘超：《自然保护地空间治理的理论逻辑与规则构造》，《思想战线》2022年第4期。

刘风景：《立法目的条款之法理基础及表述技术》，《法商研究》2013年第3期。

刘广宁、吴承照：《传统生计延续保障国家公园永续发展》，《园林》2017年第2期。

刘鸿雁：《加拿大国家公园的建设与管理及其对中国的启示》，《生态学杂志》2001年第6期。

刘静佳：《基于功能体系的国家公园多维价值研究——以普达措国家公园为例》，《学术探索》2017年第1期。

龙静云：《生态文明建设与落实以人为本》，《光明日报》2018年6月19日。

芦玉、陈向军：《家国十年普达措国家公园试点访谈》，《人与生物圈》2017年第4期。

陆洵：《法国国家公园：六十年绿色发展之路》，《光明日报》2023年1月2日。

吕忠梅：《以国家公园为主体的自然保护地体系立法思考》，《生物多样性》2019年第2期。

吕忠梅：《自然保护地立法基本构想及其展开》，《甘肃政法大学学报》2021年3期。

马淑红、鲁小波：《再述韩国国立公园的发展及管理现状》，《林业调查规划》2017年第1期。

马允：《论国家公园"保护优先"理念的规范属性——兼论环境原则的法律化》，《中国地质大学学报》（社会科学版）2019年第1期。

梅凤乔：《自然保护区有效管理亟待完善体制》，《环境保护》2006年第11期。

孟献丽、左路平：《社会正义到生态正义——戴维·佩珀生态正义思想研究》，《国外社会科学》2017年第1期。

欧阳志云、徐卫华、臧振华：《完善国家公园管理体制的建议》，《生物多样性》2021年第3期。

潘佳：《管制性征收还是保护地役权：国家公园立法的制度选择》，《行政法学研究》2021年第2期。

彭琳、杜春兰：《面向规划管理的国外国家公园监测体系研究及启示——以美国、加拿大、英国为例》，《中国园林》2019年第8期。

彭杨靖、黄治昊、林乐乐等：《国家公园陆地自然生态系统完整性与原真性评价方法探索：以钱江源国家公园体制试点为例》，《生物多样性》2021年第10期。

秦天宝、刘彤彤：《国家公园立法中"一园一法"模式之迷思与化解》，《中国地质大学学报》（社会科学版）2019年第6期。

秦天宝：《论我国国家公园立法的几个维度》，《环境保护》2018年第1期。

秦天宝：《以空间正义引领国土空间用途管制法治化》，《中国社会科学报》2022年8月17日第4版。

任海、张宝秀、中冈裕章、龚卉、佐野充：《日本国家公园的制度建设、发展现状及启示》，《城市发展研究》2020年第10期。

沈策：《美国国家公园建制对我国建立国家公园体系战略发展的借鉴意义》，《遗产与保护研究》2017年第4期。

师卫华：《中国与美国国家公园的对比及其启示》，《山东农业大学学报》（自然科学版）2008年第4期。

史玉成：《生态补偿制度建设与立法供给——以生态利益保护与衡平为视角》，《法学评论》2013年第4期。

税晓洁：《中华水塔三江源国家公园试点访谈》，《人与生物圈》2017年第4期。

苏红巧、罗敏、苏杨：《"最严格的保护"是最严格地按照科学来保护——解读"国家公园实行最严格的保护"》，《北京林业大学学报》（社会科学版）2019年第1期。

苏红巧、苏杨、王宇飞：《法国国家公园体制改革镜鉴》，《中国经济报告》2018年第1期。

苏杨、胡艺馨、何思源：《加拿大国家公园体制对中国国家公园体制建设的启示》，《环境保护》2017年第20期。

孙飞翔、刘金森、李丽平：《国家公园建设的国际经验研究》，《环境与可持续发展》2017年第4期。

孙鸿雁、姜波：《国家公园社区协调发展机制研究》，《自然保护地》2021年第1期。

孙琨等：《钱江源国家公园体制试点区扩源增效融资策略研究》，《资源科学》2017年第1期。

孙正楷：《法国国家公园建设的经验与启示》，《绿色科技》2020年第8期。

唐芳林：《国家公园定义探讨》，《林业建设》2015年第5期。

唐芳林、田勇臣、闫颜：《国家公园体制建设背景下的自然保护地体系重构研究》，《北京林业大学学报》（社会科学版）2021年第2期。

唐芳林、王梦君、李云等：《中国国家公园研究进展》，《北京林业大学学报》（社会科学版）2018年第3期。

唐芳林：《我国国家公园体制建设进展》，《生物多样性》2019年第2期。

唐小平：《高质量建设国家公园的实现路径》，《林业资源管理》2022年第3期。

唐小平、蒋亚芳、赵智聪、梁兵宽、马炜：《我国国家公园设立标准研究》，《林业资源管理》2020年第2期。

唐小平、张云毅、梁兵宽、宋天宇、陈君帜：《中国国家公园规划体系构建研究》，《北京林业大学学报》（社会科学版）2019年第1期。

陶建群：《钱江源国家公园体制试点的创新与实践》，《人民政坛》2020年第29期。

滕琳曦、廖凌云、傅田琪、刘铠宇、董建文：《法国国家公园品牌增值体系建设过程及特征分析》，《世界林业研究》2022年第5期。

田世政、杨桂华：《中国国家公园发展的路径选择：国际经验与案例研究》，《中国软科学》2011年第12期。

汪芳：《基于"权力—利益"矩阵的国家公园治理主体研究》，《湖北经济学院学报》2021年第5期。

汪劲、吴凯杰：《〈国家公园法〉的功能定位及其立法意义——以中国自然保护地法律体系的构建为背景》，《湖南师范大学学报》2020年第3期。

汪劲：《中国国家公园统一管理体制研究》，《暨南学报》（社会科学版）2020年第10期。

汪有奎等：《祁连山国家级自然保护区生态治理进展及国家公园建设对策》，《林业科技通讯》2020年第6期。

王凤春:《法国国家公园体制考察记》,《中国科技投资》2021年第3期。

王凤春:《完善法律法规,依法保障国家公园体制稳步建设》,《生物多样性》2017年第10期。

王洪波:《全力推进祁连山国家公园体制试点》,《绿色中国》2020年第16期。

王辉、刘小宇、郭建科、孙才志:《美国国家公园志愿者服务及机制——以海峡群岛国家公园为例》,《地理研究》2016年第6期。

王列生:《论公民基本文化权益的意义内置》,《学习与探索》2009年第6期。

王瑞、齐媛媛、求什吉卓么:《民族地区国家公园建设对当地居民的生计影响探究——以祁连山国家公园为例》,《区域治理》2019年第35期。

王社坤、焦琰:《国家公园全民公益性理念的立法实现》,《东南大学学报》(哲学社会科学版)2021年第23期。

王社坤、苗振华:《环境保护优先原则内涵探析》,《中国矿业大学学报》(社会科学版)2018年第1期。

王伟:《保护优先原则:一个亟待厘清的概念》,《法学杂志》2015年第12期。

王伟:《公众参与在美国国家公园规划中的应用》,《中国环境管理干部学院学报》2018年第5期。

王娴、任晓冬:《基于共生理论的自然保护区与周边社区可持续发展研究》,《贵阳学院学报》(自然科学版)2015年第3期。

王小平、刘畅:《自然保护地国家公园立法问题研究》,《新时代环境资源法新发展——自然保护地法律问题研究》2019年第10期。

王野林:《生态整体主义中的整体性意蕴述评》,《学术探索》2016年第10期。

王中迪、牛余凤:《构建生态正义的理论逻辑、价值意涵和现实进路》,《社科纵横》2020年第6期。

蔚东英:《国家公园管理体制的国别比较研究——以美国、加拿大、德国、英国、新西兰、南非、法国、俄罗斯、韩国、日本10个国家为例》,《南京林业大学学报》2017年第3期。

魏玮、任善英：《三江源国家公园生态—经济—社会耦合协调度分析》，《青海师范大学学报》（哲学社会科学版）2020年第4期。

乌日娜：《统一行使全民所有自然资源资产所有者职责的几个问题》，《中国土地》2019年第11期。

吴凯杰：《环境法体系中的自然保护地立法》，《法学研究》2020年第3期。

西奥多·宾尼玛、梅拉妮·涅米、李鸿美：《让改变从现在开始：荒野、资源保护与加拿大班夫国家公园土著民族迁移政策》，《鄱阳湖学刊》2015年第5期。

夏云娇、刘锦：《美国国家公园的立法规制及其启示》，《武汉理工大学学报》（社会科版）2019年第4期。

向微：《法国国家公园建构的起源》，《旅游科学》2017年第3期。

肖晓丹：《法国国家公园管理模式改革探析》，《法语国家与地区研究》2019年第2期。

谢一鸣：《日本国家公园法律制度及其借鉴》，《世界林业研究》2022年第2期。

徐菲菲：《英美国家公园体制比较及启示》，《旅游学刊》2015年第6期。

徐琳琳、虞虎：《国外国家公园景观评价与保护利用研究进展及对中国的启示》，《资源科学》2022年第7期。

徐以祥：《论我国环境法律的体系化》，《现代法学》2019年第3期。

许单云等：《自然资源适应性治理探索——以钱江源国家公园体制试点为例》，《世界农业》2019年第12期。

薛达元：《遗传资源获取与惠益分享：背景、进展与挑战》，《生物多样性》2007年第5期。

薛勇民、张建辉：《环境正义的局限与生态正义的超越及其实现》，《自然辩证法研究》2015年第12期。

闫颜、唐芳林：《我国国家公园立法存在的问题与管理思路》，《北京林业大学学报》（社会科学版）2019年第3期。

闫颜、徐基良：《韩国国家公园管理经验对我国自然保护区的启示》，《北京林业大学学报》（社会科学版）2017年第3期。

颜景高：《生态文明转型视域下的生态正义探析》，《山东社会科学》

2018年第11期。

杨成玉、葛滨：《法国国家公园管理经验及启示》，《资源导刊》2022年第9期。

杨果、范俊荣：《促进我国国家公园可持续发展的法律框架分析》，《生态经济》2016年第3期。

杨海坤、金亮新：《中央与地方关系法治化之基本问题研讨》，《现代法学》2007年第6期。

杨玲丽：《共生理论在社会科学领域的应用》，《社会科学论坛》2010年第16期。

杨锐：《美国国家公园体系的发展历程及其经验教训》，《中国园林》2001年第1期。

杨锐：《生态保护第一、国家代表性、全民公益性——中国国家公园体制建设的三大理念》，《生物多样性》2017年第10期。

杨锐：《试论世界国家公园运动的发展趋势》，《中国园林》2003年第7期。

虞虎、阮文佳、李亚娟、肖练练、王璐璐《韩国国立公园发展经验及启示》，《南京林业大学学报》（人文社会科学版）2018年第3期。

虞虎、徐琳琳、刘青青、周侃：《加拿大国家公园游憩空间治理研究》，2021年第2期。

张朝枝、保继刚：《美国与日本世界遗产地管理案例比较与启示》，《世界地理研究》2005年第4期。

张平华、侯圣贺：《国家公园特许经营权的性质》，《山东社会科学》2021年第2期。

张琪静：《国家公园自然资源统一确权登记的功能及其实现》，《环境保护》2021年第9期。

张希武：《建立以国家公园为主体的自然保护地体系》，《林业建设》2018年第5期。

张兴：《国家公园立法体系建设的美国经验与启示》，《自然资源情报》2022年第5期。

张晏：《国家公园内保护地役权的设立和实现——美国保护地役权制度的经验和借鉴》，《湖南师范大学社会科学学报》2020年第3期。

张一群等：《普达措国家公园社区生态补偿调查研究》，《林业经济问题》2012 年第 4 期。

张一群：《云南先行探索国家公园体制立法》，《云南林业》2015 年第 6 期。

张谊佳、彭蓉、赵依丹、高媛、赵明：《日本国立公园分区规划与管控的经验及启示》，《北京林业大学学报》（社会科学版）2021 年第 2 期。

张引、庄优波、杨锐：《法国国家公园管理和规划评述》，《中国园林》2018 年第 7 期。

张颖：《加拿大国家公园管理模式及对中国的启示》，《世界农业》2018 年第 4 期。

张圆：《论技术标准的法律效力——以〈立法法〉的法规范体系为参照》，《中国科技论坛》2018 年第 12 期。

张振威、杨锐：《中国国家公园与自然保护地立法若干问题探讨》，《中国园林》2016 年第 2 期。

赵人镜、尚琴琴、李雄：《日本国家公园的生态规划理念、管理体制及其借鉴》，《中国城市林业》2018 年第 4 期。

赵西君：《中国国家公园管理体制建设》，《社会科学家》2019 年第 7 期。

赵智聪、杨锐：《中国国家公园原真性与完整性概念及其评价框架》，《生物多样性》2021 年第 10 期。

郑文娟、李想：《日本国家公园体制发展、规划、管理及启示》，《东北亚经济研究》2018 年第 2 期。

郑莹莹：《加拿大自然保护地的概况及立法现状探讨》，《魅力中国》2010 年第 14 期。

钟林生，肖练练：《中国国家公园体制试点建设路径选择与研究议题》，《资源科学》2017 年 1 期。

周武忠：《国外国家公园法律法规梳理研究》，《中国名城》2014 年第 2 期。

朱春全：《IUCN 自然保护地管理分类与管理目标》，《林业建设》2018 年第 5 期。

朱冬芳、钟林生、虞虎：《国家公园社区发展研究进展与启示》，《资源科学》2021 年第 9 期。

朱华晟、陈婉婧、任灵芝：《美国国家公园的管理体制》，《城市问题》2013 年第 5 期。

朱丽：《关于生态恢复与生态修复的几点思考》，《阴山学刊》2007年第 1 期。

朱强、叶童童：《国家公园体制改革的现实困境与制度建构》，《湿地科学与管理》2022 年第 3 期。

竺效：《中国环境法基本原则的立法发展与再发展》，《华东政法大学学报》2013 年第 3 期；

庄优波：《IUCN 保护地管理分类研究与借鉴》，《中国园林》2018 年第 7 期。

卓泽渊：《论法的价值》，《中国法学》2000 年第 6 期。

### (三) 中译著作

[意] A. 佩切伊：《未来一百页》，王肖萍、蔡荣生译，中国展望出版社 1984 年版。

[印] 阿玛蒂亚森：《以自由看待发展》，任赜、于真译，中国人民大学出版社 2012 年版。

[美] 埃莉诺·奥斯特罗姆：《公共事务的治理之道：集体行动制度的演进》，余逊达、陈旭东译，上海译文出版社 2012 年版。

[美] 爱蒂丝·布朗·魏伊丝：《公平地对待未来人类：国际法、共同遗产与世代间衡平》，汪劲等译，法律出版社 2000 年版。

[日] 阿部照哉等：《宪法——基本人权篇》，周宗宪译，中国政法大学出版社 2006 年版。

[美] 巴里·康芒纳：《与地球和平相处》，王喜六等译，上海译文出版社 2002 年版。

[美] 巴巴拉·劳瑎：《保护地立法指南》，王曦、卢琨、唐瑭译，法律出版社 2016 年版.

[美] 保罗·R. 伯特尼、罗伯特·N. 史蒂文斯：《环境保护的公共政策》，穆贤清、方志伟译，上海人民出版社 2004 年版。

[美] 保罗·萨谬尔森、威廉·诺德豪斯：《经济学》（第十七版），萧琛译，人民邮电出版社 2004 年版。

[美] 彼得·S. 温茨：《环境正义论》，朱丹琼、宋玉波译，上海人民出版社 2007 年版。

[美] 彼得·伯克、格洛丽亚·赫尔方：《环境经济学》，吴江、贾蕾译，中国人民大学出版社 2013 年版。

［美］博登海默：《法理学、法律哲学与法律方法》，邓正来译，中国政法大学出版社 1999 年版。

［日］大木雅夫：《比较法》，范愉译，法律出版社 2006 年版。

［日］大须贺明：《生存权论》，林浩译，法律出版社 2000 年版。

［日］大沼保昭：《人权、国家与文明：从普遍主义的人权观到文明相容的人权观》，王志安译，生活·读书·新知三联书店 2003 年版。

［美］丹尼尔·H. 科尔：《污染与财产权——环境保护的所有权制度比较研究》，严厚福、王社坤译，北京大学出版社 2009 年版。

［英］E. 马尔特比等编著：《生态系统管理——科学与社会问题》，康乐、韩兴国等译，科学出版社 2003 年版。

［德］费尔巴哈：《宗教的本质》，王太庆译，人民出版社 1999 年版。

［美］霍尔姆斯·罗尔斯顿：《哲学走向荒野》，吉林人民出版社 2000 年版。

［美］K. A. 沃尔物等：《生态系统——平衡与管理的科学》，欧阳华等译，科学出版社 2002 年版。

［美］克里斯特曼：《财产的神话——走向平等主义的所有权理论》，张绍宗译，广西师范大学出版社 2004 年版。

［美］科马克·卡利南：《地球正义宣言——荒野法》，郭武译，商务印书馆 2017 年版。

［美］劳伦斯罗森：《法律与文化：一位法律人类学家的邀请》，彭艳崇译，法律出版社 2010 年版。

［美］罗纳德·H. 科斯等：《财产权利与制度变迁：产权学派与新制度学派译文集》，刘守英等译，格致出版社、上海人民出版社 2014 年版。

［美］罗伯特·考特、托马斯·尤伦：《法和经济学》（第六版），史晋川、董雪兵等译，格致出版社、上海三联书店、上海人民出版社 2012 年版。

［美］罗斯科·庞德：《通过法律的社会控制》，沈宗灵译，商务印书馆 2010 年版。

［美］利奥波德：《沙乡年鉴》，侯文蕙译，吉林人民出版社 1997 年版。

［美］马斯洛等：《人的潜能和价值》，林芳译，华夏出版社 1987 年版。

［美］曼瑟尔·奥尔森：《集体行动的逻辑》，陈郁等译，格致出版社、上海人民出版社 2011 年版。

［英］米尔恩：《人的权利与人的多样性——人权哲学》，夏勇、张志铭译，中国大百科全书出版社 1996 年版。

［美］乔治·弗雷德里克森：《公共行政的精神》，张成福等译，中国人民大学出版社 2003 年版。

［英］乔纳森·格里斯：《研究方法的第一本书》，孙冰洁、王亮译，东北财经大学出版社 2011 年版。

［美］汤姆·惕藤伯格：《环境经济学与政策》，朱启贵译，上海财经大学出版社 2003 年版。

［美］托马斯·伯根索尔、黛娜·谢尔顿、戴维·斯图尔特：《国际人权法精要》，黎作恒译，法律出版社 2010 年版。

［日］尾关周二：《共生的理想：现代交往与共生共同的思想》，卞崇道等译，中央编译出版社 1996 年版。

［古罗马］西塞罗：《论义务》，王焕生译，中国政法大学出版社 1999 年版。

［美］约翰·罗尔斯：《正义论》，何怀宏等译，中国社会科学出版社 2009 年版。

［美］约翰·C. 伯格斯特罗姆、阿兰·兰多尔：《资源经济学：自然资源与环境政策的经济分析》，谢关平等译，中国人民大学出版社 2015 年版。

［美］约翰·菲尼斯：《自然法与自然权利》，董娇娇等译，中国政法大学出版社 2005 年版。

［美］约瑟夫·L. 萨克斯：《保卫环境：公民诉讼战略》，王小钢译，中国政法大学出版社 2011 年版。

［英］约瑟夫·拉兹：《法律的权威——法律与道德论文集》，朱峰译，法律出版社 2005 年版。

［美］詹姆斯·布坎南：《财产与自由》，韩旭译，中国社会科学出版社 2002 年版。

［美］詹姆斯·奥康纳：《自然的理由——生态学马克思主义研究》，唐正东、臧佩洪译，南京大学出版社 2003 年。

［英］朱迪·丽丝：《自然资源：分配、经济学与政策》，蔡运龙译，

商务印书馆 2002 年版。

**（四）中译论文**

［英］安和麦克尤恩：《英国国家公园的起源与发展》，孙平译，《国外城市规划》1992 年版。

［德］曼海姆：《意识形态和乌托邦》，转引自韦森《哈耶克式自发制度生成论的博弈论诠释——评肖特的〈社会制度的经济理论〉》，《中国社会科学》2003 年第 6 期。

## 二 外文文献

**（一）外文著作**

Andrew Halpin, *Right and Law, Analysis and Theory*: Hart Publishing, 1997.

Elinor Ostrom, *Governing the Commons: the Evolution of Institutions for Collective Action*, New York: Cambridge University Press, 1990.

H. L. A. Hart, *The Concept of Law*: Oxford University Press, 1994.

Jasper Scott (ed.), *Conflict and Cooperation in the Global Commons: a Comprehensive Approach for International Security*, Washington, D.C.: Georgetown University Press, 2012.

John R, Teerink and Masahiro Nakashima, *Water Allocation, Rights and Pricing: Examples from Japan and The United States*, Washington, D.C.: TheWorld Bank Press, 1993.

Sapp Jan, *Evolution by Association: a History of Symbiosis*: Oxford University Press, 1994.

**（二）外文论文**

Ashton Helen, "*Extraordinary Animals: An Encyclopedia of Curious and Unusual Animals*", *Reference Reviews*, Vol. 22, No. 4, 2008.

Basset K. L., "Aux origines du Parc national des Cévennes, Histoire des parcs nationaux", *Editions Quæ*, 2009.

Klicpera A., Taylor P. D., Westphal H., "Bryoliths Constructed by Bryozoans in Symbiotic Associations with Hermit Crabs in a Tropical Heterozoan Carbonate System, Golfe d'Arguin, Mauritania", *Marine Biodiversity*, Vol.

43, No. 4, 2013.

Mackenzie Aulay, "Ecology: Individuals, Populations and Communities", *The Journal of Applied Ecology*, Vol. 34, No. 1, 1997.

McCormick John, "The Origins of the World Conservation Strategy", *Environmental Review*, 1986.

M. C. Soares, I. M. Côté, S. C. Cardoso, R. Bshary, "The Cleaning Goby Mutualism: a System Without Punishment, Partner Switching or Tactile Stimulation", *Journal of Zoology*, Vol. 276, No. 3, 2008.

Paracer S., Ahmadjian V., "Symbiosis: An Introduction to Biological Associations", *Quarterly Review of Biology*, Vol. 89, No. 4, 2000.

Taylor D. E., "The Rise of the Environmental Justice Paradigm: Injustice Framing and the Social Construction of Environmental Discourses", *American Behavioral Scientist*, Vol. 43, No. 4, 2000.

# 后　记

　　自然保护地是对重要的自然生态系统、自然遗迹、自然景观及其所承载的自然资源、生态功能和文化价值实施长期保护的陆域或海域。自然保护地作为一种重要物种与生态系统的保护模式，在我国生态保护实践中发挥了重要作用。但是多年来，自然保护地体系内部长期累积的保护地交叉重叠、碎片化严重，管理体制混乱导致权责不清、职责甚至互相冲突，保护地管理重开发轻保护，保护地内自然资源权属不清等问题，严重制约了生态保护目标的实现和生态文明建设，在此背景下，国家公园作为革新现有自然保护地管理分类体系和自然保护理念的契机被引入。国家公园是追求人与自然和谐共生的特定空间，特别是我国国家公园建设面临"人地关系"紧密、原住居民生存发展诉求强烈、民族民间文化丰富多样的特殊国情。在此背景下，我以生态正义的空间维度为研究视角，将国家公园看作依据生态系统自然规律界定的特定领域空间，把实现空间正义作为国家公园设立的基本价值，以此为锚点研究国家公园立法这一偏重实践性和应用性的课题。

　　确定写作的基本思路后，接下来一年多的研究过程中，我全面梳理了我国国家公园的立法探索实践，分析了关于国家公园与自然保护地建设的政策文件，搜集整理了国外国家公园立法的研究成果。对如何将生态正义所蕴含的代内正义、代际正义、种际正义的内涵要求与国家公园的社区发展问题、生态保护与资源利用问题、国家公园的最严格保护和公益性问题等结合起来进行了深入思考，在研究中运用利益分析方法对国家公园所涉多元主体的多样多层次利益展开研究，对国家公园立法所涉利益进行利益识别、利益确认、利益分配和衡平，并特别运用在生态保护、自然资源管理、社区协调发展、公众服务等问题分析中，实现了国家公园立法研究与法学理论的价值连接，提出了一些创新性观点。在这些理论研究的基础上，我对国家公园立法的理念与目的、价值与功能提出了自己的见解，并对实现这些理念与目的、价值与功能的国家公园立法模式选择有了更清晰的认识。有了理论研究的奠基，作为具体展开，我对国家公园立法的基本原则、管理体制和主要制度提出了自己的立法建议并进行了深入的论证。随着研究的深入，我发现国家公园所涉问题复杂交错，自己的研究只是叩开了大门，很多问题如社区发展、多元治理和多制度共治、环境习惯法与生态文化的价值和功能等都需要更为精细化的研究，这也为我接下来的学术生涯找到了再出发的新起点。

三年的前期研究和一年多的写作过程伴随着疫情的不时暴发，虽然艰辛，也曾焦躁，但当完成初稿时，内心还是非常开心、非常充实的，感谢写作和研究让我度过了难熬的特殊岁月，如今想来，在"兵荒马乱"的环境中安静地读书、思考和写作是一种莫大的幸运和幸福。在书稿即将付梓之际，我谨对给予我多方帮助的同事、朋友和家人致以深深的谢意，特别感谢中国社会科学出版社梁剑琴博士在本书编校出版过程中的辛勤付出。衷心感谢出现在我生命中的每一个人，是你们帮助我在不断前行中成为更好的自己！

2023 年 8 月 11 日于金城兰州